공부생
노트필기

내 공부의 비밀병기

공부생 노트필기

최귀길 지음

마리북스

프롤로그

내가 원하는 목표에
가장 빨리 도달하게 해주는 최고의 방법

'공부를 잘하고 못하고의 차이는 무엇일까?'

그것은 암기할 내용과 이해할 내용을 가려낼 줄 아는가 모르는가의 차이이다. 간혹 열심히 공부하는데 성적이 오르지 않는다는 학생들을 만나곤 한다. 이 학생들은 이렇게 하소연한다.

"샘, 시험 전날까지 교과서 가득 줄 치고 공부했는데 성적이 안 나와요."

그러니까 성적이 안 나오는 것이다. 교과서 가득 줄치고 외워서 상위권을 유지할 수 있는 것은 초등학교, 크게 인심 써서 중학교 1~2학년 때까지이다. 암기량이 2, 3배로 많아지는 중학교 3학년, 고등학교에서 이런 식으로 공부해서는 어림도 없다. 핵심어와 비핵심어를 구분하여 꼭 외워야 할 내용만 외워야 기억이 정확해 시험 볼 때 헷갈리지 않는다.

자, 공부를 잘하고 싶은가?

그렇다면 노트필기를 하라. 노트필기야말로 공부를 잘하는 비결인 핵심어와 비핵심어를 가려내는 최고의 방법이기 때문이다. 교과서의 그 많은 내용을, 수업 시간에 선생님이 말씀하신 내용을 모조리 노트에 적을 수는 없지 않는가. 그러니 자기 나름대로 중요한 내용을 먼저 적고 나머지는 추려서 정리할 수밖에 없다. 이것이 안 되면 노트필기를 하려야 할 수가 없다.

노트필기를 하라고 하면 대부분의 학생들은 시간이 너무 많이 걸린다고 말한다. 하지만 분명한 것은, 노트필기를 처음 할 때는 시간이 많이 걸리지만, 한번 익숙해지면 자신이 목표한 곳에 가장 빨리 도달할 수 있는 최고의 방법이라는 것이다.

사람마다 지문이 다르고 뇌 구조가 다르듯, 자신이 가장 잘 이해하고 기억할 수 있는 방법은 자신만이 안다. 그래서 아무리 잘 정리된 참고서나 문제집도, 전교 1등짜리 노트도 소용이 없는 것이다. 자신의 뇌 구조에 가장 잘 맞게 설계된 자신만의 노트필기가 공부에서 최고의 비밀병기인 셈이다.

이 책에서는 학습자의 공부 유형, 공부 상황, 그리고 과목별로 달라지는 노트필기법을 구체적으로 소개했다. 이는 단순히 나의 개인적인 경험에서 나온 것이 아니라 국내외 학자들의 실험과 연구로 검증된 이론을 바탕으로, 15년 동안 학생들에게 공부 방법을 가르치면서 얻은 최적화 노하우이다.

노트필기란 잘 만들어진 공부 설계도라고 했다. 설계도는 그냥 만들어지는 게 아니다. 끊임없는 시행착오를 통해, 자기에게 가장 잘 맞게 만들어야 한다. 그만큼 시간과 노력이 많이 걸리는 작업이다. 하지만 정말 나에게 맞는 방법을 찾으면, 그때부턴 성적이 수직상승한다.

자기만의 노트필기법을 찾는 과정에서 이 책을 참조한다면 많은 도움이 될 것이다. 그래서 각자의 목표에 좀 더 쉽게 다가갈 수 있기를 간절히 바란다.

2012년 12월

최귀길

차례

PART 1

노트필기 시작 전에

나는 노트필기를 얼마나 잘하고 있나?

·노트필기 준비물·

• 필기도구를 챙겨라

검은색 펜 : 일반적인 내용을 기록할 때 사용한다.

파란색 펜 : 주로 암기할 내용을 적을 때 사용한다.

빨간색 펜 : 핵심어와 오답 내용을 적을 때 사용한다.

형광펜 : 복습할 때 핵심 내용과 암기할 내용을 다시 한 번 체크해서 머리에 각인시킬 목적으로 사용한다.

포스트잇 : 추가적인 내용을 적을 때 사용한다.

수정액과 수정 테이프 : 틀린 내용을 수정할 때 사용한다.

메모장 : 용어 정리와 단어 정리를 할 때 사용한다.

바인더 : 삼공노트 낱장을 과목별로 묶을 때 사용한다.

• 필기도구를 챙길 때 유의할 점

1. 노트는 가급적 볼펜으로 작성하라

다양한 색깔을 사용해서 기록해야 하는 만큼 필기 내용을 정리하는 데 가독성이 좋은 필기도구를 사용해야 한다. 그리고 설령 잘못 기록했더라도 수정하는 것을 두려워하지 마라. 수학의 경우 계산을 하다 틀리면 지워야 하니까 샤프펜이나 연필을 사용해야 한다고 생각하는 학생들이 있는데, 검정 볼펜을 사용하는 게 좋다. 연필 종류는 색이 옅어 눈에 잘 안 들어와 가독성이 떨어지기 때문이다.

2. 볼펜 색깔은 최대 다섯 가지만 준비하라

갖가지 색으로 노트를 화려하게 꾸미는 것은 오히려 산만해 보여 집중력을 떨어뜨린다. 노트를 예쁘게 꾸며서 보관하기 위한 것이 아닌, 기록하고 암기하기 위한 것이라는 목적에 충실한 필기법이 중요하다. 삼색 펜으로 깔끔하게 정리하고, 필요할 경우 두 가지 색 정도를 여유분으로 준비하자.

3. 색이 선명한 펜 세 자루를 준비하라

파스텔톤 펜이나 펄이 들어간 펜 등을 골라 쓰는 경우가 있는데, 그런 색은 눈의 피로감을 가중시킨다. 깔끔하고 선명한 삼색펜, 즉 검정색, 빨간색, 파란색을 준비하되 통이 굵은 펜 말고 각각 한 자루씩 따로 준비한다. 통이 굵은 펜은 쥐는 감이 좋지 않으므로 손이 아파 오래 필기할 수 없다.

4. 포스트잇은 사이즈별, 색깔별로 준비하라

포스트잇은 크기가 다른 것으로 서너 가지, 다양한 색으로 정해 용도를 구분해서 사용한다. 예를 들어, 핑크색은 시험에 꼭 나올 것, 형광색은 문제집에서 봤던 새로운 내용을 추가할 때 등으로 말이다. 그리고 과목별 학습량을 구분하거나 노트를 분류할 때는 투명 포스트잇이 유용하다.

5. 집에서 쓸 것과 학교에서 쓸 것을 따로 챙겨라

집에서 공부할 때 쓰는 것과 학교에서 쓰는 것을 따로 챙겨두자. 학교에서 쓰던 걸 집에서도 쓰다가 종종 잊고 안 챙기고 등교하는 경우, 혹은 그 반대의 경우가 자주 일어나기 때문이다. 집에서는 준비물을 서랍에 잘 정리해두고 사용하고, 학교에서는 준비물을 필통에 잘 넣어두고 사용한다.

01

노트필기는 공부를 내 것으로 만드는 가장 확실한 방법이다

여러분에게 한 가지 묻겠다. 공부에서 가장 중요한 게 무엇일까? 여기, 간단한 힌트를 먼저 말하겠다. 나는 친절한 귀길 샘이니까. 내가 쓴《나만의 공부 방법을 만드는 공부생》1권에도 나와 있지만, 공부와 학습은 엄연히 다르다. 학습이라는 것은 누군가로부터 지식을 배우는 것이고, 공부는 배운 지식을 내 것으로 만드는 것이다. 내가 주장하는 공부생도 바로 '공부를 자기 것으로 만드는 학생' 이라는 뜻이다.

여러분에게 다시 묻겠다. 공부를 내 것으로 만드는 데 가장 중요한 게 무엇일까? 그 대답은 사람마다 다르겠지만, 공부 잘하는 학생들은 한 목소리로 '노트필기' 라고 대답한다.

'노트필기? 아 맞아, 맞아' 하고 무릎을 치는 학생들도 있겠지만, '노트필기…?'

하고 의외라고 생각하는 학생들도 많을 것이다. 실제 학교 현장에서 학생들에게 공부 방법을 가르치다 보면, 특히 중학생들의 경우 노트필기의 중요성을 깨닫고 절실함을 느끼는 학생들보다, 노트필기의 중요성을 깨닫지 못하는 학생들이 더 많다. '노트필기? 나중에 필기 잘한 친구들 거 복사하면 되지 뭐.' 학생들 대부분이 이렇게 생각한다.

노트필기,
꼭 해야 하나?

덕분에 내가 학생들에게 학습 전략을 가르칠 때, 가장 효과를 보는 분야가 노트필기이기도 하다. 노트필기에서 효과를 본 학생들은 성적도 그만큼 쑥쑥 올랐다. 물론 노트필기 방법을 가르치면 처음에는 누구나 어려워한다. 그만큼 자기한테 익숙하지 않은 방식이라 어렵게 느끼고, 익숙해지는 데 시간이 걸리기 때문이다. 어떤 학생들은 노트필기라는 것을 아예 하지 않다가 노트필기를 '하는 것' 자체에 부담을 갖기도 한다. 하지만 자기 나름의 노트필기법을 한번 터득하면, 자신이 원하는 목표를 훨씬 편하고 쉽게 이룰 수 있다.

부모 세대들은 이게 도무지 무슨 말인지 이해를 못할 수도 있다. 부모 세대들은 노트필기는 당연히 해야 하는 것으로, 잘하든 못하든 대부분 필기를 했기 때문이다. 하지만 요즘의 교육 현장에서는 노트필기를 안 하고도 얼마든지 공부를 할 수 있다.

가장 단적인 예를 들어보자. 요즘에는 학교마다 고가의 프로젝터를 사용하는 멀티미디어 수업 환경이 갖춰져 있다. 선생님들은 멀티 수업에 필요한 프린트물을 나름대로 정리해서 학생들에게 나누어주고, 학생들도 그 프린트물에 자신이 적을 필요가 있다고 생각하는 것만 적는다. 내가 선생님들과 학생들에게 "제발 이런 수업 방식은 그만둬야 합니다. 대신 학생들에게 수업 중이거나 과제로라도 노트필기를 하게 해야 해요."라고 하면, '이 사람이 도대체 무슨 소리를 하는 거야?' 하는 눈빛으로 쳐다보는 사람도 많다. 프린트물 하나면 얼마든지 간편하게 수업을 할 수 있는데, 노트필기라니 웬 구시대적인 발상인가 하고 생각하는 듯하다.

공부 잘하는 학생치고 노트필기 안 하는 학생 없다

그런데 상위 5% 안에 드는 학생들은, 백이면 백 자기만의 방식으로 노트필기를 하고 있다. 실제로 나를 찾아온 학생들 중에는 상위권 학생들이 상당수이다. 지금도 공부를 잘하고 있지만 가장 취약한 한두 과목을 잡고 싶어서, 또는 현재의 학습 전략보다 더 효율적인 방법을 찾아서 오는 학생들도 많다.

이런 상위권 학생들은 노트필기를 왜 하는 걸까? 그 친구들의 대답이다.

"노트필기를 안 하면 개념 정리가 제대로 안 돼요."

"제가 직접 써놓은 걸 봐야 잘 외워져요."

"오답노트를 만들어야 모르는 것을 확실히 짚고 넘어가니까요."

그렇다. 공부 잘하는 학생들은 남이 써놓은 것은 자기 것이 아님을 잘 알고 있다. 초등학교 5학년 무렵인가, 내가 나름 경쟁상대라고 생각했던 친구가 교실에서 오르간을 연주하던 모습을 보았다. 어떤 곡인지는 기억나지 않지만, 그 길로 나도 엄마한테 피아노를 배우게 해달라고 떼를 썼다. 그렇게 해서 겨우 피아노 학원에 다닌 지 6개월쯤 지났을까? 연말에 길거리에서 온통 "오랫동안 사귀었던 정든 내 친구야, 작별이란 웬 말인가……." 하는 노래가 흘러나왔다. 이별의 아픔을 노래하는 곡인 〈올드 랭 사인〉이었다. 한 해가 가는 것을 아쉬워하며 새로운 해를 잘 맞이하자는 뜻으로 연말이면 으레 등장하는 곡이다.

어린 마음에 이 노래의 어디가 가슴을 울렸는지, 이 곡을 꼭 피아노로 치고 싶었다. 그런데 피아노 선생님은 아직 내가 그 곡을 칠 단계가 아니라면서 가르쳐주지 않았다. 나는 《피아노 소곡집》을 사서 한 소절 한 소절 씨름해가며 두 달 만에 겨우 곡을 칠 수 있었다. 나는 지금도 이 곡을 악보도 안 보고 칠 수 있다.

공부도 이런 것이다. 자기 나름의 방식으로 스스로 한번 터득하면, 아무리 세월이 흘러도 쉽게 잊어버리지 않는다. 그 공부를 내 것으로 만드는 가장 효과적인 방법이 바로 '노트필기'이다. 실제로 키에브라Kiewra와 하틀리Hartley, 주디 프랭클린Judi&Franklynn 같은 학자들도 각종 연구를 통해 노트필기가 성적을 올려주는 비밀병기임을 밝혀낸 바 있다.

노트필기는 공부의 설계도이다

공부라는 말은 좀 더 어려운 말로 바꾸면 배운 내용을 내 것으로 만들기 위한 수단과 방법, 즉 '학습조직화'라고 할 수 있다. 이 과정에서 노트필기는 설계도에 해당된다. 설계도만 명확하다면 집을 짓는 건 그리 어려운 일이 아니다.

설계도는 누가 가장 잘 그릴 수 있을까? 제아무리 유명한 건축가가 설계한 멋있는 집이라도, 그 집에서 살게 될 사람들의 라이프스타일을 반영하지 못하면 좋은 설계도라 할 수 없다. 따라서 자신이 살 집의 설계도는 집의 구석구석까지 스스로 그리는 것이 가장 좋다.

노트필기도 마찬가지다. 자신의 성향과 뇌 구조에 가장 친숙한 사람은 자신이다. 그런데 어떻게 다른 사람이 그 사람의 성향과 뇌 구조에 맞춰 필기해둔 것을 보면서 공부가 잘되겠는가. 그보다는 스스로 자신의 성향과 뇌 구조에 가장 익숙하고 편한 방식으로 필기를 해둬야, 나중에 그 노트를 활용하기도 훨씬 편하고 익숙하다. 뒤에서 이야기하겠지만, 결국 노트필기를 하는 목적은 내가 배운 내용을 이해하기 쉽게 재정리하고, 언제든 효과적으로 반복해서 빠르게 기억날 수 있게 활용하기 위해서이다. 공부를 잘하는 친구들은 수많은 시행착오를 통해, 이 방법이 가장 효과적이란 사실을 알고 있는 셈이다. 그러니 자연히 공부를 잘할 수밖에. 즉 자신이 정리한 노트필기로 자신이 필요하다고 생각하는 부분을 거듭 반복해서 기억을 강화하기 때문에 시험에서도 당연히 좋은 결과를 가져오는 것이다.

고학년으로 올라갈수록 노트필기가 더욱 필요하다

우리가 한 가지 놓치지 말아야 할 것은, 노트필기는 시각화되어 바로 눈에 보여지는 부분이라는 것이다. 그러다보니 공부 방법의 다른 부분보다 효과가 크다고 생각하여, 노트필기만 배우려고 하는 학생도 있다. 하지만 공부란 어느 한 부분만 익힌다고 되는 게 아니다. 1권에서도 이야기했지만, 가장 먼저 공부를 할 준비 자세가 되어 있어야 한다. 다음으로 공부의 기본인 읽기 방법이 되어야 하고, 그 다음이 바로 노트필기다.

따라서 노트필기를 잘하기 위해서는 그 전에 교과서를 잘 읽을 줄 알아야 한다. 교과서를 잘 읽는다는 것은 핵심 내용과 세부 내용을 잘 구분할 줄 안다는 뜻이다. 그런 다음, 핵심 내용에 따른 세부 내용을 자신이 이해한 방식대로 노트에 잘 기록해두어야 한다. 그리고 그 노트를 바탕으로 시험공부를 해나가야 한다. 노트를 보면서 기억을 거듭 강화시키며, 필요한 부분은 더욱 보완을 하면서 시험 준비를 하는 것이다.

고학년으로 올라갈수록 노트필기는 더욱 중요해진다. 왜냐하면, 고학년으로 올라갈수록 암기할 내용이 더욱 많아지고, 그 내용을 체계적으로 잘 정리하려면 나만의 노트필기 방법이 더욱 절실하기 때문이다. 노트필기를 하지 않으면 배운 내용이 머릿속에서 뒤죽박죽 섞이게 되어, 결국 참고서나 문제집의 요약 정리에 의존하게 된다. 그렇게 되면 효율적인 암기가 불가능해진다. 외워도 뒤돌아서면 금방 잊어버린다. 정보와 정보를 체계적으로 연결하는 게 아닌 단순 나열이기 때문이다.

생각해보자. 수능의 거의 모든 문제는 객관식이다. 객관식 문제는 헷갈리는 것을 최대한 줄여서 답을 맞혀야 한다. 그런데 내용을 체계적으로 정리하지 않을수록 유사한 보기 내용을 보면 이게 답인지, 저게 답인지 헷갈리게 된다.

에빙하우스란 심리학자는 실험을 통해 인간은 평균적으로 정보를 외운 후 불과 1시간 만에 56%를 잊어버린다는 사실을 밝혀냈다. 이런 기억력의 한계를 극복하기 위해 무조건 책을 보고 암기하거나 이해하려고 덤벼들지 말고, 배운 내용을 체계적으로 구성해둘 필요가 있다. 그래서 노트필기가 필요한 것이다.

02

노트필기로 수능과 내신, 두 마리 토끼를 잡아라

고등학교에 올라가면 내신과 수능, 두 마리 토끼를 잡아야 한다. 두 가지 모두 대학에 들어갈 때 꼭 필요한 점수이기 때문이다. 그러면 어떻게 공부해야 좋을까?

내신이야말로 노트필기가 꼭 필요하다. 수업시간에 선생님이 중요하다고 강조한 내용이 곧 시험 문제이므로, 노트에 그것을 정리해둘 필요가 있다. 즉 내신을 잘 잡으려면 교과서와 노트필기, 이 두 가지면 충분하다.

그렇다면 수능은 어떨까? 수능은 사고력과 응용력을 측정하는 잣대나 마찬가지인데, 이 능력을 키우려면 체계적인 사고가 우선되어야 한다. 정보들을 단편적으로 알고 있으면 결코 수능에서 높은 점수를 얻을 수 없다. 그러므로 기본 개념을 물 흐르듯 정확하게 이해하고, 이를 반복해서 암기해야 한다. 그러려면 나만의 노트필기가 필수다. 또 다양한 문제풀이를 통해 응용력을 기르는 게 중요한데, 유난히 잘 틀리는 유형의 문제나 어려운 문제들은 오답노트 정리를 해야 한다. 다양한 문제풀이를 통해 스스로 부족한 유형을 체크한 후, 그 개념 정리에 해당하는 부분에 응용문제들을 붙여서 왜 틀렸는지, 어떤 개념을 제대로 이해하지 못했는지 등을 일일이 메모해두어야 한다. 그래야 다음에 비슷한 응용문제가 나와도 틀리지 않게 된다. 또 교과서에 없는 개념이 적용된 문제라면, 그와 관련한 개념을 교재에서 찾아 노트에 정리해두어야 한다. 그렇게 하면 그 개념을 살피기 위해 이 교재, 저 교재 들춰보는 일이 없으니 공부 시간이 단축되는 효과까지 누릴 수 있다.

노트필기는 이처럼 내신과 수능 두 마리 토끼를 잡아야 하는 수험생들에게 분신과도 같은 존재다. 그런데 노트필기는 '잘해야지' 마음먹는다고 하루아침에 될 수 있는 게 아니다. 자신만의 노트필기법을 익힐 때까지는 시간과 훈련이 필요하다. 노트필기의 중요성을 깨닫고 시도해보다가 중간에 포기하는 학생들도 많다. 노트필기, 왜 안 될까? 그 가장 큰 걸림돌은 무엇이고, 어떻게 훈련해야 하는지 방법을 한번 살펴보자.

프린트물 대신 노트를 펼쳐라

우선은 앞에서도 이야기한 것처럼 요즘 공부 환경이 노트필기와는 점점 멀어지고 있음을 알 수 있다. 어느 고등학교에서 교사들을 대상으로 강의를 한 적이 있는데, 한 선생님이 내게 이런 질문을 했다.

"학생들에게 프린트물을 나눠줄 때 배울 내용을 요약해주는 게 좋을까요? 아니면 중요한 부분에 빈 괄호를 쳐주는 게 좋을까요?"

나는 이렇게 되물었다.

"왜 굳이 프린트물을 나누어주려고 하시나요? 그리고 그 프린트물이 내용을 요약한 것인가요? 아니면 보충 내용인가요?"

"교과서 내용을 요약한 것이지요."

"그렇다면 프린트물을 나눠주지 마시고, 학생들에게 배울 내용을 미리 노트에 예습해 오도록 하시는 게 가장 좋습니다."

나는 이렇게 대답해주었다. 프린트물이 나쁘다는 게 아니다. 다만 그것보다 훨씬 더 효율적인 공부법은 학생들이 배울 내용을 스스로 요약하고 정리해보는 연습이라는 것이다.

공부를 잘하려면 기본적으로 교과서 내용을 잘 이해하고, 그중에서 중요한 것을 모아 체계적으로 기억하고 암기해야 한다. 그런데 프린트물로는 그 과정을 효율적으로 해내기가 쉽지 않다. 스스로 정리하고 공부할 때 더 잘 이해되고 기억되기 때문이다. 학생들은 선생님의 수업 내용을 듣고, 프린트물의 중요한 부분을 형광펜으로 칠하면서 그것을 안다고 생각한다. 하지만 과연 그럴까?

아는 것과 제대로 이해하는 것은 다르다. 제대로 된 이해란 정보를 체계적으로 정리해서 다른 정보들과 연결시킬 수 있는 것을 말한다. 수학을 예로 들면, 수학의 여러 가지 개념과 원리, 그리고 법칙의 관계를 유기적으로 연결시킬 수 있어야 한다. 그러려면 물고기를 잡아 학생들 입에 넣어주는 프린트물보다는 교과서를 읽고 배울 내용을 스스로 노트에 정리해보게 하는 것, 즉 학생 스스로 물고기를 잡는 방법을 터득하게 하는 것이 훨씬 효과적이다. 그리고 부족한 부분은 수업시간에 선생님 설명을 듣고 학생 스스로 메워나가게 해야 한다. 직접 손으로 쓰면서 수업을 들으면, 그냥 수업을 듣는 것보다 훨씬 집중력이 높아진다. 손을 움직여 쓰는 것만으로도 딴 생각이 들지 않을 뿐 아니라 졸음도 몰아낼 수 있기 때문이다. 게다가 스스로 예습까지 했다면, 수업 시간에 배운 것을 적는 것만으로도 이해력과 집중력이 훨씬 늘어난다.

이처럼 진짜 학생들을 위한 배려는 프린트물을 나눠주는 것이 아니라 이해력과 집중력을 높여주는 노트필기를 하게 하는 것이다. 그런데 학교 현장에 가보면 수업시간에 선생님들은 프린트물을 나누어주고, 학생들은 프린트물을 보고 고개를 끄덕거릴 뿐 노트필기를 하려고조차 하지 않는다. 정확히는 노트필기를 어떻게 하는지 방법도 모를 뿐 아니라 자신만의 노트필기법은 더더욱 없다. 노트필기로 나만의 공부법을 만들어서 활용하는 것이 중요하다는 것을 꼭 기억하자.

일목요연하게 정리된 참고서의 함정에 빠지지 마라

다음은 각 출판사에서 너무도 잘 만들어내는 참고서를 들 수 있다. 서점에 가보면, 다양한 출판사에서 만들어진 문제집들이 쏟아져 나와 있다. 그리고 분명 학생들이 그 많은 문제집들 중에서 지갑을 여는 기준의 하나는 바로, 내용 정리가 얼마나 잘되어 있는가일 것이다. 잘 정리된 참고서나 문제집으로 공부하는 것 역시 학생들에게는 효율적인 방법이 아니다.

참고서나 자습서는 그 책을 지은 저자의 작품이지, 공부하는 학생의 작품이 아니다. 그리고 이것은 어디까지나 참고사항으로 봐야 할 내용이지, 공부의 중심이 되어서는 곤란하다. 또 참고서나 문제집은 특정한 교과서에 맞추어진 것이 아니라, 많은 종류의 교과를 분석해서 내놓은 자료이다. 그러므로 자칫 참고서나 자습서로 공부하다보면 내가 배우지 않는 부분까지 공부하는 우를 범할 수도 있다. 그런데도 요즘 학생들은 참고서나 프린트물에 의존하는 게 습관이 되어, 왜 굳이 힘들게 노트필기를 해야 하는지 필요성을 잘 못 느낀다.

또한 이런 교재들의 요약 정리에는 함정이 있다. 아무리 외워도 잘 안 외워진다는 것이다. 외운 것 같지만 뒤돌아서면 금방 잊어버린다. 내 손으로 직접 쓴 게 아니기 때문이다. 복잡하고 딱딱한 정보일수록, 눈으로 읽는 것만으로는 암기하기가 쉽지 않다.

또 한 가지, 참고서의 요약 내용으로 공부하다보면, 교과서에서 핵심 내용과 비핵심 내용을 스스로 구분해내는 능력이 없어진다. 중요한 내용을 스스로 알지도 못하고 찾지도 못하게 된다는 것은, 어떤 내용이 시험에 나올지 모른다는 이야기와 같다.

이렇게 참고서의 요약 내용은 나를 공부의 절름발이로 만들어버린다. 제대로 된 공부법은 스스로 교과서에서 일차적으로 중요한 내용을 찾아 노트필기를 한 후, 참고서를 보면서 중심 내용과 관련된 참고 내용을 찾아 이해력을 넓히는 것이다.

그래서 노트필기를 한다는 것은 읽기와 암기 사이를 이어주는 튼튼한 다리를 만드는 것과 같다. 노트필기를 영어로 'take a note' 라고 하는데, take에는 '손을 움직인다' 라는 뜻이 있다. 손을 움직여 쓰는 것은 우리의 두뇌를 활성화시키기 때문에 기억하는 데도 훨씬 도움이 된다. 실제로 한 연구 결과, 특정 내용을 쓰면서 공부하는 학생이 그렇지 않은 학생보다 50% 이상 더 잘 기억해냈다고 한다. 물론 필기한 내용 전부를 외울 필요는 없다. 핵심어를 쓰고, 그에 관련된 내용을 가지치기 식으로 정리하면서 정보의 맥락을 살필 줄 알아야 한다. 그 과정을 모두 노트에 필기해야 한다. 그리고 암기할 것과 이해할 것을 구분한 후, 암기할 것은 이해를 통해 외우는 공부가 필요하다.

결국 아무리 내용 정리가 잘되어 있어도 남이 쓴 것이 내 것이 되는 것은 아니다. 처음에는 노트필기가 서툴지라도 교과서를 읽고, 중요한 내용을 내 손으로 직접 노트에 적고 부족한 것은 문제집에서 발췌해 채워넣는 것, 그것이 진짜 머릿속에 남는 공부다.

학생들이 보기 편하라고 만들어준 참고서나 문제집은 스스로 하는 능동식 공부가 아니라 수동식 공부를 하게 만들기 때문에 오래가지 못한다는 진실을 빨리 깨닫기 바란다. 그런데 현실의 거의 대부분이라고 할 정도의 학생들이 교과서를 읽고 스스로 노트 정리를 하기보다 참고서나 문제집으로 공부를 하는 안타까운 상황이다.

내용을 모으기보다 손맛을 아는 노트필기를 하라

참고서나 문제집 내용을 오려붙이거나 인터넷 검색으로 손쉽게 정보를 모으는 것도 문제다. 노트필기에서는 관련 내용을 얼마나 잘 구성해서 정리해놓는가가 매우 중요하다. 그런데 많은 학생들이 참고서나 문제집을 오려서 모으면 되지 않느냐고 묻는다. 물론 이것도 중요한 공부지만, 진정한 노트필기라고는 할 수 없다. 손맛을 알아야 진짜 노트필기다. 즉 내 손으로 직접 쓰면서 정리하고, 직접 내용을 구성해봐야 하는 것이다. 그래야 어떤 것을 설명하기 위해 관련 내용을 기억해낼 때 당황하지 않고, 무엇을 어떻게 해야 할지 망설이지도 않는다. 남이 해놓은 자료를 모아놓는 것은 진정한 노트필기라 할 수 없다.

어떤 학생들은 문제를 풀다 모르는 개념이 나오면 인터넷을 검색해본다고 한다. 문제집이나 교재를 뒤적이는 것보다 훨씬 시간이 덜 걸린다는 게 그 이유다. 게다가 검색어 하나만 치면 그와 관련된 각종 정보들이 줄줄이 나오니 그걸 다 보고 있노라면, 스스로 굉장히 똑똑해지는 느낌도 든다고 한다.

아마 이런 경험은 인터넷을 사용해본 이들이라면 누구나 있을 것이다. 그런데 문제는, 그렇게 찾아본 개념은 쉽게 잊혀진다는 것이다. 눈으로 읽는 것은 그 순간에는 잘 이해한 것 같지만, 실제로 그 명제에 대해 막힘없이 쓰거나 누군가에게 정확히 설명하라고 하면 진땀을 빼고 만다.

이유는 간단하다. 내 것으로 완전히 소화해내지 못했기 때문이다. 어떤 지식을 진짜 내 것이라고 말할 수 있으려면, 그 명제에 대해 막힘없이 쓰거나 누군가에게 쉽고 정확하게 설명할 수 있어야 한다. 그 정도의 소화 능력이 되어야만 응용력과 사고력을 측정하는 수능이라는 관문을 통과할 수 있다.

인터넷을 통해 스크랩해둔 정보 역시 내 것으로 만들기는 쉽지 않다. 마치 입 안으로 음식물을 삼키긴 했는데, 잘근잘근 씹어 소화하는 과정을 거치지 못해 우리 몸속에서 재흡수되지 못하는 상태와 똑같다. 그래서 많은 정보를 훑어보았는데도 정작 별 도움이 안 되는 것이다.

집중력과 기억력의 방해꾼인 휴대폰을 치워라

요즘은 성인뿐 아니라 공부하는 학생들에게도 휴대폰과 노트북 아이패드 같은 전자기기들이 필수품이 되었다. 이런 환경적인 요인도 학생들의 노트필기에 강력한 방해꾼들이다. 물론 이것들은 공부하다 모르는 것이 나오면 빨리 검색을 하거나 동영상 강의를 보는 데 도움이 된다. 하지만 이런 기기들은 오히려 학습에 방해되는 측면도 상당히 많다.

예전에 우리는 가족이나 친한 친구들의 전화번호를 머릿속에 외우고 다녔다. 그런데 휴대폰을 사용하면서 어떻게 됐는가. 단축키만 누르면 번호가 뜨는 세상에 살고 있다 보니, 가족의 휴대전화 번호조차 외우고 다니는 이가 드물다. 그러다가 휴대폰을 분실이라도 하면 생각나는 전화번호가 하나도 없어 곤경에 처하기도 하니, 이것이야말로 요즘 인터넷 용어로 웃픈(웃긴데 슬프다는 표현) 일이 아닐 수 없다.

이처럼 전자기기는 어떤 면에서는 우리의 학습 습득 능력을 방해한다. 특히 휴대폰은 주의집중력과 기억력을 떨어뜨린다. 고등학교 1, 2학년 학생 300명을 대상으로 한 연구에서는, 휴대폰의 사용이 학습 태도와 집중력에 부정적인 영향을 끼친다고 보았다(김미라, 2007).

또 자꾸 휴대폰을 만지는 습관은 수험생들에겐 치명적이다. 휴대폰을 안 만지면 불안해지고 그래서 자꾸 만지는 것에서 끝나는 게 아니라, 자연스럽게 게임이나 인터넷 가십기사의 유혹에 넘어가게 마련이고 그러다보면 공부는 뒷전이 된다. 흥미로운 것들에 맛들이다보면, 인내와 끈기를 요하는 공부에는 더욱 적응을 못하기 마련이다. 노트필기는 처음에 시간이 많이 걸리는 공부법이다. 물론 계속 하다보면 점점 그 시간은 줄어들기 마련이지만, 처음에는 엉덩이가 무거워야 한다. 그리고 필기한 이후에도 주기적으로 반복해서 암기해야 한다. 그러려면 인내력이 필수다. 그런데 휴대폰이나 인터넷이 그 인내심을 꺾어놓는 것이다.

노트필기를 중도에 쉽게 포기하는 학생들은 대개 인내심이 부족하거나 불안증에 시달리는 학생들이다. 기기가 아닌 노트나 교과서를 오래 붙잡고 늘어지는 힘이 부족한 것이다. 공부에 대한 기본적인 습관을 기르는 데 이런 기기들은 그런 면에서는 독이나 다름없다. 그러니 스스로 조절이 안 된다면, 부모에게 맡기는 방법을 써서라도 절제하는 습관을 길러야 한다.

서울대에 들어간 한 학생은 고등학교 3년 동안 휴대폰 없이 학교에 다녔다고 한다. 휴대폰을 들고 있는 것만으로도 공부에 방해되는 일이 너무 많이 생긴다는 것이다. 말이야 바른 말로 없었던 약속도 생기게 하는 게 바로 휴대폰이지 않은가.

Tip

내신 준비, 자습서로 하면 시간낭비!

내신 준비를 자습서로 하는 건 그야말로 시간낭비이다. 일례로 2012년 현재 중고등학교 교과서 종류만 해도 10여 종이 훌쩍 넘는다. 자습서는 모든 종류의 교과서 내용을 총망라해놓은 것이므로, 그것으로 공부하면 굳이 공부하지 않아도 되는 내용까지 보게 되는 셈이다. 내신은 각 과목 선생님이 수업시간에 중요하다고 강조하는 것들 중에서 시험 문제가 출제된다. 때문에 수업 중에 선생님 말을 확실히 노트 정리하는 것만이 내신을 가장 효율적으로 잡는 비법이라는 걸 명심하자.

03

노트필기, 무엇보다 시기가 중요하다

나는 수년간 학습클리닉 센터를 운영하면서 중고등학생뿐만 아니라 대학생이나 대학을 졸업하고 각종 국가고시를 준비하는 성인들도 많이 만나보았다. 그들은 유명 대학을 다니거나 졸업했지만, 매번 목표했던 국가고시에서 떨어지고 나서 나를 찾아오곤 했다.

세무사 시험을 준비 중이던 한 여대생은 내가 노트필기법을 가르치자 쑥쓰러움 반, 놀라움 반으로 내게 이렇게 말했다.

"솔직히 말해서 저는 학교 다니면서 노트필기를 단 한 번도 해본 적이 없어요."

"대학 때 학점은 좋았어요?"

"아뇨, 솔직히 말해서 진짜 형편 없었어요."

당연한 결과다. 노트필기법을 몰라 나를 찾아왔다면, 진짜 공부생다운 공부법을 몰랐을 테니 전공 공부를 소화해내기가 쉽지 않았을 것이다.

각종 고시 역시 소화해야 할 공부량도 많을뿐더러 내용 역시 상당히 심화된 것들이다. 게다가 주관식 필기시험도 치러야 하는데, 스스로 사고하고 분석하는 능력 없이 어떻게 고득점을 맞겠는가. 여기서 노트필기의 중요성은 더욱 절실해진다. 알고 있는 개념들을 자기식대로 논리적으로 전개할 줄 알아야 하는데, 머리로만 공부하면 절대 탄탄한 논리 전개가 불가능한 것이다.

이런 경우, 뒤늦게라도 노트필기법이 절실하다는 걸 깨달을 필요가 있다. 손으로 직접 쓰면서 사고를 전개하고, 체계화하고, 그것을 잘 기억하는 법을 익히는 것이다. 그렇게 해서 이 학생은 1년 만에 세무공무원 시험에 합격할 수 있었다. 뿐만 아니다. 심지어 전략적인 읽기 방법과 노트필기법을 통해 3개월 만에 임용고시에 합격한 주부도 있다. 한참 두뇌가 깨어 있는 학생들도 1년씩 공부해야 합격할까 말까 한 어려운 시험에서 말이다.

노트필기로 공부를 전략적으로 하면, 이렇게 비약적인 점프가 가능하다. 이처럼 노트필기 습관은 일생을 좌우할 수도 있는 중요한 것이다. 그리고 노트필기 습관은 무엇보다 시기가 중요한데, 이왕이면 적기에 습관을 들여 자기 인생의 시행착오를 줄이도록 하자.

초등학교 5~6학년이 가장 적기다

노트필기는 사실 초등학교 5학년 때부터 시작해서 6학년 때 훈련을 하는 게 가장 효과적이다. 초등학교 공부는 이해력에 주안

점을 두고 있지만 초등학교 5학년부터는 이해할 내용과 암기할 내용이 주어지면서 나름 학습의 조직화가 필요한 시기이기 때문이다.

이 시기의 학생들은 아직 공부 습관이 들지 않았기 때문에 스펀지처럼 받아들이는 효과도 크다. 무슨 일이든 아예 백지장 상태인 게 낫지, 나쁜 습관이 이미 들어버리면 그것을 고치는 데 더 오랜 시간이 걸린다.

또한 단순하게 내용을 기억하는 것은 저학년 때도 되지만 배운 내용을 조직화해서 체계적으로 기억하는 것은 고학년 때부터 가능하다. 즉 학습적인 인지 능력이 초등학교 고학년 때부터 분화되기 시작한다는 말이다. 따라서 체계적인 공부 방법을 익히기에 이 시기가 적절하다.

노트필기는 어떤 방법이 자신에게 맞는지 처음에는 잘 모른다. 그러니 충분한 연습을 통해서 자신에게 맞는 방법을 꾸준히 찾아나가야 한다. 그러기 위해서는 시간이 필요한데, 아직은 공부에 대한 부담이 적고 학습의 정보량이 많지 않은 5~6학년 때가 좋다. 이 시기에 자신만의 기본적인 노트필기법을 익혀둔다면 중고등학교 공부에 자신감을 가져도 된다.

노트필기 습관, 늦어도 중학교 때까지는 꼭 익혀라

이 시기를 놓쳤다면 중학교 때는 노트필기법을 꼭 익히도록 해야 한다. 초등학교 때보다 중학교 때 공부 분량이 많아졌다고는 하지만, 중학교 공부만 해도 이해력과 암기력을 동시에 필요로 하는 공부이다. 따라서 이 시기도 완전히 늦은 것은 아니다. 그 습관대로 고등학생이 되면 자기만의 노트필기법이 몸에 익어 공부하는 데 어려움이 없다.

초등학교를 거쳐 중학생이 되면, 과목 수도 늘고 학습량도 는다. 갑작스럽게 공부 환경이 바뀌는 것이다. 환경 변화에 익숙하지 않은 학생들은 이때 상당히 당황해한다. 게다가 대개 이때쯤이면 학생들이 사춘기를 맞으면서 심리적으로 안정이 안 된다. 한마디로 질풍노도가 일으키는 방황기, 격랑기가 오는 것이다.

이러다보니 정작 스스로 공부법도 바꿔보고 설계도도 짜야 하는데, 그걸 못하고 넘어가는 경우가 많다. 사실 이럴 때일수록 학교 교과과정에 노트필기를 수행평가 과목에 넣어, 학생들이 필기를 적극적으로 할 수 있는 환경을 만들어주면 좋은데 현실은 그렇지 못하다.

사교육 현장도 마찬가지다. 학생들의 공부 환경과 심리 상태를 고려해 학생 개개인의 특성과 학습 유형에 맞게 공부설계를 해줄 학습전문가들이 사실상 그리 많지 않다. 학생들이 자신에게 맞는 노트필기를 시작해야 하는 아주 중요한 시기인데도 말이다.

이렇게 노트필기를 조직화하는 능력이 이때 습관화되어야 정작 중요한 고등학교 때 공부 시간이 줄어든다. 한 번 정리하는 데 한 시간이면 될 것을 서너 시간씩 걸린다면, 중도에 힘들어서 포기하게 될 테니 말이다.

물론, 이해력이 뛰어난 학생들은 굳이 노트필기를 하지 않고, 수업 시간에 경청하고 교과서 내용을 이해하는 것만으로도 고득점을 맞을 수 있다. 중학교 공부량은 이해력만으로 충분히 소화가 가능하기 때문이다. 사실 시험기간에 바짝 벼락치기를 하는 것만으로도 높은 점수를 받는 것은 어렵지 않다. 하지만 문제는 이런 식으로 공부해 버릇하다가 고등학생이 되면, 성적이 금방 떨어진다는 것이다. 이유는 바로 노트필기를 안 했기 때문이다.

중학교 때 우등생,
고등학교 가서 열등생이 될 수도 있다

"우리 아이는 중학교 땐 전교 3등 안에 들었는데, 고등학교에 올라가서 성적이 형편없이 떨어졌어요."

이런 말을 하면서 자녀의 손을 잡고 나를 찾아오는 학부모들이 상당수다. 그래서 함께 온 학생들의 지능검사를 해보면 대개는 머리가 상당히 좋다. 이해력은 물론 암기능력도 뛰어나다. 하지만, 고등학교에서는 중학교 때에 비해 암기량이 무려 세 배나 늘어나버리니, 이 많은 양을 주먹구구식으로 암기하는 데서 한계가 드러나는 것이다.

평소에 공부한 내용은 망각 작용으로 잊었을 것이고, 시험기간에 벼락치기로 외운 것들은 정보들이 머릿속에 뒤죽박죽 섞여 있을 게 뻔하다. 게다가 고등학교 때는 며칠 반짝 몰아 공부한다고 해서 시험 범위의 내용을 다 외우지도 못한다.

또 수능이란 게 어디 그리 만만한 관문인가. 개념을 정확히 이해하고 외우지 못하면 응용문제에서 정답을 맞힐 수가 없다. 수능문제는 핵심어와 세부 내용들이 체계적, 유기적으로 머릿속에서 줄줄이 정리가 되어야 풀 수 있는 문제들이다. 그런 암기는 노트필기 없이는 도저히 불가능하다.

노트필기는 어떤 특정과목 몇 개에만 해당되는 게 아니다. 전 과목 모두에 해당된다. 비록 시작이 늦었더라도 힘들다고 포기하지 말고, 노트필기 습관을 기르는 게 공부를 손쉽게 하는 지름길이라는 걸 깨닫기 바란다.

하지만 현실은 안타깝게도 그렇지 못하다. 고등학교에 가서 학생들에게 노트필기를 하라고 하면, 어떻게 해야 할지 모른다. 필기 자체는 물론, 필기를 한 후에도 어떤 내용을 이해하고 어떤 내용을 암기해야 하는지 모른다. 공부를 하려고 해도 어떻게 정리해야 할지 모른다. 그 중에는 교과서를 제대로 읽을 줄 몰라 노트필기를 못하는 경우도 많다. 심지어 6하원칙에 의한 읽기 전략이 중요하다고 말하면, 한 학교당 꼭 한 명씩은 내게 이렇게 질문한다.

"선생님, 6하원칙이 뭐예요?"

참으로 심각한 일이 아닐 수 없다.

오답노트 작성으로 서울대 들어간 학생, 대학에서 더욱 빛을 발하다

고등학교 때까지의 공부가 기초 쌓기라면 대학 공부는 심화학습이다. 각자 전공에 대한 심층적인 지식을 쌓는 곳이 바로 대학이라는 곳이다. 고등학교 때까지 문제풀이식 공부를 했다면, 대학에서는 평소 배운 지식을 토론이나 리포트를 통해 자기만의 논리로 표현하는 능력을 중요하게 여긴다.

그러려면 평소 강의시간에 노트필기를 잘하는 것이 매우 중요하다. 그 두꺼운 전공서적을 어떻게 자기 것으로 소화할 것인가. 이 또한 역시 노트필기를 통해서만이 가능하다.

고등학교 때까지 노트필기를 잘해온 학생들은 그 습관대로 대학에서도 노트필기를 하고, 이를 통해 자기만의 체계적인 논리를 쌓아가는 데 큰 어려움이 없다. 그런데 노트필기를 제대로 해본 적이 없는 학생들은 논리의 집을 짓는 데 상당히 애를 먹는다. 사고체계가 엉성하니 리포트나 발표 역시 논리적으로 탄탄하지 못할 것이고, 그러다보면 당연히 성적은 바닥이 될 수밖에 없다.

수험생들의 공부법을 소개하는 한 TV프로그램에서 서울대에 간 학생이 출연했는데, 그 친구 역시 서울대에 간 비결이 노트필기라고 당당하게 말했다. 고등학교 3학년 때 이 친구를 힘들게 한 과목은 바로 언어영역이었다. 다른 과목은 모두 안정권이었지만, 언어영역은 아무리 공부해도 80점을 넘지 못해 좌절하던 중, 담임선생님으로부터 오답노트를 작성해보라는 권유를 받았다. 그런데 그 시기가 불과 수능 3개월 전이었다. 시간적으로나 심적으로 여유가 없었지만, 마지막 희망의 끈이라 생각하고 노트필기를 시작했다. 사실 얼마나 막막했겠는가. 비문학의 경우엔 공부했던 지문이 수능에 다시 나올 리도 없는데, 오답노트라니. 게다가 오답노트는 오리고 붙이는 데 시간도 더욱 많이 걸린다.

그런데 오답노트를 작성하면서 이 친구는 놀라운 일을 겪었다고 한다. 선생님의 권유대로 오지선다 문항마다 틀린 이유를 적으려다보니 각 지문을 구조적으로 분석해야 했다. 자연히 지문 분석 능력이 생겼고, 지문을 잘 분석하는 것만으로도 각 문항의 답이 왜 틀렸는지를 알게 된 것이다. 그리고 실수를 줄이기 위해 그것들을 일일이 문항 옆에 적다보니 오답을 피할 수 있었던 것이다. 결국 이 학생은 3개월 후, 수능시험 언어영역에서 단 한 문제만 틀리고 서울대에 합격할 수 있었다.

"오답노트를 만들면서 체계적으로 생각하는 습관이 길러졌어요. 그 덕분에 대학 공부가 참 재미있어요. 토론시간에도 내 생각을 논리적으로 말할 수 있는 것 역시 오답노트를 만들면서 길러진 사고력과 분석력 때문이라고 확신합니다."

이 친구가 방송에서 직접 한 말이다. 이것이 바로 노트필기의 힘이다. 족집게 고액과외로 명문대에 갈 수 있을지는 몰라도, 그런 경우에는 대학공부를 따라가기 힘들 수밖에 없다. 진짜 공부법을 모르기 때문이다. 반면, 스스로 정리하면서 부족한 부분과 잘못된 부분을 메우고 고쳐나가는 능력을 갖춘다면 대학에서도 승승장구할 수 있다.

04

자신에게 맞는 노트필기법은 분명 있다

요즘 웬만한 고등학교에서 상위권은 남학생보다 여학생들이 차지하는 비율이 훨씬 높다. 그 비결은 간단하다. 바로 노트필기다. 학교에서 노트필기 방법을 가르치고 결과를 보면 여학생들은 30~40%가 효과를 보지만, 남학생들은 효과를 보는 비중이 5%도 채 안 된다. 어째서 여학생들이 남학생들보다 노트필기를 잘할까? 신체적으로 남학생들은 활동적으로 움직이는 것을 좋아하고, 여학생들은 남학생들에 비해 덜 활동적이라 수업시간에 집중하는 경향이 강해서일까? 그럴 수도 있다. 아니면 여학생들이 남학생보다 더 꼼꼼해서일까? 물론 그럴 수도 있다.

하지만 그보다는 학술적으로 아직 증명이 되지는 않았지만, 내 경험상 테스트를 해보면 남학생은 정보를 듣고 머릿속에서 정리하려는 경향이 강하다. 다시 말해,

수업시간에 경청을 하면서 이해하려고 하지, 노트필기를 해야겠다는 필요성을 잘 못 느낀다. 노트필기를 하더라도 자신이 판단했을 때 중요한 키워드만 적으려고 한다. 그러면 노트필기를 암기의 자료로 활용할 때 내용 연결이 잘 되지 않는다. 키워드와 정보를 연결해주는 중간 단계의 기록이 없기 때문이다.

반면 여학생들은 시각형(찾아보기)들이 많다. 그래서 자신이 직접 필기한 것을 눈으로 확인하면서 공부하는 것을 좋아한다. 여학생들은 깨알같이 기록한 세세한 정보들을 자신만의 필기법으로 재조직화해서 느리지만 서서히 성적을 올린다. 그래서 고등학생이 되면 학업 성취도가 높아지는 것이다. 때문에 중학교 때까지는 남학생들이 상위권을 다 장악하다가 고등학생이 되면 상황이 역전되는 경우가 많다.

공무원 시험이나 각종 국가고시에서 예전에 비해 여학생들이 더 두각을 나타내는 이유 역시 많은 양을 체계적으로 정리할 줄 아는, 그녀들만의 노트필기법을 갖고 있기 때문이다. 지금부터라도 자신만의 노트필기법에 도전해보자. 분명 자신에게 맞는 노트필기법이 있을 것이다.

먼저, 수업 중 노트로 노트필기 습관을 들여라

서울대에 입학한 한 남학생은 자신의 공부 비결에 대해서 이렇게 말했다.

"고등학교 수업 시간에 짝꿍이 여학생이었는데, 노트필기를 잘하더라구요. 그래서 몰래 어떻게 하는지 지켜보다 따라 하면서 성적이 많이 올랐어요."

실제로 고유의 꼼꼼함 덕분에 여학생들이 남학생들보다 더 노트필기를 잘한다.

남학생들 중에는 노트필기를 유난히 싫어하는 데다 악필인 경우도 많은데 이런 것도 영향을 미친다.

하지만 남학생들도 노트필기 습관을 들이지 않으면 높은 성적을 유지할 수 없다. 그래서 나는 주로 수업 중 노트를 작성하도록 권하는데, 수업 중 노트가 그나마 따로 시간을 내서 작성해야 하는 예습, 복습형 노트보다 덜 곤욕스럽기 때문이다.

수업 중 노트를 작성하다보면 저절로 글씨체가 반듯해진다. 스스로 필기를 할 기회가 없다보니 악필이 된 것뿐, 반복해서 쓰다보면 글씨체는 자연히 정갈해지기 마련이다. 뿐만 아니라, 글을 쓰는 데 필요한 사고력은 물론 구성하는 힘도 좋아진다. 수업시간에 선생님이 하는 말을 무조건 그대로 적는 게 아니라, 스스로 이해한 형태로 적기 때문에 글을 짜임새 있게 쓰는 실력도 저절로 길러진다. 그리고 스스로 필요한 기호를 만드는 등 나름의 노하우가 생기니 노트필기 자체가 재미있어진다. 이렇게 재미만 붙여도 큰 수확이다. 그러면 예습노트와 복습노트도 만들어야겠다는 생각이 자연스럽게 들기 때문이다.

악필 남학생, 자유로운 방식의 노트필기법으로 성적을 올리다

하루는 중학교 3학년인 남학생과 그의 어머니가 우리 학습클리닉 센터를 찾아왔다. 남학생은 전교 2등인 우등생이었다. 그런데 그 학생의 어머니는 아들이 머리만 믿고 노트 정리를 하지 않는다며 걱정을 하고 있었다. 분명 이 상태로라면 고등학교에 올라가서 성적이 떨어질 것이라면서. 남학생의 엄마는 자신도 학창시절에 공부를 꽤 잘했는데, 아무리 생각해도 그 비결은 노트필기인 것 같았다고 말했다. 그래서 "제발 노트에도 좀 적어가면서 공부하렴." 하고 아들에게 충고해도 아들이 도무지 말을 듣지 않아 나를 찾아온 것이었다.

애기를 들어보니, 남학생은 수업 태도도 좋고 교과서도 충실히 읽는다고 했다. 그런데 역시 펜은 사용하지 않고, 머릿속으로 정보를 암기하고 처리하는 편이었다. 그래서인지 암기할 내용이 상대적으로 많은 사회 점수가 제일 안 좋았다.

"시험 기간에 사회 공부는 어떻게 해?"

"그냥 교과서 한 번 쭉 읽어요. 그런데 선생님도 혹시 저한테 노트필기하라고 하실 건가요?"

"왜?"

"엄마가 노트필기 시켰는데, 너무 스트레스 받아서요. 저한테 또 그거 시키면 저 안 할 거예요. 진짜 죽을 맛이거든요."

이 친구는 노트필기를 싫어하는 남학생의 전형적인 경우였다. 악필인데다 필통에 펜을 꼼꼼히 챙겨가지고 다니지도 못했다. 하지만 이런 경우에도 노트필기는 반드시 필요하다. 나는 그 학생 스스로 노트필기의 중요성을 체득하게 할 셈이었다.

"사회 점수를 좀 높여보자. 한 줄 한 줄 꼼꼼하게 적을 필요 없이, 네가 원하는 대로 자유자재로 적는 거야."

이렇게 이 친구에게 무선노트법 중에서 트리다이어그램이라는 것을 알려주었다. 트리다이어그램이란, PART 2에서 이야기할 텐데 단어 하나를 키워드로 시작해 가지 뻗듯이 화살표를 그어가며, 그와 관계되는 정보들을 적어두는 방식이다. 이 친구 역시 엄마가 권유한 유선노트보다 덜 답답한 것 같으니 별 부담없이 내 제안을 받아들였다. 그리고 막상 노트 정리를 시작하자 글씨나 도형도 삐죽삐죽하게 쓰고, 선도 자기 맘대로 구부려가며 기발한 유선을 사용하면서 스트레스는커

넝 오히려 재미있어했다.

그렇게 공부한 후 기말고사를 치렀는데, 사회점수가 100점이 나왔다. 그 친구가 제일 먼저 놀랐다. 노트필기는 자기랑 상관없는 줄 알았고 앞으로도 노트필기 따윈 하지 않을 거라 고집피웠는데, 막상 그 효과가 눈으로 보이니 자신의 생각이 틀렸다는 걸 깨달은 것이다. 이처럼 노트필기는 암기 전략을 위한 최선의 방책이다. 이것이 바로 암기량이 방대해지는 고등학교 때 노트필기를 더욱 해야 하는 이유이다.

05

성적에 따라 노트필기 과목 순서가 다르다

노트필기를 할 때는 학습의 전이효과를 누리는 것이 가장 좋다. 전이효과란, 어떤 학습이 그 이후의 다른 학습에 효과를 미치는 것을 말한다. 예를 들어, 한 과목을 100점으로 만들어두면 그 이후엔 다른 과목에 시간과 노력을 투자할 수 있다. 그러면 곧 다른 과목도 100점이 될 수 있다. 그렇게 순차적으로 한 과목씩 100점으로 만들면, 결국 전 과목이 100점이 되는 것이 바로 최상의 전이효과이다.

전이효과가 가능한 근거는 학습의 누적효과 때문이다. 성적이 90점대가 되면, 그 이후의 성적 유지는 쉽다. 다만 90점이 될 때까지는 죽어라 노력해야 한다. 80점에서 60점까지는 자주 들쑥날쑥하면서 성적이 하루아침에 팍 오를 수도, 팍 떨어질 수도 있다. 하지만 90점대가 되면 이야기가 달라진다. 이미 공부의 임계량을 넘어섰기 때문에 약간의 차이는 있겠지만, 어떤 문제가 나와도 비슷한 점수가 유지된다. 한두 문제 실수로 틀리거나 응용문제 중 새로운 개념과 기존 개념을 연결하는 문제에서 틀리는 것이다.

때문에 확실한 전이효과를 누리려면, 자기가 몇 점대의 성적을 내는 학생인지 명확하게 알 필요가 있다. 그래야 자신에게 맞는 공부 전략을 짤 수 있기 때문이다.

중하위권,
제일 잘하는 과목부터 필기하라

그런데 학생들의 공부 패턴을 유심히 살펴보면, 무조건 취약과목부터 잡고 늘어지는 공통점이 있다. 70~80점대, 즉 중하위권 학생들은 잘하는 과목부터 90점대로 올려놓는 게 유리하다. 그래야 손해를 안 본다. 평가라는 건 상대적인 게 아닌가. 1등에서 꼴등까지 모두 못하는 과목을 붙잡고 있으면, 전체 성적을 가장 빨리 올리는 친구는 상위권 학생이다. 중하위권 학생들은 취약과목에 매달리느라, 평소 잘하던 과목마저 제대로 공부하지 못해 성적이 떨어져버린다.

공부는 전략적으로 하는 게 무엇보다 중요하다고 말했다. 자신이 중하위권이라면, 먼저 가장 잘하는 과목에 집중 투자해야 한다. 그래서 그 과목이 90점대에 진입하면, 두 번째로 자신 있는 과목으로 옮겨가야 한다. 못하는 과목을 잡으려면 그만큼 시간과 노력이 많이 든다. 그러므로 잘하는 과목부터 하나씩 공략하면, 전체 평균 점수를 올리는 데 상대적으로 유리하다. 책상에 앉아 있는 시간은 똑같되 경쟁력을 높이는 비법이다. 노트필기 역시 가장 자신 있는 과목부터 시작해야 한다.

한번은 TV에 나오는 아이돌 스타처럼 머리를 은색으로 탈색한 남학생이 어머니의 손에 이끌려 나를 찾아왔다. 이야기를 들어보니, 만날 오토바이 타고 친구들과 노는 게 낙인 학생이었다. 어머니는 늘 그 친구에게 "평균 50점만 넘으면 내가 널 업고 다니마."라며 어르고 달래고 있는 상황이었다.

현재 평균이 30점에 전교 등수 꼴찌였으니, 어머니 입장에선 그럴 만도 했다. 이런 학생은 사실 학습동기부터 고취시켜주는 게 옳다. 그래서 나는 이 친구에게 왜 공부를 해야 하는지, 공부를 하면 무엇이 좋은지부터 공감을 할 수 있도록 차근차근 이야기해주면서, "빠지지만 말고 나와달라."라고 부탁 아닌 부탁을 했다. 그리고 차츰 동기가 잡혀지기 시작할 즈음, 학생에게 물었다.

"가장 잘하는 과목, 좋아하는 과목은 어떤 거야?"

"체육, 기술요."

"아, 그렇구나. 그 과목들은 내신점수를 잘 따야 하니까, 수업시간에 집중해서 듣고, 노트필기하는 게 중요해."

"그 다음으로 좋아하는 과목이 있어?"

"음……, 그나마 사회가 좀 괜찮아요."

"그래? 그럼 사회부터 본격적으로 예습노트를 만들어보자."

이렇게 해서 나는 '그나마' 재미있다는 사회과목을 중점적으로, 역시 뒤에서 이야기하겠지만 이분할 노트에 핵심어를 적고 주요 세부 내용을 적으며 예습할 수 있도록 도와줬다. 하다보니 이 친구도 꽤 흥미를 느끼는 듯했다. 그러던 중 재미있는 일이 생겼다. 학교에서 사회 시간에 그 노트를 본 선생님이 "야, 어디서 이런 걸 배웠어? 잘했네." 하며 칭찬을 해준 것이다. 만날 혼만 나던 녀석이 학교 선생님께 칭찬을 듣자 기분이 좋아졌는지, 그 일 이후 공부를 더 열심히 하고 싶다며 열을 올리는 게 아닌가. 그렇게 사회를 잡고 다음엔 생물, 지구과학 등 암기량이 많은 과목 순으로 점수를 올려갔다. 그리고 마지막으로 수학과 영어, 국어 노트필기를 하도록 했다.

결국 이 학생은 노트필기법으로 8개월 만에 평균 55점을 맞더니 1년 만에 83점을 맞았다.

잘하는 과목은 더 집중이 잘되고, 흥미가 있단 뜻이다. 그러므로 산만한 친구들도 꽤 오랫동안 집중을 하게 되어 점수를 높이는 데 상대적으로 유리하다. 성적이 올라가면 자연스레 학습의욕뿐 아니라 자신감도 올라가니, 장기적으로 잘만 공략하면 충분히 상위권에 진입할 수 있다.

상위권, 가장 취약한 과목을 깊이 있게 필기하라

성적이 좋은 학생들은 평소 하던 대로 못하는 과목에 집중하는 게 맞다. 상위권 학생들 중에서도 한두 과목을 아예 포기 과목으로 정해놓고 나머지 과목만 파고드는 경우가 있는데, 그러면 결국 손해다. 중하위권 학생들이 전략적으로 치고 올라오면, 그 등수를 유지하기 어렵기 때문이다. 반대로 나머지 한 과목만 잘하면, 전국 상위권에도 들 수 있는데 왜 포기를 하는가.

그러므로 포기란 말은 결코 쓰지 말자. 무조건 노트필기로 취약과목을 잡겠다는 각오가 필요하다.

공부를 잘하는 학생들 중에 사회나 지구과학, 생물같이 암기할 양이 많은 과목에 취약한 경우가 종종 있다. 이 학생들은 노트필기를 꼼꼼하게 잘 못해 중요한 세부 내용을 잘 빠뜨리는 바람에, 오지선다형 문제 앞에서 이걸까 저걸까 망설이다 틀린 답을 찍는다.

지금은 꿈꿔오던 명문대에 입학해 열심히 공부 중인 한 친구는 전교 5등 안에 드는 상위권 학생이었지만, 명문대 진학에는 못 미치는 점수여서 고등학교 2학년 때 나를 찾아왔다. 그 친구의 의지가 아닌 부모의 의지에서였다. 그 친구는 내게 당당히 말했다.

"이런 노하우는 필요 없어요. 저는 평소의 제 공부습관대로 조금만 더 노력하면 명문대에 갈 수 있거든요."

"그래? 사탐 점수가 안 나온다면서, 선생님이 사탐 문제를 3개 내줄 테니 한번 풀어봐. 시간을 잴 테니 문제당 3분 안에 풀어야 해."

나는 이 친구의 가방 속에 있던 문제집 한 권을 달라고 해서 아직 안 푼 페이지를 펼쳐보았다. 역시나 내 예상대로 세 문제 중에 두 문제를 틀렸다.

"자, 시간을 충분히 줄 테니, 두 문제를 다시 풀어봐."

5분 후에 그 친구는 '아차' 하는 표정을 짓더니 말했다.

"아, 아깝다. 다 아는 문제였는데……."

"봐. 알고는 있지만 제 시간에 못 풀면 수능에서 좋은 점수를 못 받잖아. 개념이 빨리빨리 안 떠오르는 건 평소 노트필기를 안 했기 때문이야."

노트에 개념을 스스로 정리한 다음 반복해서 익히면 암기한 내용의 출력이 빨라진다. 그만큼 노트는 명확한 설계도 역할을 하기 때문이다. 그런데 머리로 공부하는 습관을 가진 친구들은 출력이 늦을 뿐 아니라, 빨리 풀어야 한다는 강박관념이 생기면 개념과 개념들이 머릿속에서 엉켜 잘못된 답을 고르는 실수를 범한다.

나는 이 친구에게 유선노트를 권했다. 이것도 역시 PART 2에서 이야기할 텐데, 암기과목 내용을 세부적으로 심도 있게 다룰 수 있도록 도와주는 노트가 바로 수평형 유선노트이기 때문이다. 그렇게 6개월 동안 집중적으로 사탐을 공부한 끝에,

이 학생은 사탐 점수를 확실히 끌어올렸다. 그리고 수능에서 사탐 만점을 맞아 명문대에 입학할 수 있었다.

다른 과목은 모두 상위권이었는데, 영어 과목만 점수가 안 나오던 고등학교 1학년 여학생도 생각난다. 이 학생은 체계적으로 노트 정리를 하는 방법을 몰라 교과서만 외우면서 영어 공부를 하고 있었다. 때에 따라서는 교과서를 통째로 외우는 것도 효과가 있지만, 그보다는 체계적으로 노트 정리를 해서 암기에 활용하는 게 훨씬 효과적이다.

"영어 시험만 볼 때면 더 불안해지요."

이 학생은 시험 불안까지 있어서 자신이 취약하다고 생각하는 영어 시험을 볼 때면 불안감이 더욱 커졌다.

나는 이 학생에게 영어 필기법을 가르치고 외워야 할 내용을 순차적으로 암기하게 했다. 또한 의미 없이 무작정 외우기보다 한국말을 연상해서 영어를 외우게 했더니, 영어 암기 속도가 3배나 빨라졌다.

"선생님 정말 신기해요. 이제 영어를 외우는 게 부담스럽지 않아요."

덕분에 시험 불안도 말끔히 사라졌다.

이처럼 잘하는 친구들은 가장 못하는 과목에 매달리면 길이 보인다. 그리고 그 해결 포인트는 역시나 노트필기다.

06

노트,
과목당 10번은 봐야
내 것이 된다

"제가 이 방법을 중고등학교 때 알았더라면 명문대를 갔을 텐데, 아쉽네요."

뒤늦게 노트필기법을 알게 된 이들이 백이면 백 내게 하는 말이다. 내 생각에 이 말은 반은 맞고 반은 틀리다. 왜냐하면 공부생의 공부법 못지않게 중요한 건 포기하지 않고 끝까지 갈 수 있는 인내심, 즉 끈기이기 때문이다.

알다시피 입시생들은 수능이라는 중요한 관문을 통과하기 위해 100미터 달리기가 아닌 마라톤을 해야 한다. 감정적으로 힘든 일도, 체력적으로 지치는 일도 많다. 그렇게 힘든 고비마다 잠시 쉬었다 갈지언정 끝까지 포기해서는 안 된다. 그런데 인내심이 없는 학생일수록 중도에 넘어지면 아예 주저앉는 경우가 많다. 공부에 대한 전략과 전술을 익히기 전에 무엇보다 중요한 건 공부는 철저히 자기 자신과의 싸움이라는 사실을 명심하는 것이다. 공부생의 필수요소인 노트필기 역시 포기하지 않고 끝까지 지속하는 게 중요하다.

첫 시작,
포기하지 않는 게 중요하다

노트필기법을 알게 된 학생들은 처음엔 신기루를 만난 것처럼 기뻐하지만, 사실 이 과정이 만만치는 않다는 각오를 할 필요가 있다.

만일 오롯이 혼자 하는 공부 시간이 하루에 총 4시간이라면, 그중 3시간은 노트필기에 할애해야 한다. 쉬운 일이 아니다. 손도 아플 뿐 아니라, '긴 시간을 할애하면서 이렇게까지 해야 하는 걸까?' 라는 의문이 들기 때문이다. 노트필기를 시작한 지 한 달 만에 성적이 상승곡선을 타는 것도 아니기 때문에 더욱 그렇다.

성적의 수직상승과 무관하게 묵묵히 교과서 내용을 정리하는 것뿐 아니라, 해당 단원의 내용에 관한 문제들 중 중요한 것을 오려붙이고 시험을 보면서 틀린 문제들은 오답 정리까지 해야 한다. 실제로 학교 현장에 가보면 노트 정리를 잘하는 옆 짝꿍을 보고서, 따라 해보기로 결심했다가 힘들어서 포기하는 학생들이 많다.

모두에게 통하는 노트필기법 역시 없어서 시행착오를 통해 각자의 스타일을 찾기까지 난항을 겪게 될 수 있다.

언젠가 전교 1등을 하는 중학교 3학년 여학생이 학습클리닉 센터를 찾아와서 나에게 자신이 필기한 노트를 보여주었는데, 나는 그걸 보고 그만 기겁하고 말았다. 그림은 물론 색칠까지 정교하게 하는 등 정성을 들여도 너무 들여놨기 때문이다.

"이거 하느라 고생 진짜 많이 했겠다, 그치?"

"네, 사실 이거 때문에 잠을 잘 못 자요."

다행히 노트필기로 성적은 최고였지만, 이는 너무 무모한 경우다. 중학생이니까 잠을 줄여서라도 이렇게 할 수 있다지만, 고등학교에 올라가면 공부량이 많아져서 이렇게 정성스레 정리하는 게 불가능해지기 때문이다.

"이렇게까지 그림을 그릴 필요는 없어. 문제집을 오려붙여도 되니까."

나는 그 친구에게 좀 더 효율적으로 노트필기할 수 있는 법을 가르쳐주었다. 긴 문장 대신 약어나 부호를 써서 좀 더 간단하게 표기하고, 직접 그리고 색칠하는 대신 문제집을 오려서 붙이는 방법 등으로 필기 시간을 줄일 수 있도록 말이다. 이렇듯 처음에는 좌충우돌할 수밖에 없다. 자신에게 가장 효율적인 노트는 어떤 것이며, 과목별로 어떤 노트를 쓰는 게 부족한 부분을 채워주는 것인지 정확하게 알아낼 때까지 꾸준히 이것저것 시도해봐야 한다. 또한 스스로 필기한 내용이 시험에 나오는지, 아닌지도 비교 검토하는 시간을 거쳐야 한다. 그 과정이 귀찮고 짜증날 수도 있겠지만, 일단 제대로 된 방법을 찾으면 그 이후에는 도리어 공부시간이 줄어든다. 노트 안에 자기가 공부할 자료들이 과목별로 최적화된 상태로 정리되어 있을 뿐 아니라, 언제든 필요할 때 쉽게 꺼내볼 수 있기 때문이다.

그 경지에 이를 때까지 포기하지 않고 노력하는 게 중요하다는 말이다.

반복해서 보지 않는 노트는 무용지물이다

그렇게 노트를 잘 정리했다면, 그걸로 끝일까?

어떤 학생들은 노트필기 그 자체로 만족해하는 경우가 있다. 시간과 노력을 투자해 노트 정리를 한 만큼, 그것만으로도 이미 해야 할 공부를 다 했다고 생각하며 스스로 뿌듯해하는 거다. 단지 공부를 시작하기 위한 첫 단추를 끼운 것일 뿐인데 말이다. 한 학생은 어느 날 내게 실망한 투로 말했다.

"선생님이 하라는 대로 다 했는데 성적이 하나도 안 올랐어요."

나는 그 학생에게 노트를 보여달라고 했다. 과연 내가 알려준 대로 꼼꼼히 노트 필기를 해두었다. 그런데 노트가 너무 깨끗했다. 자주 노트를 펼쳐보았다는 흔적이 전혀 없었던 것이다.

"시험보기 전까지 노트를 몇 번이나 봤어?"

"정리할 때만 보고, 그 뒤로는 안 봤는데요?"

노트 정리를 한 후에 보통 나는 일정기간 동안 간격을 두고 4번 정도 보라고 말하지만, 그것은 평균적인 숫자일 뿐이다. 사람마다 기억하는 능력이 다르므로, 스스로 질린다 싶을 때까지 반복해서 보는 게 옳다.

노트필기엔 끝이 없다는 이야기를 했다. 계속 내용을 추가하면서 업그레이드해야 하기 때문이다. 그리고 시험일을 기준으로 주기적으로 반복 확인하면서 개념을 머릿속에 넣어 완성시켜야 한다. 분할 노트의 경우, 왼쪽 칸에 쓴 단서인 핵심어만 보아도 일분할, 이분할 내용이 자동으로 연상될 때까지 말이다.

과학습overlearning이란 말이 있는데, 어떤 목표에 도달하기 위해서는 그 이상의 노력을 해야 한다는 뜻이다. 즉 숫자를 100까지 알기 위해서는 120까지 알아야 하고, 100점을 맞으려면 150점을 맞을 수 있도록 공부를 해야 100점을 맞을 수 있다는 뜻이다. 그러니 스스로 지루하다 싶을 만큼 반복해서 공부해야, 비로소 시험 볼 준비가 되었다고 생각하는 게 옳다.

07

노트는 최상의 시험 준비 자료이다

노트필기의 궁극적인 목표는 결국 시험에서 좋은 결과를 얻기 위한 최상의 자료를 만드는 것이다.

노트필기는 노트 정리와 다르다. 노트 정리는 지식을 요약해 쓰는 것을 말하지만, 노트필기는 정보를 자기만의 언어로 바꾸어 쉽고 체계적으로 재정리하는 것을 말한다. 영어로 표기할 때도 역시 summry가 아니라 reduce이다. 여기서 'duce'는 '끌어내다'라는 뜻으로, 정보를 재배열해 끄집어내는 것을 의미한다. 즉 자신만의 정보 설계도란 뜻이다.

때문에 시험보기 전까지 계속 설계도의 완성도를 높이는 작업을 해야 한다. 설계도가 좋으면 집은 그만큼 튼튼해진다. 즉 노트필기는 시험이라는 집을 위한, 최상의 설계도가 되는 것이다.

공부시간을 줄여준다

물론 자기만의 최적화된 설계도를 만들어내기까지는 많은 시간이 걸린다. 엉덩이에 땀띠가 나도록 우직하게 책상에 앉아 있어야 한다. 하지만 자기만의 설계도가 생기면, 그때부터는 오히려 공부시간이 줄어든다. 이미 만들어둔 설계도를 바탕으로 암기만 하면 되기 때문이다. 즉 학습 내용을 완전히 자기 것으로 만드는 데는 시간이 많이 걸리지만, 한번 그렇게 내 것이 되면 그 다음부터는 공부시간이 짧아진다. 노트필기를 바탕으로 반복해서 암기하면 되기 때문이다.

또한 시험 준비를 하다보면, 어떤 문제집에서 유난히 헷갈려서 잘못 풀었던 문제를 다시 체크해야 할 때가 많다. 그런데 수험생에게 문제집이 한두 권이겠는가. 어떤 수험생은 수능을 치르고, 고등학교 3년 내내 풀었던 문제집을 재미삼아 방에다 쌓아보니 천장 높이까지 쌓였다고 말한 적이 있다. 정도의 차이는 있겠지만, 수업시간에 교재로 사용하기 위해 선생님이 사라는 문제집만 해도 꽤 되는 게 사실이다. 그러니 그 많은 문제집 중 어떤 출판사의 어떤 문제집이며, 몇 페이지에 있는 몇 번째 문제인지 찾아보는 것만으로도 시간이 많이 걸린다. 그런데, 그 문제를 이미 노트에 오답 정리를 해두었다면, 굳이 어렵게 찾을 필요가 없이 노트만 펼쳐들면 된다. 그 안에 문제를 오려붙여두거나 풀이 과정만 써두고 출처가 어디인지 하단에 간단히 메모해두었다면 말이다.

반면, 이미 요약 정리된 교재로 공부하는 건 그 반대다. 처음에는 공부하기 손쉽다. 이미 다 정리된 것을 익히기만 하면 되지 않겠는가. 그런데 그것을 진짜 내 것으로 만드는 게 어렵다. 학습 내용들이 뿌리에 달린 감자알처럼 유기적으로 연결되어야 시험에 어떤 문제가 나와도 활용이 가능한데 그게 안 된다. 조금만 문제가 어렵게 나와도 헷갈려서 틀린다.

노트필기는 이렇게 공부시간을 확 줄여준다. 이는 마치 서랍 정리와도 같다. 서랍 안이 뒤죽박죽이면 내가 찾고 싶은 물건을 금세 찾을 수가 없다. 일목요연하게 칸칸이 정리해둬야 뭐든 쉽게 찾을 수 있듯 노트 정리도 마찬가지다. 핵심어 하나만 떠올려도 그 안에 어떤 주요 개념들이 있고 어떤 암기 요소들이 있으며, 자주 출제되는 유형의 문제는 무엇인지 노트에 적어둔다면 시험 대비 시간은 그만큼 줄어든다. 즉 시간 대비 효율성이 극대화된다는 뜻이다. 바로 이 노트를 들고 시험장에 가는 것이다. 3년 동안 쌓은 공든탑이 노트 안에 다 있는데, 굳이 다른 교재를 가방에 넣을 이유가 없다.

최상의 암기 효과를 낼 수 있다

노트필기에는 다양한 구분이 필요하다. 즉 꼭 암기해야 하는 것, 이해만 해두어도 되는 것, 스스로 잘 안 외워지는 것 등 구분을 잘 해두어야 한다는 뜻이다.

그 많은 학습 내용을 전부 암기할 수는 없다. 더 중요한 것과 덜 중요한 것을 구분해내는 것 역시 노트필기를 통해서 가능하다. 그리고 노트를 다시 정리해 꼭 암기할 것만을 따로 정리하는 것도 좋은 방법이다. 성적이 올라갈수록 관건은 시험에서 실수를 하지 않는 것이기 때문이다. 실수란 반복 암기가 확실히 안 되어 있을 때 일어난다. 그러므로 자신이 취약한 부분만 따로 집약시켜 손에 들고 다니는 거다. 암기해야 할 양이 특히 많은 사법고시생이 효율적으로 공부할 수 있는 방법도 바로, 이러한 재정리 노트를 이용하는 것이다.

이 재정리 노트를 가장 마지막에 보는 것은, 바로 시험 당일 쉬는 시간이다. 물론 쉬는 시간은 고작해야 10분이다. 화장실에 다녀오고, 앉은 자세로 스트레칭이라도 하다보면 실제로 노트를 볼 시간은 5분 정도에 불과하다. 하지만 이 금쪽 같은 5분이면, 전체 노트를 훑어보기에 충분하다. 이미 머릿속에 다 들어 있는 내용이니 마지막까지 잘 외워지지 않는 것들만 재정리한 엑기스형 노트를, 5분 동안 핵심어 위주로 빠르게 점검하는 것이다. 평소 잘 안 외워지던 내용은 긴장 상태에서는 더 생각이 안 나기 때문에 시험 직전에 다시 한 번 최종적으로 체크하는 것이다.

아무리 배짱이 좋은 학생이라 해도 수능 당일에는 긴장되기 마련이다. 긴장을 하면 우리의 뇌는 그만큼 위축될 수밖에 없다. 위축된 순간에도 잊어버리거나 혼동되지 않을 만큼 정확하게 공부해두어야 제대로 된 실력을 발휘할 수 있다. 그 비결이 바로 재정리 노트필기이다.

시험 시간과 실수를 줄일 수 있다

공부를 실컷 해놓고 시험에서 실수를 저질러 문제를 틀리는 학생들이 있다. 그런 학생들은 채점을 하면서 아차! 한다. 다시 풀어보면 다 아는 문제인데, 순간적인 판단의 실수로 오답을 체크했기 때문이다. 이런 실수를 하는 이유는 바로 머리로만 공부하거나 정리된 자료로 공부했기 때문이다. 중요한 개념들이 머릿속에서 바로바로 출력이 안 되거나, 이런저런 내용들이 머릿속에서 실타래처럼 엉켜 순간 혼동을 한 것이다.

수능시험에서 수리영역의 몇 문제를 제외하면 모두 객관식 문제이다. 객관식 문제란 서술형 시험과 달리, 알고 있는 개념을 확인하는 재인지 시험(배운 내용을 얼마나 잘 알고 있나 확인하는 시험)이라고 볼 수 있다. 결국 이런 인지적 실수를 줄이려면 노트필기를 통한 반복 암기가 필요하다. 문제만 보아도 그 문제를 풀기 위한 개념들이 순차적으로 바로바로 떠올라야 하는 것이다. 그리고 거기에 덧붙여 오답노트를 만들어야 한다. 평소에 유독 실수를 잘하는 문제 유형을 직접 문제집에서 오려 노트에 붙이고, 실수 요인까지 적어야 한다. 왜 틀렸는지, 어떤 개념을 제대로 이해하지 못하고 있는지 등을 일일이 적어두어야 똑같은 실수를 하지 않기 때문이다.

실수를 하지 않으면서 문제를 제 시간 내에 빨리 푸는 것 역시 시험에서는 아주 중요한 실력이다. 이 실력을 갖추려면 노트필기를 해야 한다. 자신이 정리한 것들을 반복해서 보고 필요한 정보를 그때그때 노트 속에서 찾는 과정이 익숙해지면, 문제 푸는 속도도 빨라진다. 필요한 개념이 바로바로 머릿속에서 출력되기 때문이다. 지겹도록 반복해서 보면, 조금 과장해서 노트 몇 번째 장에 정리했던 개념인지까지도 떠오를 것이다.

머리로만 공부하는 한 학생이 있었다. 지능검사에서 IQ가 130에 가까웠는데, 그래서인지 노트필기를 하지 않아도 성적이 늘 좋았다. 그런데 약간 불안한 것은 난이도가 높은 시험에서는 제 시간에 문제를 다 못 푼다는 것이었다. 머릿속으로 생각하느라 시간이 많이 걸리는 게 이 학생의 문제점이었다.

이처럼 아무리 머리가 좋아도 머릿속에서 정보를 재정리해서 인출하는 데는 시간이 많이 걸린다. 수학 같은 경우에는, 문제가 어려울수록 적용해야 할 개념의 개수가 많아진다. 그걸 일일이 떠올리는 데만 해도 시간이 많이 걸릴 수밖에 없다.

하지만 노트필기를 통해 평소 개념을 정리하고, 그것을 필요할 때마다 찾아보고 암기한 학생은 문제 풀 때 속도가 빠를 뿐 아니라 실수도 적다. 그만큼 오답노트를 작성하면서 틀린 이유까지 꼼꼼히 적었기 때문이다.

노트필기 체크리스트

"나는 노트필기를 얼마나 잘하고 있을까?"

다음 질문을 잘 읽고 평소에 내가 노트필기를 얼마나 잘하고 있는지 알아보자. 다음에 해당되는 내용에 자신이 그렇다고 생각하면 (○), 아니라고 생각하면 (×) 표를 한다.

① 나는 평소에 학습준비물을 잘 잊어버리지 않고 항상 준비해서 가지고 다닌다. ☐
② 기억을 위한 자료로 활용하기 위해 노트 정리를 하는 편이다. ☐
③ 그날 배운 내용을 나름대로 노트필기나 자료로 정리하는 편이다. ☐
④ 공부하다가 중요한 내용이 나오면 따로 메모해둔다. ☐
⑤ 나는 나름대로 노트의 용도를 알고 사용하고 있다. ☐
⑥ 나는 공부할 때 필기도구의 색깔을 나름대로 구분해서 사용한다. ☐
⑦ 연습장에다 수업시간에 선생님이 한 말을 다 적는다. ☐
⑧ 노트 정리에 필요한 약어나 기호를 사용한다. ☐
⑨ 학교에서 선생님이 필기하라고 한 내용 말고도 중요한 내용을 필기한다. ☐
⑩ 내가 필기한 내용을 나중에 볼 때 내용을 쉽게 파악할 수 있다. ☐
⑪ 노트 정리에 필요한 프린트물과 참고서나 문제집의 내용을 통합해서 정리한다. ☐
⑫ 나는 과목별로 노트필기를 하고 있다. ☐
⑬ 나는 시험공부를 할 때 노트 정리를 이용한다. ☐
⑭ 노트에 오답을 기록하여 활용한다. ☐
⑮ 나는 나름대로의 노트필기법을 가지고 있다. ☐

총점

▸ 0~5개: 하위 수준

노트필기에 관한 전반적인 이해와 필요성을 느끼지 못하고 노트를 활용하지 않는다. 노트필기를 왜 해야 하는지 이해하고 실천하려는 노력이 필요하다.

▸ 5~10개: 보통 수준

노트필기를 형식적으로 하고 있거나 효과적인 노트필기 방법을 잘 몰라서 자신이 잘하고 있는지 어떤지 인식하지 못한다. 자신에게 맞는 노트필기 전략을 배워서 보완해야 한다.

▸ 10~15개 이상: 상위 수준

자신만의 노트필기에 대한 방법과 전략을 잘 알고 있으며, 나름대로 노트필기와 관련된 효과적인 관리가 이루어지고 있다. 자신에게 좀 더 효과적인 방법을 찾기 위해 수시로 점검해야 한다.

PART 2

무선노트와 유선노트

나에게 맞는 노트필기법은?

먼저, 노트부터 준비하자

■ 과목별 노트 준비는 NO, 삼공노트 한 권이면 OK!

가방 속에 노트는 몇 권씩 넣어가지고 다녀야 할까? 그날 수업이 있는 과목 수대로? 그렇게까지 복잡하게 준비할 필요가 없다. 그러지 않아도 공부하느라 어깨가 축 처질 판인데, 가방 속에 넣는 노트 수라도 줄이자. 가방 속엔 노트 한 권이면 충분하다. 대신 왼쪽에 세 개의 구멍이 뚫려 있고 스프링으로 연결이 된 삼공노트여야 한다. 왼쪽 가장자리에 제단선이 있어 깔끔하게 정리할 수 있는 것이면 더욱 좋다. 과목에 관계없이 그날 수업한 내용, 혹은 수업할 내용 모두를 그 한 권에 정리하면 된다.

삼공노트에 정리한 후에는 노트를 낱장으로 분리해 과목별로 묶어서 바인더에 철해둔다. 바인더는 과목별로 정리하고 싶은 만큼 여러 개 준비한다. 주요 과목 수대로 준비해도 좋고, 자신이 하고 싶은 과목부터 준비해도 괜찮다. 바인더는 집에 두고 다니고 학교나 학원에서 삼공노트에 필기한 다음, 집에 돌아와 노트를 뜯어서 바인더에 과목별로 정리한다. 이렇게 하면 노트 하나만으로 여러 과목을 정리할 수 있어 굳이 과목별 노트가 필요하지 않다. 과목별로 바인더만 정리하면 되므로, 바인더를 잘 활용하면 공부 내용을 효과적으로 정리할 수 있다. 이것이 3년 동안 쌓이면 그 어떤 문제집보다도 훌륭한 수능자료가 될 수 있다.

■ 노트의 종류, 무선노트와 유선노트

노트에는 크게 두 가지가 있다. 선이 없어 자유자재로 필기할 수 있는 무선노트와 선을 그어 형식과 틀을 갖춘 유선노트가 바로 그것이다. 노트의 종류를 이렇게 두 가지로 나눈 이유는 공부를 효율적으로 하기 위해서이다.

노트필기의 목적 자체가 학습 내용을 이해하기 쉬운 나만의 언어나 알아보기 쉬운 부호 등으로 바꿔 암기하기 쉽게 설계하도록 하는 것, 그리고 핵심어와 세부 내용을 구분해 알아보기 쉽게 정리하기 위한 것이지 않은가. 노트의 종류는 바로 이 두 가지 목적에 충실하기 위해 분리된 것이다.

이 중 무선노트는 암기를 위한 최적의 노트이고, 유선노트는 핵심어와 세부 내용을 나누는 데 효과적인 노트이다.

| 노트의 종류 |

• 무선노트 •

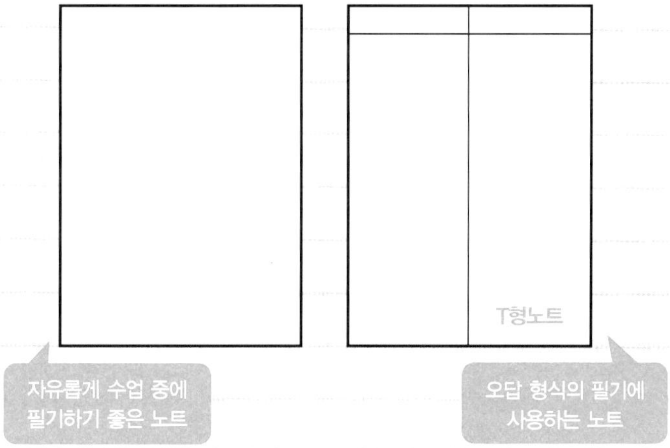

• 유선노트(노트의 변천 과정) •

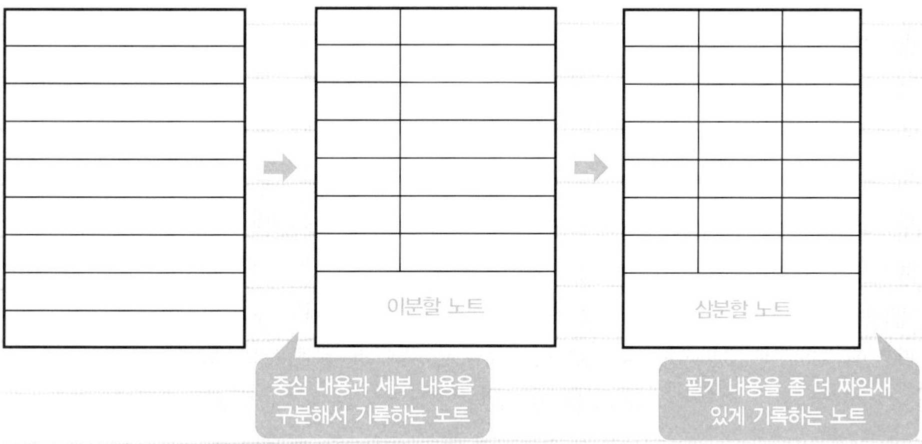

08

형식에 얽매이지 않고 자유로운 무선노트

무선노트는 그림이나 도형을 활용해 공부할 내용을 체계화시키기 때문에, 자연스럽게 한 단어를 떠올리면 그에 연관된 내용들이 줄줄이 연상되는 장점이 있다. 즉 네트워크 사고가 가능하므로 개념 정리가 촘촘해진다.

서로 연결되는 내용들은 화살표를 사용하는데, 꼭 직선만 사용할 필요는 없다. 곡선, 고리 형태, 원형, 타원형 등 마치 그림을 그리듯 자유자재로 사용하면서 손과 머리에 자유를 주도록 하자. 즉 노트필기를 통해 긴장감으로 머리가 경직되는 것까지 예방할 수 있는 셈이다.

형식이 자유로울 뿐 아니라 번뜩이는 자신만의 아이디어를 활용할 수 있는 무선노트는 중심어와 주제, 그리고 제목의 순서를 어떻게 배열하느냐에 따라 여러 가지 종류로 나눌 수 있다.

기본적으로 공부법의 기초는 이해할 내용과 암기할 내용을 잘 구분하는 능력과 밀접한 관련이 있다. 그 많은 학습 내용을 모두 암기할 수는 없다. 이해를 바탕으로 꼭 암기할 내용을 찾아내는 능력을 갖춰야 한다. 그래서 핵심어를 뽑아내고 그와 관련한 세부 내용을 정리하는 노트필기를 필수적으로 해야 한다.

그런 의미에서 무선노트를 활용한 웨빙과 클러스터링, 그리고 맵핑은 이미지나 도형을 활용해 좀 더 효율적인 암기가 가능한 암기 위주의 노트 형식이라고 할 수 있다.

웨빙과 클러스터링, 그리고 맵핑 이 세 가지는 공부생의 이해력과 학습능력에 따라 점점 암기량을 늘릴 수 있도록 설계되어 있다. 시중에 소개되어 있는 대부분의 무선노트 필기법은 맵핑이지만, 맵핑이 전부는 아니다. 오히려 처음부터 욕심을 내 맵핑노트로 시작하기보다는, 웨빙webbing이라는 필기 방법으로 차근차근 암기량을 늘려가는 게 훨씬 효과적인 공부법이다.

핵심어와 세부 내용을 거미줄처럼 연결하는 웨빙webbing노트

'웨빙webbing'은 '망', '거미줄'이라는 뜻으로, 많은 암기를 하기 위한 가장 기본적인 방법이다.

키워드인 핵심어를 적고, 이를 중심으로 세부적인 내용을 마치 거미줄의 망처럼 연결하는 것이다. 이는 교과서를 읽고 찾은 핵심어와 세부 단어, 혹은 문장을 기억하기 편하게 표시하는 방법으로, 세부 단어들은 번호를 넣어 구분짓는다.

웨빙노트의 특징은 핵심어와 세부 단어, 혹은 세부 단어의 하위 세부 단어까지만 쓴다는 데 있다. 보통 교과서 한 단락에서 핵심어는 다섯 개 이상 나오지 않는다. 대부분 3~4개라고 생각하면 되겠다.

경기도 안산에서 학습전략을 배우러 온 중학교 3학년 여학생은 이해력이 전반적으로 낮아 노트필기를 가르쳐도 잘 따라오지 못하기에 웨빙노트법만 가르쳤다. 그런데 이 학생이 안산에서 센터까지 지하철로 왔다 갔다 하는 동안 노트를 꺼내 보며 암기가 저절로 되었다는 이야기를 했다. 핵심어와 세부 내용을 정리한 웨빙노트 방식이 암기에 도움이 되었던 것이다. 이후 이 학생은 웨빙노트 예찬자가 되었다.

웨빙노트는 핵심어와 세부 내용을 모두 연결해서 쓰는 방법과 핵심어와 세부 내용의 관계를 좀더 확실하게 보기 위해 부분별로 정리하는 두 가지 방식이 있다.

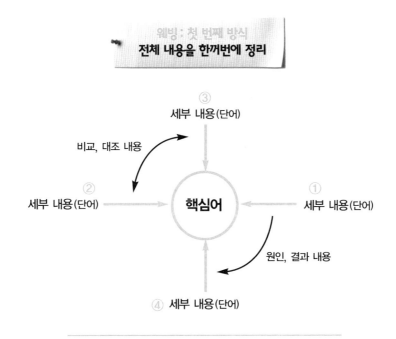

웨빙 : 첫 번째 방식

전체 내용을 한꺼번에 정리

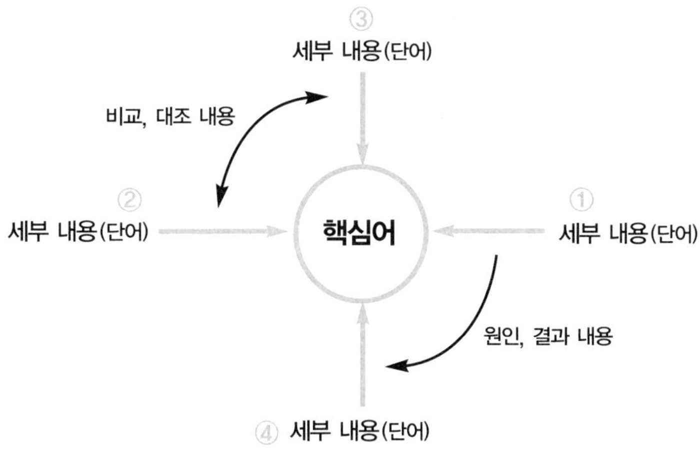

1. ①, ②, ③, ④는 핵심어와 관련된 세부 내용이다.
2. 원인과 결과는 ①, ④처럼 화살표 방향을 정방향으로 표시한다.
3. 비교, 대조는 ②, ③처럼 화살표를 서로 반대 방향으로 표시한다.

웨빙 : 두 번째 방식

부분별로 내용을 따로따로 정리

같은 내용끼리 정리할 때

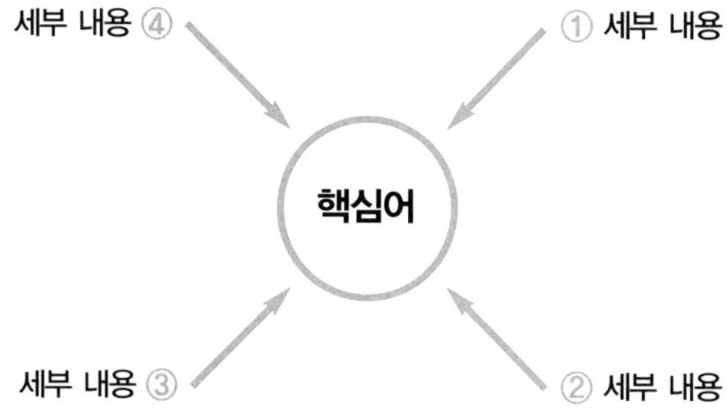

비교, 대조 내용끼리 정리할 때

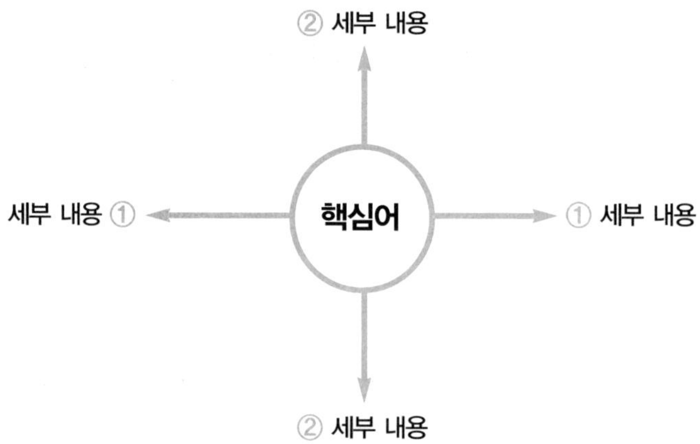

원인, 결과 내용끼리 정리할 때

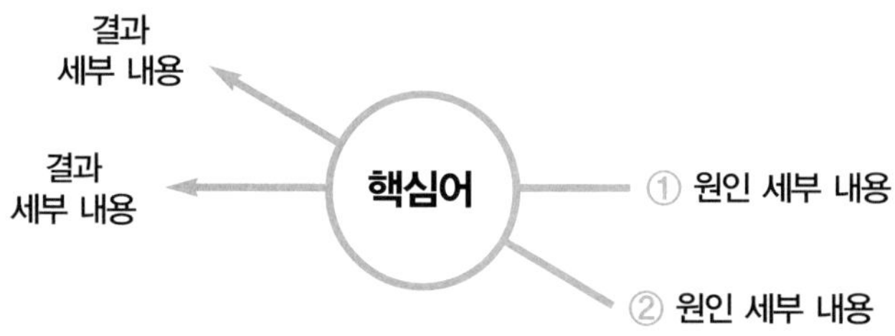

핵심어와 세부 내용을 정리하는 다양한 방식

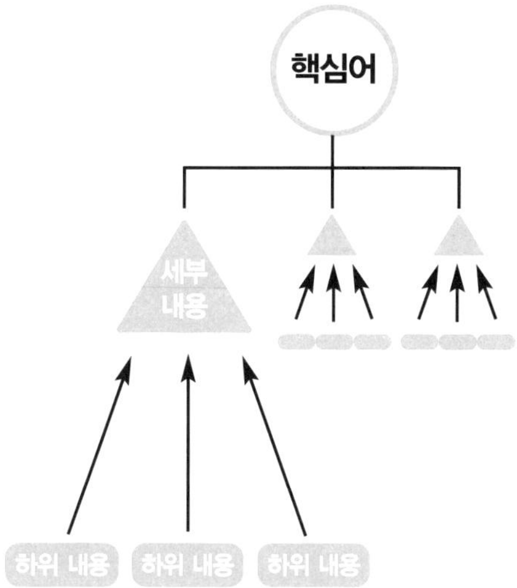

조직형

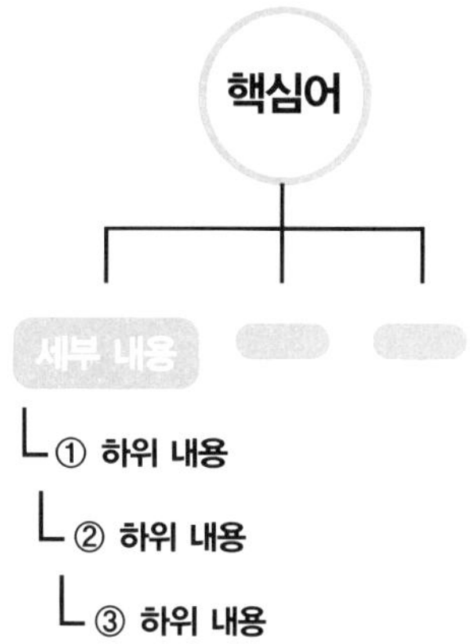

계단형

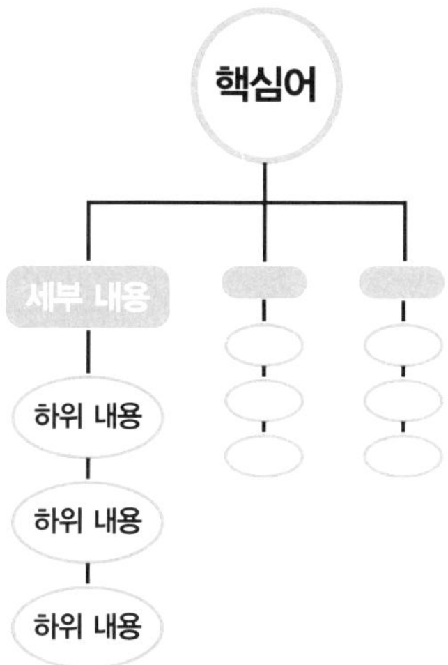

체인형

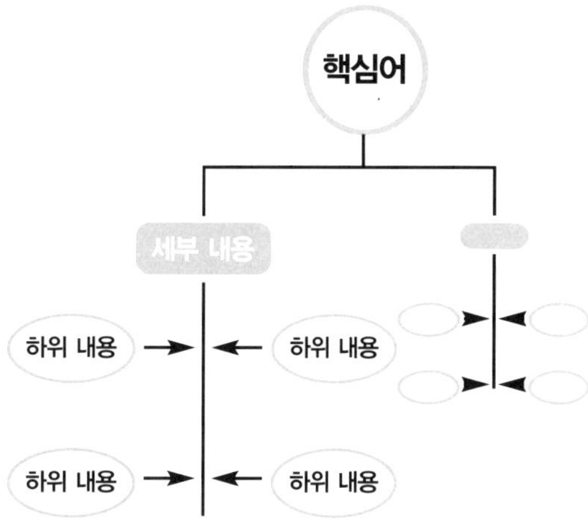

사다리형

전체 내용을 한꺼번에 정리한 웨빙노트의 예 ①

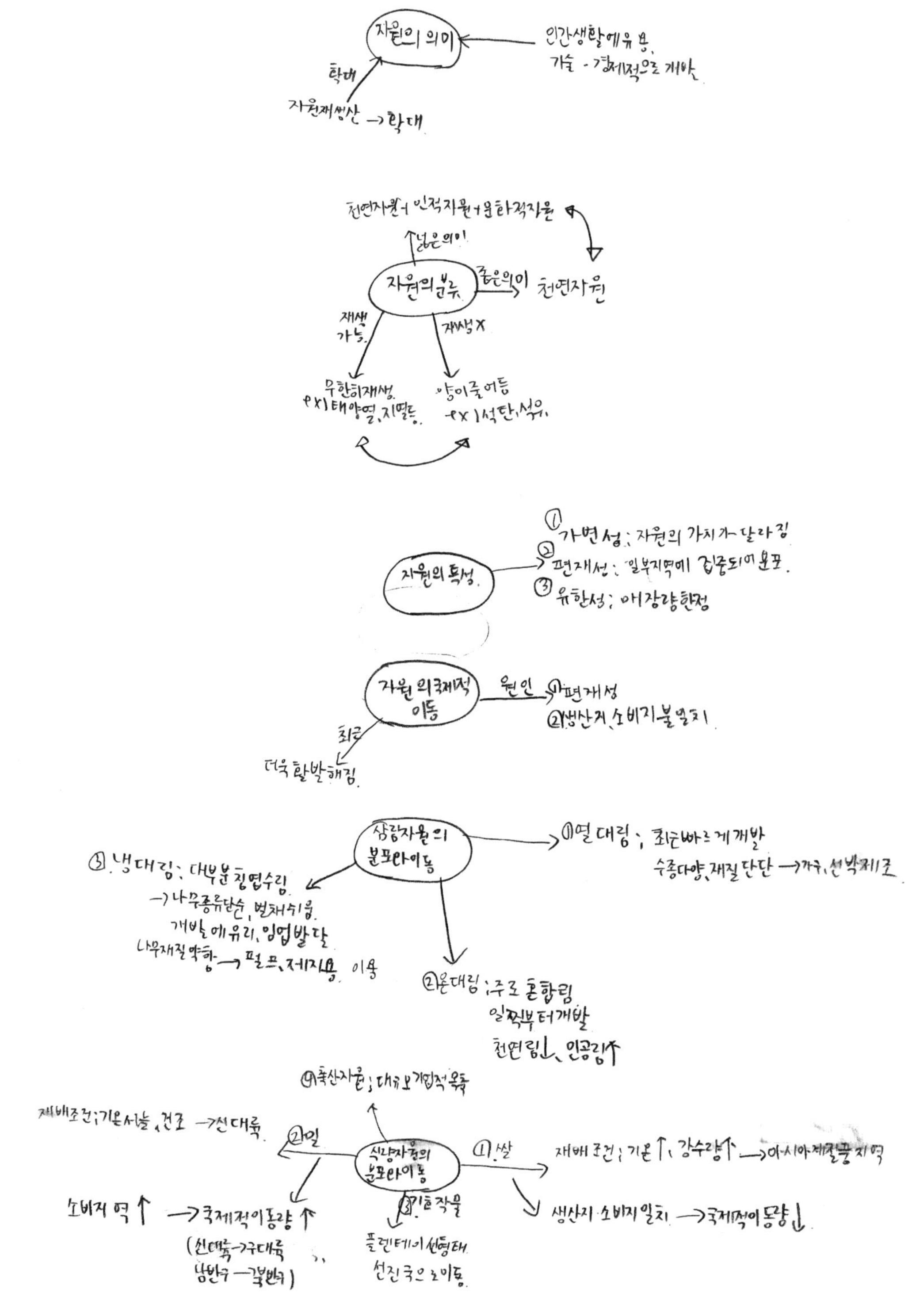

부분별 내용을 따로 정리한 웹빙노트의 예 ②

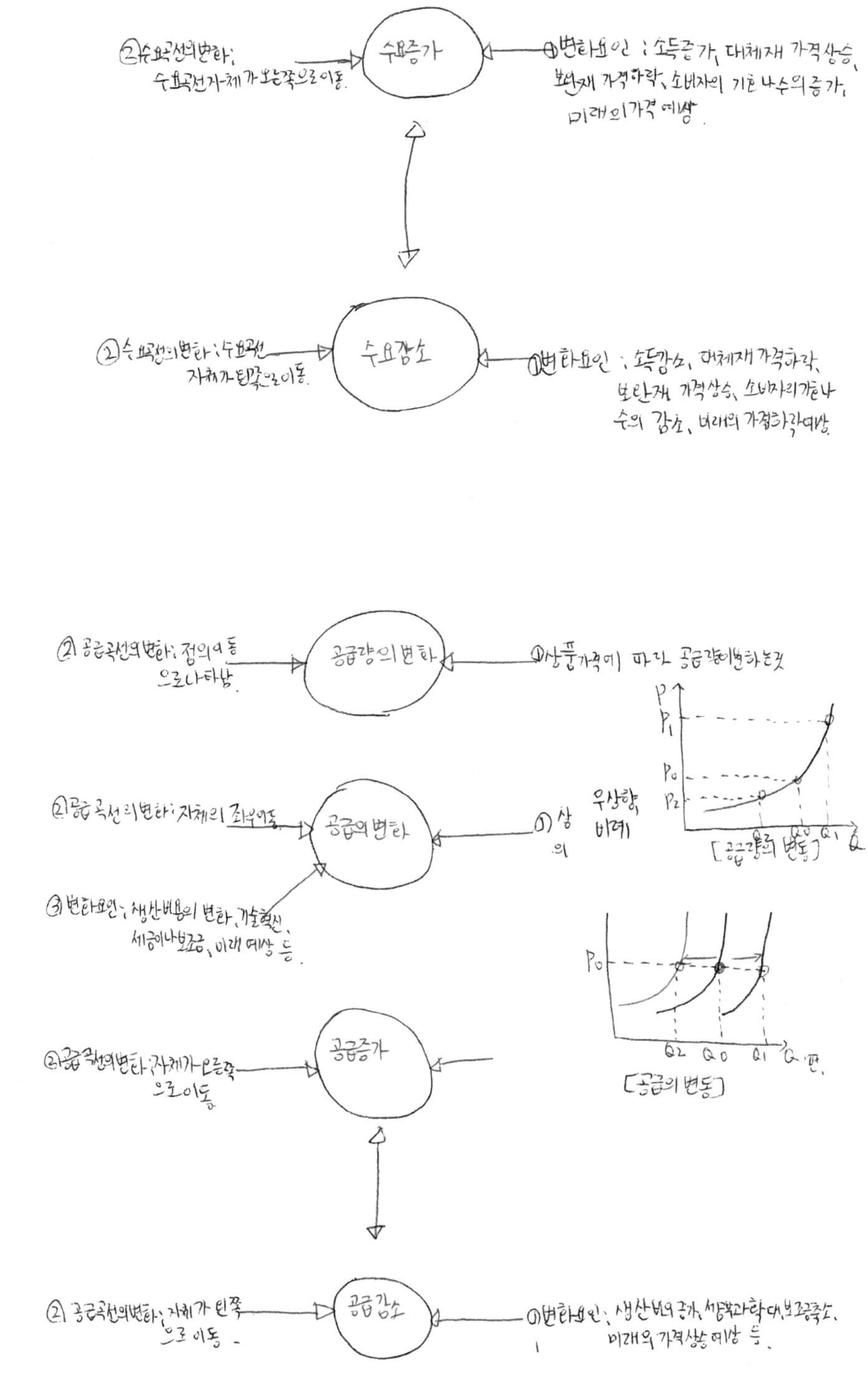
②수요곡선의변화: 수요곡선자체가 오른쪽으로이동.
수요증가
①변화요인 : 소득증가, 대체재 가격상승, 보완재 가격하락, 소비자의 기호나 수의 증가, 미래의가격 예상.
②수요곡선의변화 : 수요곡선 자체가 왼쪽으로이동.
수요감소
①변화요인 : 소득감소, 대체재 가격하락, 보완재 가격상승, 소비자의기호나 수의 감소, 미래의 가격하락예상.
② 공급곡선의변화 : 점의이동으로나타남.
공급량의 변화
①상품가격에 따라 공급량이변하는것
P
P1
P0
P2
Q1
Q
[공급량의 변동]
②공급곡선의변화 : 자체의 좌우이동
공급의 변화
①상
의
우상향,
비례
③변화요인 : 생산비용의 변화, 기술혁신, 세금이나보조금, 미래 예상 등.
P0
Q2 Q0 Q1 Q
[공급의 변동]
②공급곡선의변화 : 자체가 오른쪽으로이동
공급증가
② 공급곡선의변화 : 자체가 왼쪽으로 이동.
공급감소
①변화요인 : 생산비의 증가, 세율부과확대, 보조금축소, 미래의 가격상승예상 등.

소주제와 핵심어를 덩어리로 연결하는 클러스터링clustering 노트

클러스터링clustering은 웨빙이 확장된 형태의 노트필기법이다. 즉 핵심어보다 큰 단위인 소주제나 소제목이 중심이 된다. 그리고 소주제에서 잡아낼 수 있는 핵심어를 덩어리(주제)별로 뽑아서, 소주제와 관련된 핵심어들을 한눈에 알기 쉽게 정리하는 것이 바로 클러스터링이다.

교과서는 소주제를 중심으로 내용을 나열시키는 형식이므로, 어떤 게 중요한 내용인지 한눈에 파악하기 어려운 단점이 있다. 반면 클러스터링 형식은 소주제에 대한 핵심어들을 연결시켜 묶어주므로, 각 소주제별로 암기해야 할 내용이 무엇인지 명확하게 구분할 수 있다.

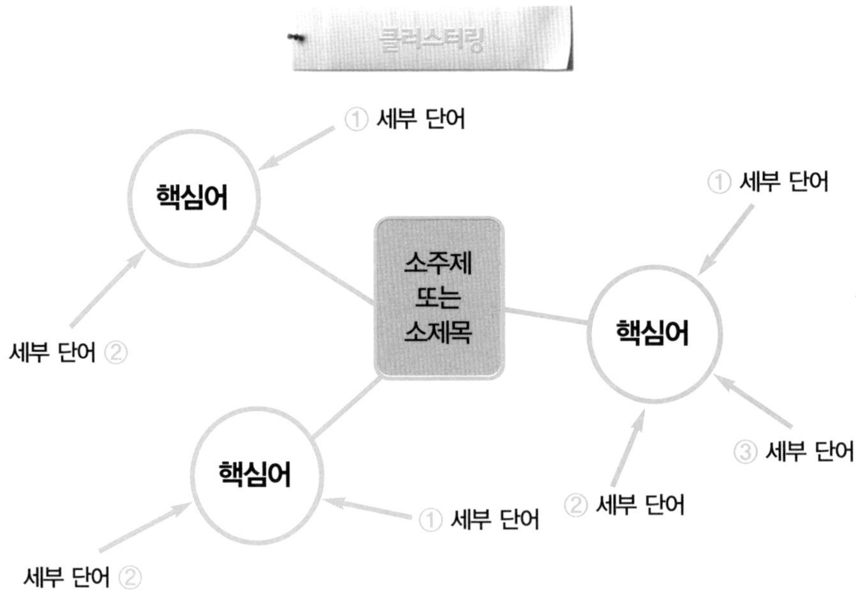

1. 소주제에 관련된 핵심어를 모아 연결시킨다.
2. 소주제가 핵심어와 동일시될 경우에는 소제목으로 연결해도 좋다.

소주제와 핵심어를 덩어리로 연결하는 클러스터링노트의 예 ①

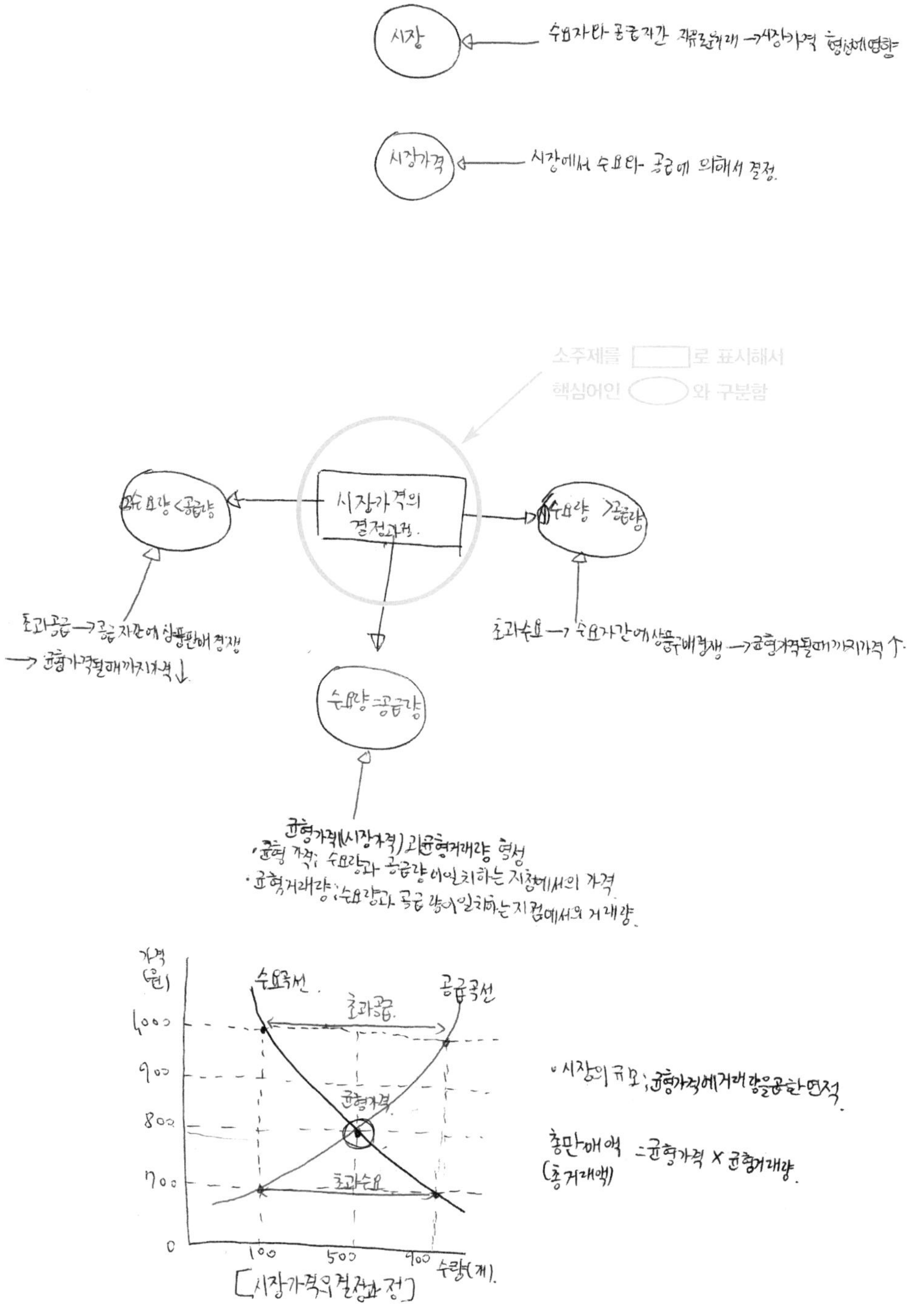

시장
수요자와 공급자간 자유로운 거래 → 시장가격 형성에 영향
시장가격
시장에서 수요와 공급에 의해서 결정.
소주제를 [ ]로 표시해서
핵심어인 ( )와 구분함
시장가격의 결정과정.
수요량 < 공급량
수요량 > 공급량
초과공급 → 공급자간에 상품판매 경쟁
→ 균형가격될때까지 가격↓
초과수요 → 수요자간에 상품구매경쟁 → 균형가격될때까지 가격↑.
수요량 = 공급량
균형가격(시장가격)과 균형거래량 형성
· 균형 가격: 수요량과 공급량이 일치하는 지점에서의 가격
· 균형거래량: 수요량과 공급량이 일치하는 지점에서의 거래량.
가격(원)
수요곡선
공급곡선
초과공급.
균형가격.
초과수요
1000
900
800
700
0
100
500
900
수량(개).
[시장가격의 결정과정]
· 시장의 규모: 균형가격에 거래량을 곱한 면적.
총판매액 (총거래액) = 균형가격 × 균형거래량.

소주제와 핵심어를 덩어리로 연결하는 클러스터링노트의 예 ②

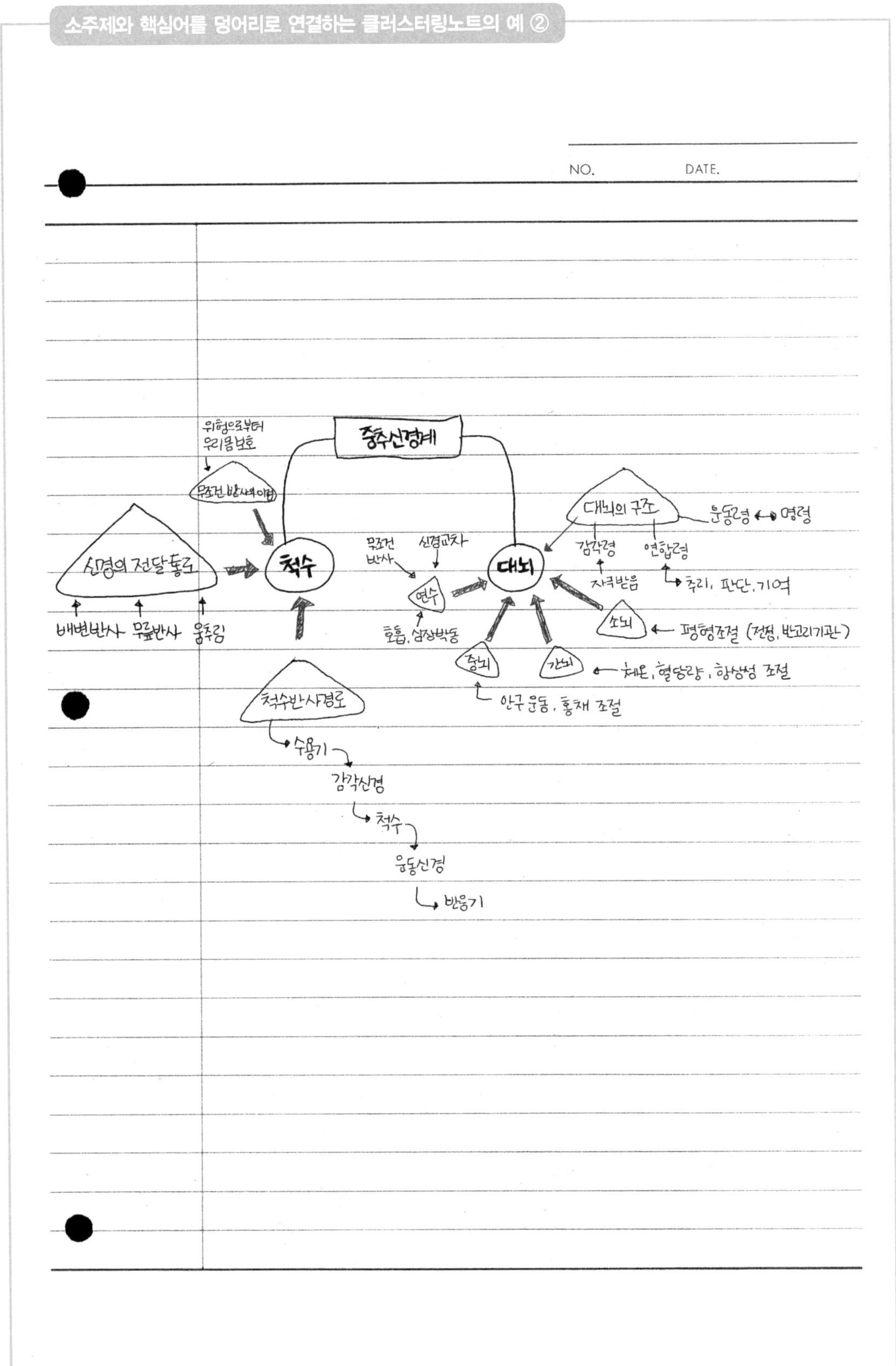

단원과 제목을 중심으로 정리하는 맵핑mapping노트

맵핑mapping은 클러스터링보다 더 확장된 노트필기법이다. 즉 단원과 제목 중심으로 필기하는 노트법으로 마인드맵, 비주얼맵, 이미지맵 등이 있다. 대부분 맵핑하면 마인드맵을 떠올리지만 종류가 다양하다.

맵핑은 주제를 다 연결해 핵심어를 뽑아내는 방식이다. 이 방식은 특히 잘 모르는 생소한 내용을 암기할 때 사용하면 효과적이다. 다만 가짓수가 많아지면, 나중에 세부적인 내용이 잘 떠오르지 않는다는 단점이 있다. 그럴 때는 너무 무리하지 말고, 웨빙 혹은 클러스터링으로 나누어 암기하는 것이 효과적이다. 또 암기에 효과적인 활용법이므로, 오답노트를 작성하기엔 적합하지 않다.

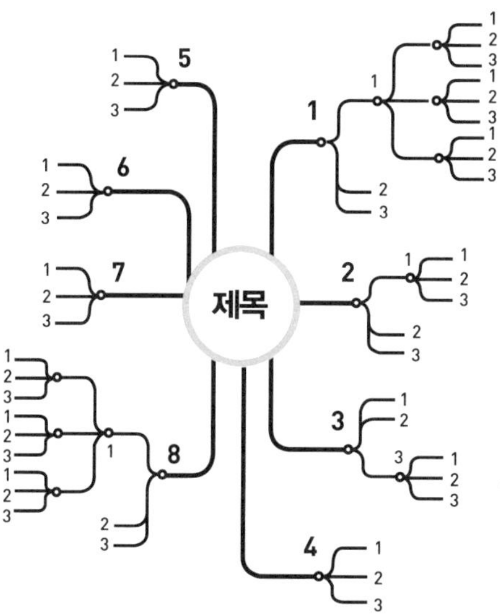

Tip

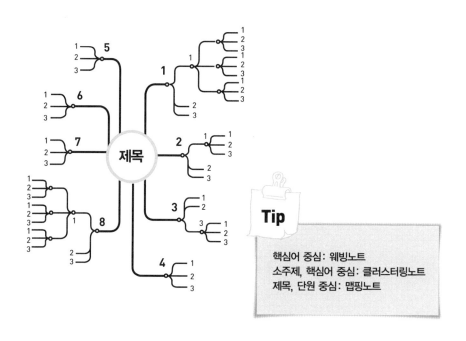

핵심어 중심: 웨빙노트
소주제, 핵심어 중심: 클러스터링노트
제목, 단원 중심: 맵핑노트

중학교 역사를 맵핑으로 정리한 노트의 예

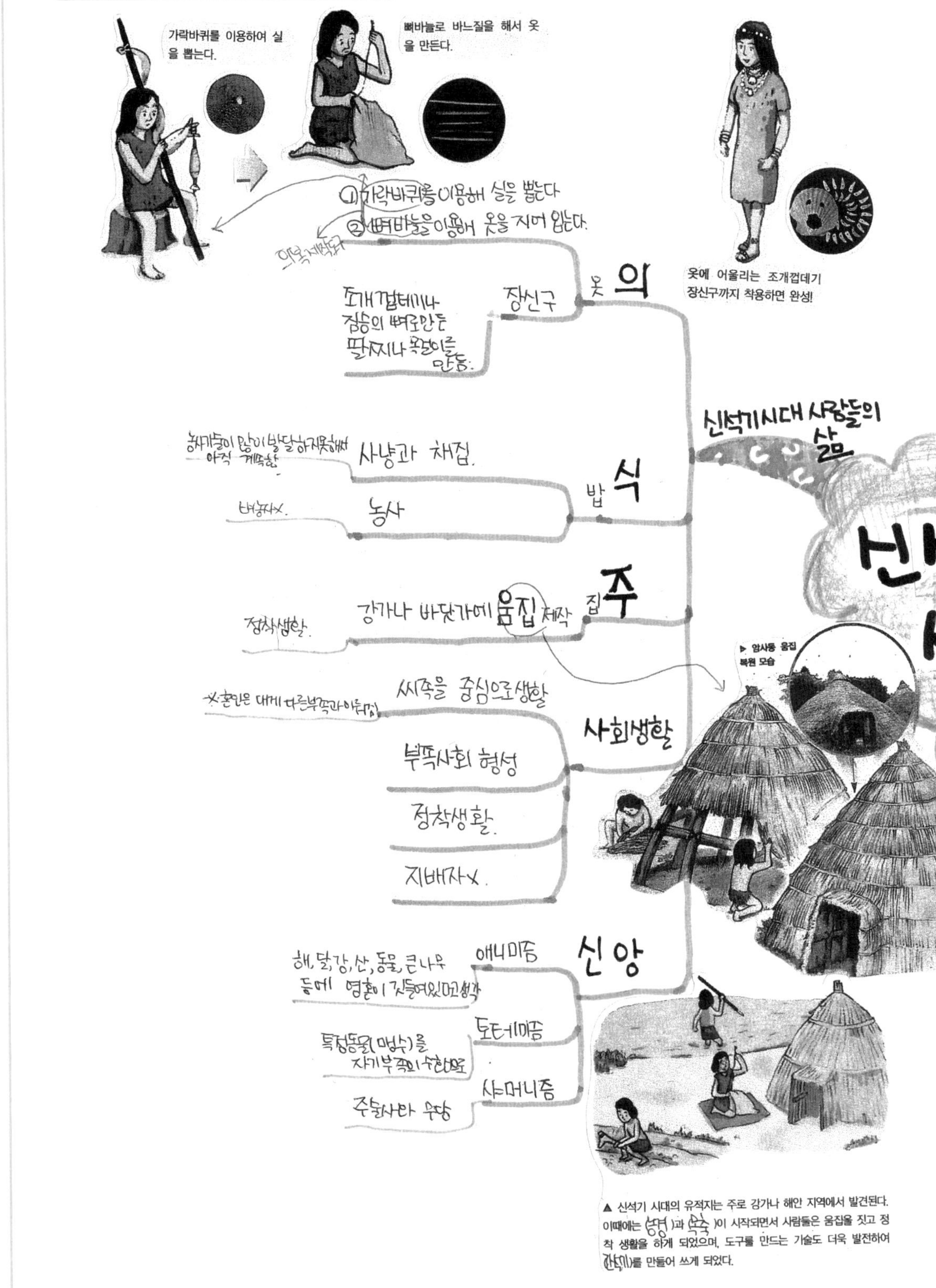

가락바퀴를 이용하여 실을 뽑는다.
뼈바늘로 바느질을 해서 옷을 만든다.
①가락바퀴를 이용해 실을 뽑는다
②뼈바늘을 이용해 옷을 지어 입는다.
의복제작도구
옷 의
장신구
조개껍데기나 짐승의 뼈로만든 팔찌나 목걸이를 만듦.
옷에 어울리는 조개껍데기 장신구까지 착용하면 완성!
신석기시대 사람들의 삶
농사기술이 많이 발달하지못해서 아직 계속함
사냥과 채집.
밥 식
농사
반농반x.
집 주
강가나 바닷가에 움집 제작
정착생활.
▶ 암사동 움집 복원 모습
씨족을 중심으로 생활
※·혼인은 대게 다른부족과 이루어짐
사회생활
부족사회 형성
정착생활.
지배자x.
신앙
애니미즘
해, 달, 강, 산, 동물, 큰나무 등에 영혼이 깃들여있다고 생각
토테미즘
특정동물(맹수)를 자기부족의 수호신으로
샤머니즘
주술사나 무당
▲ 신석기 시대의 유적지는 주로 강가나 해안 지역에서 발견된다. 이때에는 (농경)과 (목축)이 시작되면서 사람들은 움집을 짓고 정착 생활을 하게 되었으며, 도구를 만드는 기술도 더욱 발전하여 (간석기)를 만들어 쓰게 되었다.

석기 시대의 유적이 발견된 지역

간석기를 만든 까닭

- 간석기
  - 돌을 다듬고 갈아 만든 석기(동물의 뼈도 사용)
  - 신석기시대에 사용
- 신석기시대의 문화
  - 자연환경에 따라 서로다른모습으로 발전
    - 농사가 잘 되는 지역
      - 농기구
      - 토기
      - 가장이 만들어짐!
    - 사냥에 의지하는 지역
      - 활
      - 창
      - 같은무기가 발달.
- 한반도의 신석기
  - 시작시기: B.C 8000년경
  - 유적이 발견된곳
    - 강가나 해안가
    - why? 날씨가 따뜻해지며(이시기에) 바닷물이 풍부해져 어업이 증가해서
- 신석기 시대
  - 시기: B.C 8000년경
  - 자연환경
    - 날씨가 따뜻해졌다.
    - ∴ 사슴, 노루 같은 작고 빠른 짐승이 등장 → 섬세한 사냥도구사용
    - 기온 ↑, 해수면 ↑ (빙하가 녹음)

◀ 낚시 돌과 날카로운 뼈로 만들었다.

뼈작살 ▶ 물고기나 짐승의 뼈를 깎아 만들었다.

▲ 그물무늬 토기

어업과 관련된 신석기시대유물

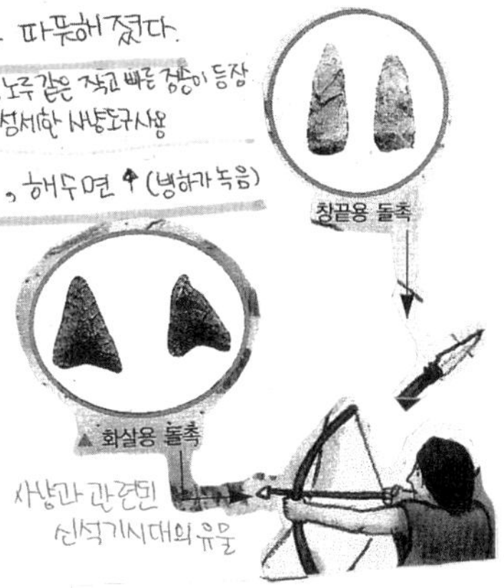

창끝용 돌촉

▲ 화살용 돌촉

사냥과 관련된 신석기시대의 유물

신석기시대에 일어난 변화

- 신석기 혁명
  - 농경과 목축의 시작.
  - 인류에게 일어난 혁명같은 커다란 변화
- 농경의 시작
  - 기록X
  - 토기!
  - ①괭이 – 땅을 일구고 씨뿌리고, 곡식재배 ②돌낫 – 추수 ③돌갈판 – 껍질벗김
- 우리나라 신석기의 사람들
  - 돌로만든 농기구 이용
  - 토기를 만들어 씀
  - 빗살무늬 토기 – 신석기시대 대표유물

◎ 목축과 가축
개, 돼지, 소, 양과 같은 동물을 기르는 일을 목축이라고 하고, 집에서 기르는 동물을 가축이라고 한다. 인류 최초의 가축은 개이다.

▲ 씨뿌리기

◀ 빗살무늬 토기, 끝이 뾰족한 것과 둥근 밑모양을 가진 것이 있는데, 곡식을 저장하는 데 썼다.

▲ 돌낫 곡식의 이삭을 자를 때 썼다.

돌 곡식을 갈거나 는 데 썼다.

▼ 돌보습 땅을 파거나 알뿌리를 캘 때 쓴다. 긴 막대에 매달아 썼다.

▼ 사슴뿔로 만든 괭이 잡초를 걷어 내거나 씨앗을 심을 구멍을 팔 때 썼다.

<신석기혁명>

▲ 집짐승 기르기
개와 돼지가 집짐승이 되었다.

중학교 수학을 맵핑으로 정리한 노트의 예

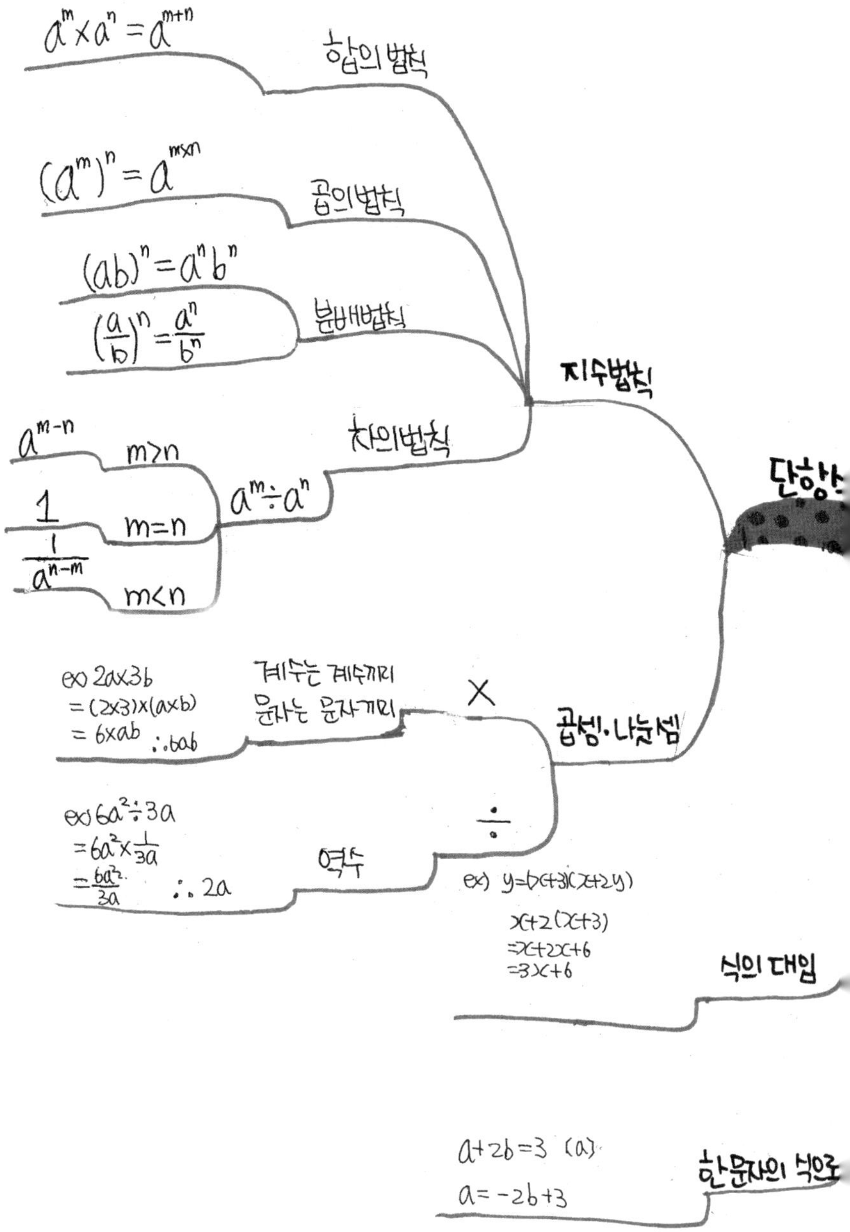

단항식
지수법칙
합의 법칙
$a^m \times a^n = a^{m+n}$
곱의 법칙
$(a^m)^n = a^{m \times n}$
분배법칙
$(ab)^n = a^n b^n$
$\left(\frac{a}{b}\right)^n = \frac{a^n}{b^n}$
차의 법칙
$a^m \div a^n$
$m>n$ a^{m-n}
$m=n$ 1
$m<n$ $\frac{1}{a^{n-m}}$
곱셈·나눗셈
×
계수는 계수끼리
문자는 문자끼리
ex) $2a \times 3b$
$=(2\times3)\times(a\times b)$
$=6\times ab$ ∴ $6ab$
÷
역수
ex) $6a^2 \div 3a$
$=6a^2 \times \frac{1}{3a}$
$=\frac{6a^2}{3a}$ ∴ $2a$
식의 대입
ex) $y=x+3$ $(x+2y)$
$x+2(x+3)$
$=x+2x+6$
$=3x+6$
한 문자의 식으로
$a+2b=3$ (a)
$a=-2b+3$

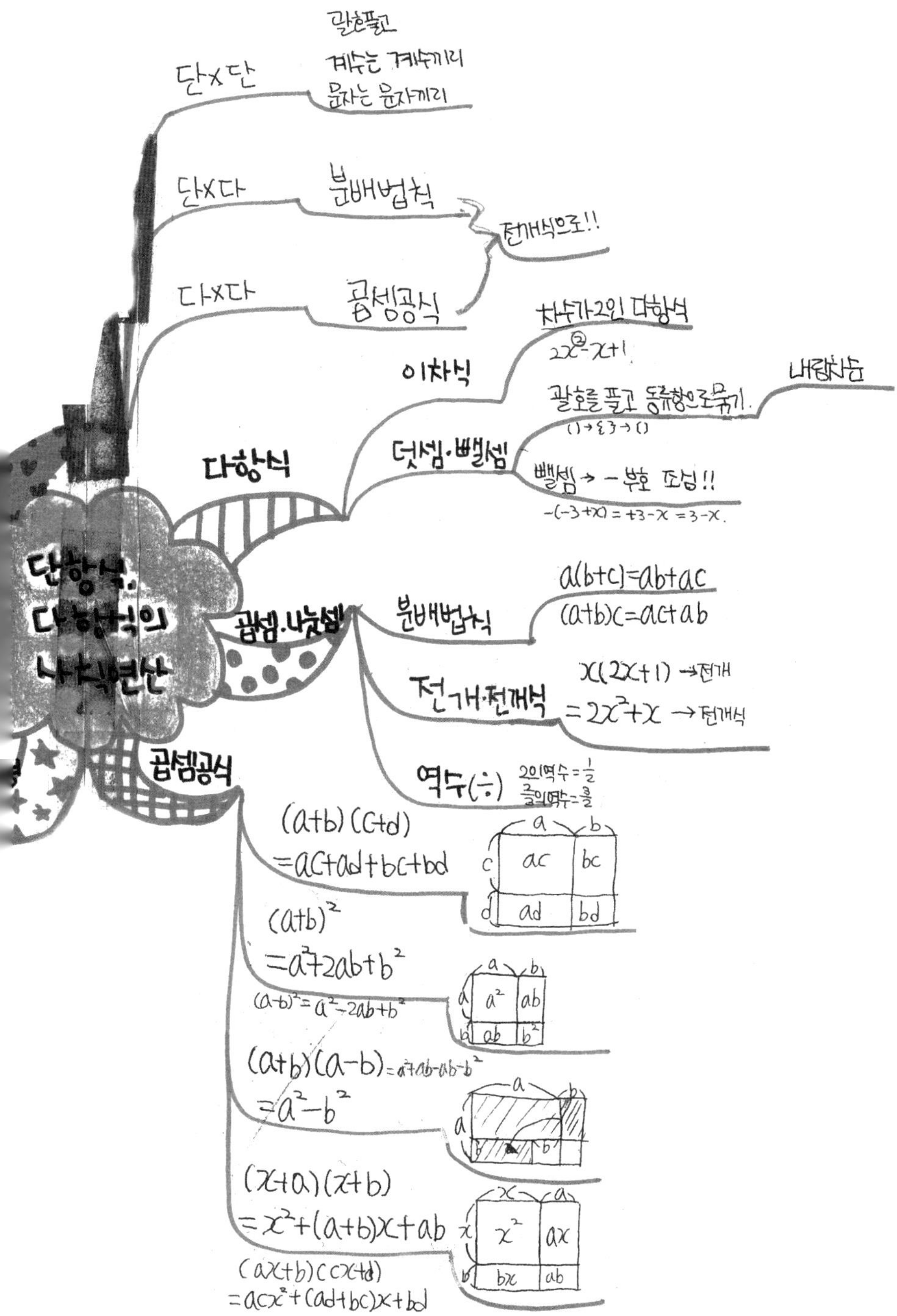

단항식, 다항식의 사칙연산
단×단
괄호풀고
계수는 계수끼리
문자는 문자끼리
단×다
분배법칙
다×다
곱셈공식
전개식으로!!
다항식
이차식
차수가 2인 다항식
$2x^2-x+1$
덧셈·뺄셈
괄호를 풀고 동류항으로 묶기.
내림차순
뺄셈 → − 부호 조심!!
$-(-3+x)=+3-x=3-x$
곱셈·나눗셈
분배법칙
$a(b+c)=ab+ac$
$(a+b)c=ac+ab$
전개·전개식
$x(2x+1)$ → 전개
$=2x^2+x$ → 전개식
역수(÷)
2의 역수 = $\frac{1}{2}$
곱셈공식
$(a+b)(c+d)$
$=ac+ad+bc+bd$
$(a+b)^2$
$=a^2+2ab+b^2$
$(a-b)^2=a^2-2ab+b^2$
$(a+b)(a-b)$
$=a^2-b^2$
$(x+a)(x+b)$
$=x^2+(a+b)x+ab$
$(ax+b)(cx+d)$
$=acx^2+(ad+bc)x+bd$

필기를 싫어하고 머리로만 이해하는 학생을 위한 트리다이어그램tree diagram

앞에서 무선노트는 형식에 구애를 받지 않는 노트라고 설명했지만, 필기 방식에 아예 형식이 없는 건 아니다. 필기법에 따라 제목, 소제목, 그리고 키워드 등을 먼저 눈에 띄게 적은 다음, 내용을 정리하는 순의 형식을 갖추어야 눈에 잘 들어오기 때문이다. 그런데 이 중 유독 형식을 갖춘 노트가 있으니, 그것이 바로 트리다이어그램 노트필기법이다. 트리다이어그램tree diagram 은 나뭇가지모양처럼 정보를 펼쳐 보이는 형식이다. 즉 노트의 가장자리에서부터 필기하기 시작해, 점점 중앙으로 가지를 뻗어나가는 식으로 필기하는 방법이다. 정리를 할 때도 일정한 규칙과 순서가 있으며, 이를 구분하기 위해 유선노트에서 주로 사용하는 숫자나 기호 등을 사용한다.

트리다이어그램은 노트필기 자체를 싫어하고 머리로만 이해하는 학생들에게, 노트필기에 흥미를 갖고 시작할 수 있도록 추천하는 방법이다. 유선노트만큼 형식적이지는 않지만, 내용을 체계적으로 분리해서 순차적으로 정리하는 데 효과적이기 때문이다.

예를 들어, 주요과목을 노트필기하도록 할 때 주로 권하는 방법이다. 주로 체계적인 암기 내용이 필요한 사회, 기가, 과학 과목 중에서 생물, 지구과학은 교과 내용을 한눈에 알 수 있게 정리하여 보기 편할 것이다.

무선노트 필기에 정답은 없다. 각 필기법의 장점을 살려 그에 맞게 정리하면 된다. 그리고 부족하면 자기 나름대로 얼마든지 응용을 해도 좋다. 중요한 건 원리 원칙이 아니라 스스로 암기를 잘 하기 위해 얼마나 체계적으로 하느냐이기 때문이다.

공부를 잘하는 고등학교 1학년 남학생이 있었다. 이 학생은 국어, 수리계열 과목은 성적이 좋았는데, 유독 사회계열 과목에서 실수가 많아 성적이 나오지 않았다. 나는 필기를 싫어하는 이 학생에게 수업 중 노트를 하고, 복습할 때 트리다이어그램으로 외울 내용을 정리해보라고 했다. 수리에 강한 학생이라 규칙이나 순서가 중요한 이 방식이 잘 맞을 것 같았다. 예상대로 이학생은 트리다이어그램 방식이 잘 맞아 다음 시험에서 사회계열 과목에서 실수가 많이 줄어 성적이 올랐다. 이 학생처럼 순서나 규칙을 중요시하지만, 필기를 싫어하는 학생은 자유롭게 기록하는 트리다이어그램 방식이 효과적이다.

트리다이어그램 정리법

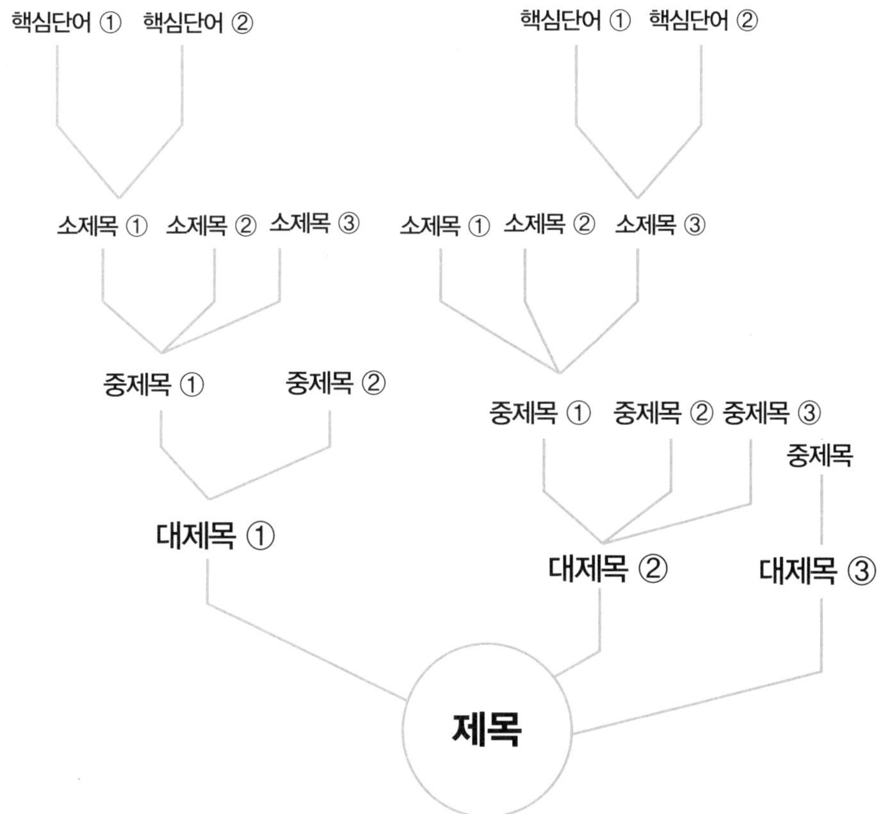

중학교 사회과목을 트리다이어그램으로 정리한 노트의 예 ①

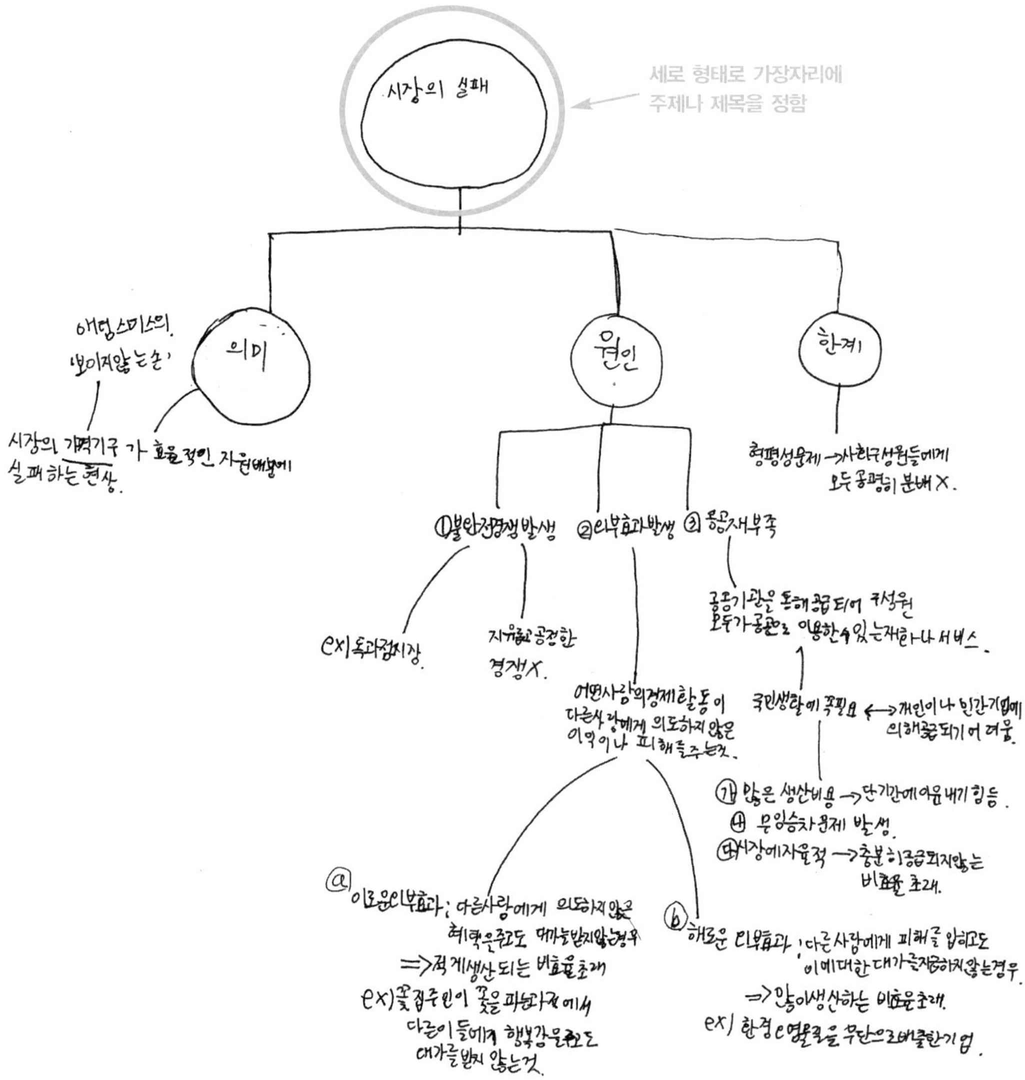
시장의 실패
세로 형태로 가장자리에 주제나 제목을 정함
의미
원인
한계
애덤 스미스의 '보이지 않는 손'
시장의 가격기구가 효율적인 자원배분에 실패하는 현상.
형평성 문제 → 사회구성원들에게 모두 공평히 분배 X.
①불완전경쟁 발생
②외부효과 발생
③공공재 부족
ex) 독과점시장.
자유롭고 공정한 경쟁 X.
어떤 사람의 경제활동이 다른 사람에게 의도하지 않은 이익이나 피해를 주는 것.
공공기관을 통해 공급되어 구성원 모두가 공짜로 이용할 수 있는 재화나 서비스.
국민생활에 꼭 필요 ↔ 개인이나 민간기업에 의해 공급되기 어려움.
㉮ 많은 생산비용 → 단기간에 이윤 내기 힘듦.
㉯ 무임승차 문제 발생.
㉰ 시장에 자율적 → 충분히 공급되지 않는 비효율 초래.
ⓐ 이로운 외부효과 ; 다른 사람에게 의도하지 않은 혜택을 주고도 대가를 받지 않는 경우
⇒ 적게 생산되는 비효율 초래
ex) 꽃집주인이 꽃을 파는 과정에서 다른이들에게 행복감을 주고도 대가를 받지 않는 것.
ⓑ 해로운 외부효과 ; 다른 사람에게 피해를 입히고도 이에 대한 대가를 지급하지 않는 경우.
⇒ 많이 생산하는 비효율 초래.
ex) 환경오염물질을 무단으로 배출한 기업.

중학교 사회과목을 트리다이어그램으로 정리한 노트의 예 ②

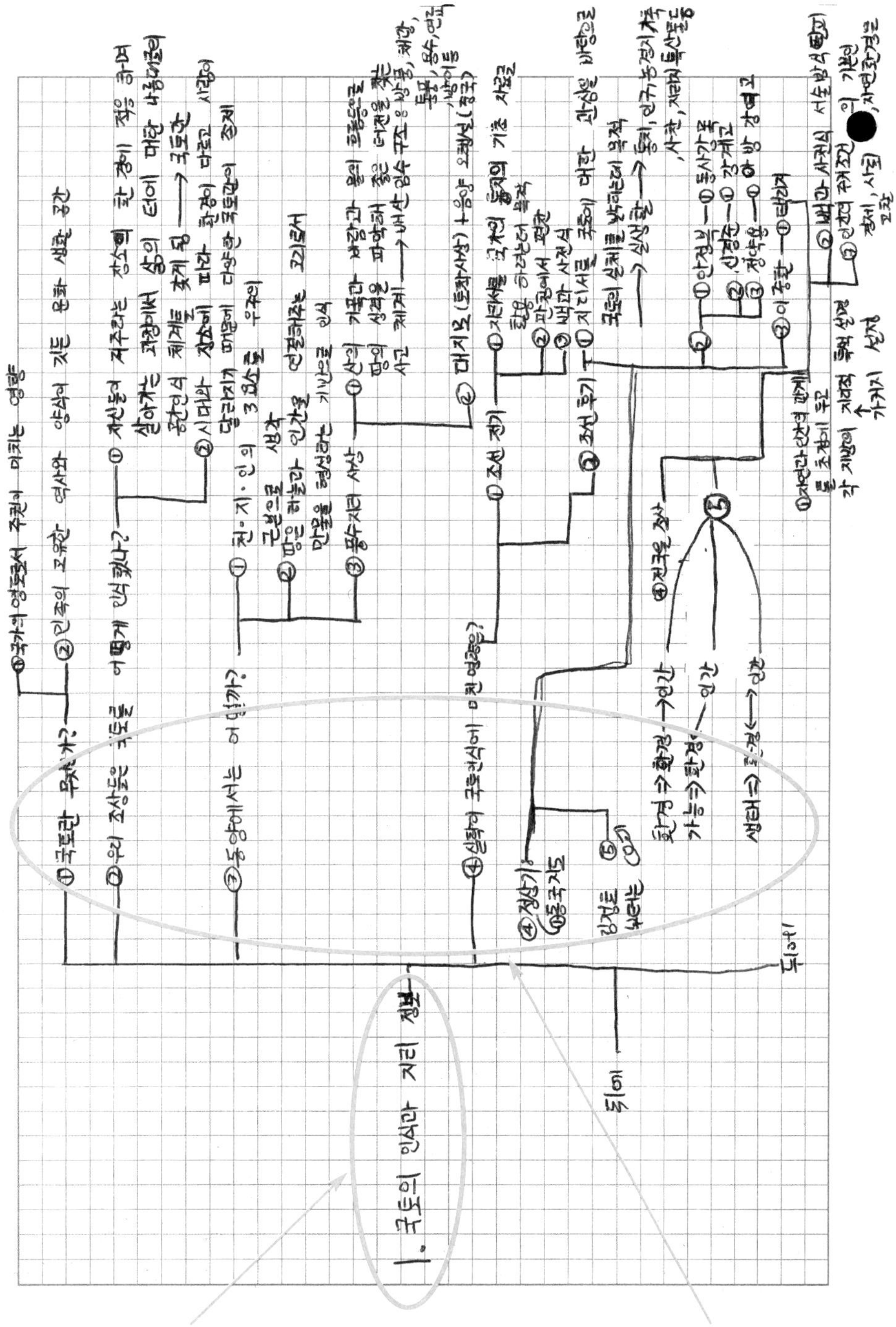

가로 형태로 가장자리에
주제나 제목을 정함

내용을 체계적으로 구분하고
순서와 기호를 표시함

중학교 사회과목을 트리다이어그램으로 정리한 노트의 예 ③

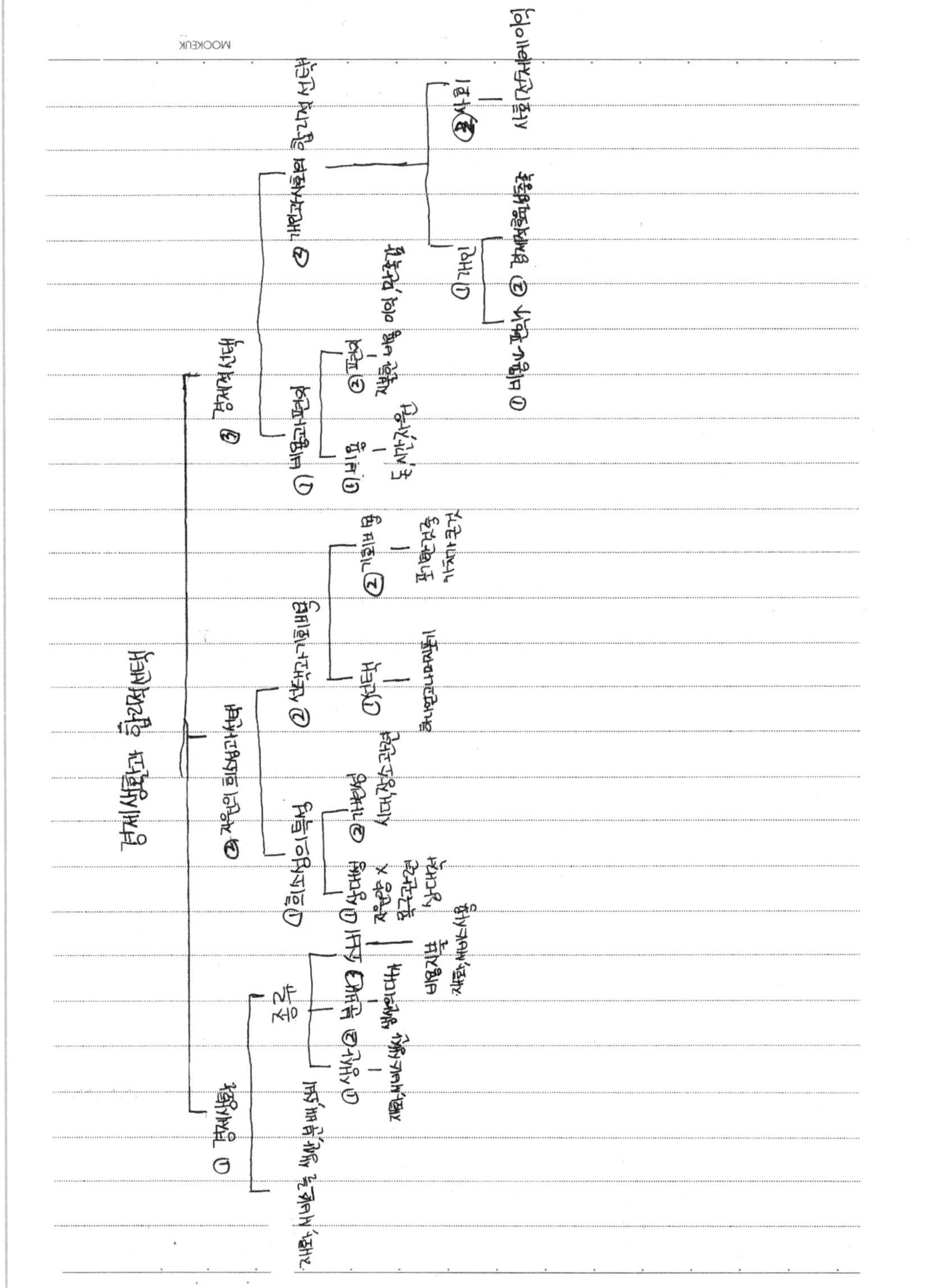

09

분할 기준에 따라 활용이 달라지는 유선노트

유선노트에서 가장 중요한 건 바로 분할의 기준이다. 유선노트에는 세로선과 가로선이 있는데, 세로선이 몇 개인가에 따라 노트의 이름이 달라지기 때문이다. 세로선이 하나인 노트는 코넬노트 혹은 이분할 노트라 하고 세로선이 두 개인 것을 삼분할 노트라고 한다. 그리고 삼분할 이상의 세로선이 있을 경우엔 다분할 노트라 한다. 필요에 따라 자신이 원하는 만큼 세로선을 긋거나 포스트잇을 사용해 참고 내용이나 보충 내용을 적을 수 있다는 장점이 있다. 성적이 상위권으로 갈수록 공부할 내용이 체계적이고 구체적이므로, 다분할 유선노트가 도움이 되며 다분할 노트를 사용하면 훨씬 효과적으로 많은 양을 정리해서 일목요연하게 보고 암기할 수 있다.

유선노트에서 세로선은 핵심어와 세부 내용을 눈에 띄게 구분하는 기둥Column과

같은 역할을 한다. 읽기 전략을 통해 교과서를 제대로 분석해서 읽은 후 노트에 쉽게 필기할 수 있도록 만들어진 노트로, 중심 내용과 세부 내용이 곧 반복해서 암기할 내용이 되는 것이다.

세부 내용은 숫자와 기호로 구분하며 참고서나 문제집 등을 공부한 후 보충할 내용을 필요에 따라서 오리거나 붙여야 하므로, 칸을 충분히 띄어 쓰는 게 중요하다.

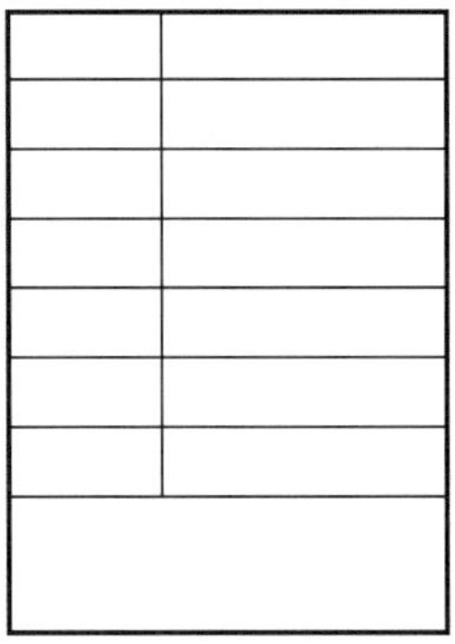

이분할 노트

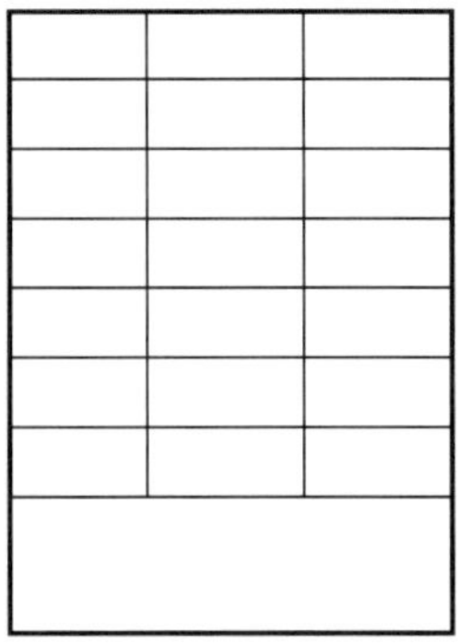

삼분할 노트

핵심어와 세부 내용을 확실히 구분해주는 코넬cornell노트

코넬cornell노트는 노트의 좌측에 기둥에 해당하는 세로선을 그은 후, 그 안에 핵심어나 중심 내용, 그리고 암기의 단서가 될 수 있는 단어를 적고, 넓은 우측에는 세부 내용을 일목요연하게 적을 수 있는 노트다. 미국 코넬대학교의 월터 포크Walter Pauk가 개발했다고 해서 그 이름이 코넬노트가 되었다.

코넬노트를 사용하면 나중에 오른쪽 칸의 세부 내용을 가린 후 핵심어만을 보고, 세부 내용을 떠올리는 공부가 가능하므로 시험 대비에 매우 효과적이다.

오른쪽 칸에 세부 내용을 정리할 때는 단어 중심으로 간결하게 정리할 것인지, 서술형으로 자세히 정리할 것인지를 먼저 결정하도록 하자. 세부 내용은 번호를 사용하여 순서대로 정리하는 게 좋으며(예를 들어 1. → (1) → ①), 각 번호의 하위개념에 해당하는 것들은 한 칸씩 들여쓰기를 하면 한눈에 구분하기 편리하다. 또 말을 축약하거나 상징어를 사용하면 간편하고 정확하면서도 빠르게 정리할 수 있다.

하단에 가로선을 그어 암기할 표를 그려넣거나, 각 단원에서 꼭 기억해야 할 것들을 선에 구애받지 않고 자유롭게 정리해보는 것도 좋은 방법이다.

핵심 단어	세부 내용
	· 소단원과 소주제의 내용을 기록(과목과 날짜를 먼저 기록한다.) · 암기할 내용은 파란색 펜을, 보통 내용은 검은색 펜을 사용한다. 참고할 내용은 또 다른 색의 펜을 사용한다.
	· 순번에 따라 안으로 들여쓰기 ➡ (1) 핵심 중심의 노트 정리법 ➡ (2) 문장 서술형 노트 정리법으로 기재한다.
· 핵심 단어를 적는 칸 · 주로 빨간색 펜으로 필기	· 코넬노트는 오른쪽 페이지부터 필기를 시작, 위브노트는 왼쪽 페이지부터 시작
	· 각 핵심어 사이에 여유 공간을 확보해 참고서의 보충 내용, 지도, 그래프, 자료들을 넣는다.
	· 수업 중 노트 활용하기 ➡ 수업 시간에 선생님이 얘기한 중요 내용, 자신이 교과서 여백에 필기한 내용을 복습으로 정리해서 기재한다.
	· 노트 정리 파일 만들기 ➡ 삼공노트를 사용하고, 노트 자료는 바인더에 정리한다.

웨빙 기법을 이용해서 내용을 정리한 이분할 노트의 예

date . . .

청동기 시대의 시작	① 기원전 2000년경에서 기원전 1500년경에 청동기시대 시작
	② 청동기는 만들기가 어렵고 재료부족 지배계급의 무기,
	장식품으로 사용
	③ → 돌이나 나무가 대부분, 민무늬 토기 사용.
달라진 생활모습	① 집은 직사각형이나 원형의 움집 → 마을의
	규모도 신석기 시대보다 커짐.
	② 농경을 주로 함
	④ 반달돌칼 곡식 자르고, 맷돌로 곡물 가공
	⑥ 주로 재배된 곡식 ; 조, 보리, 콩, 벼 등.
고인돌을 통해 알수있는것	① 당시 사회 조직을 알수있는것
청동기 시대의 사회 모습	① 신분의 상하가 나타나는 계층사회 성립
	② 청동제 무기를 이용하여 이웃부족을 정복하는
	세력을 확장.
	③ 의식도 주관하며 더욱 권위를 가짐.
	④ 이러한 사회를 제정일치사회라고 한다.

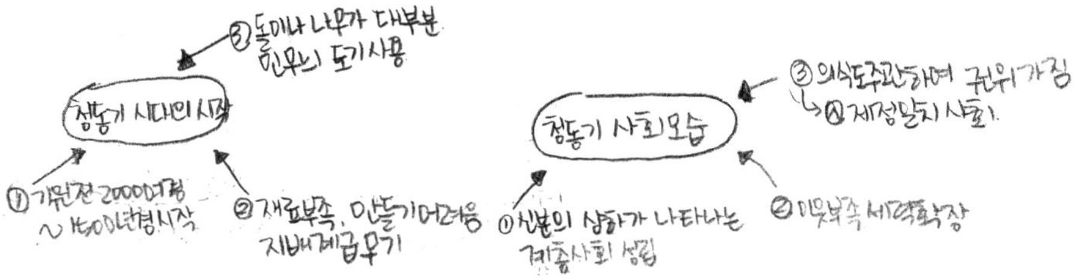

그림을 이용해서 내용을 정리한 이분할 노트의 예

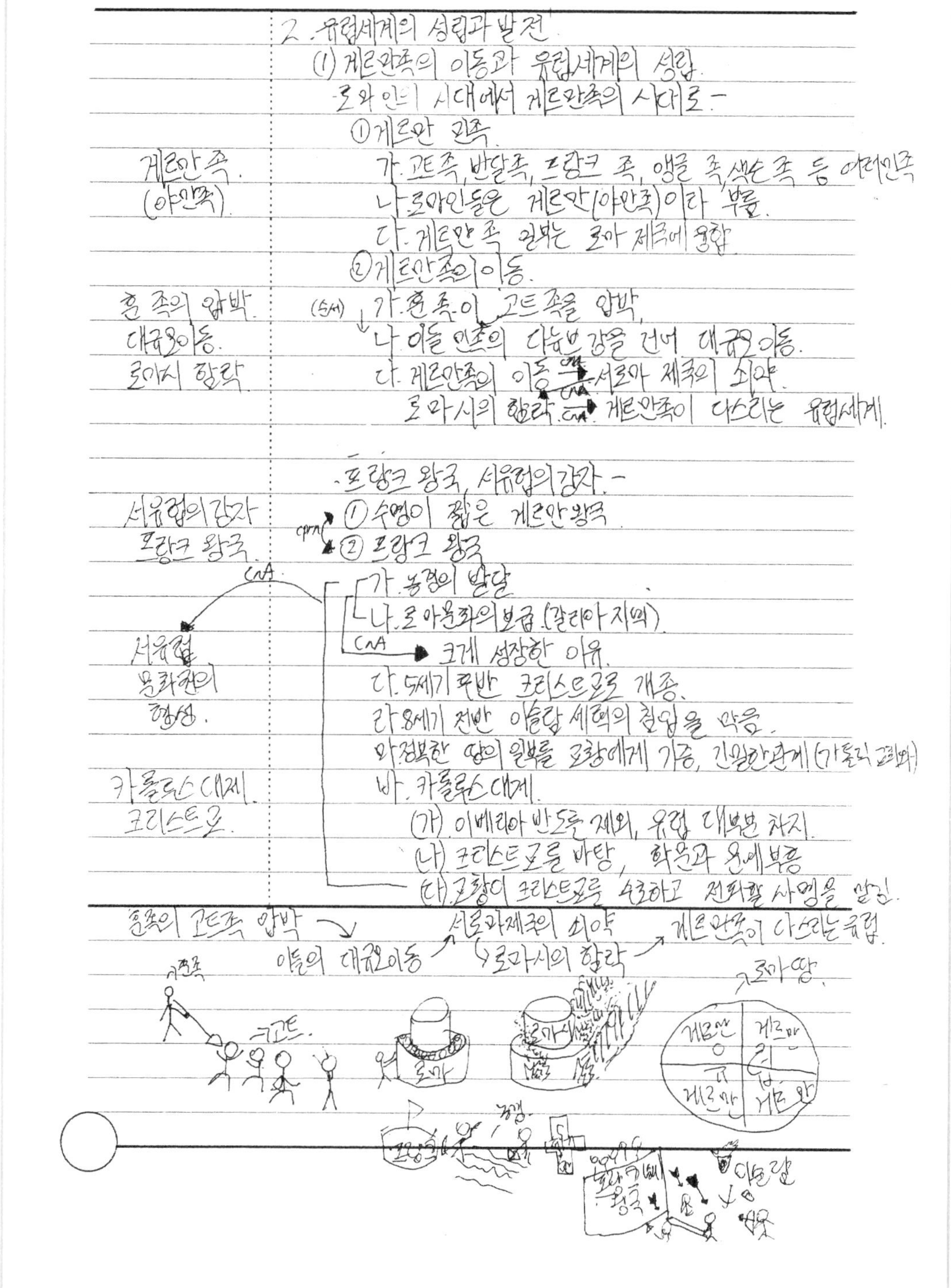

2. 유럽세계의 성립과 발전

(1) 게르만족의 이동과 유럽세계의 성립.

-로마인의 시대에서 게르만족의 시대로-

게르만 족. (야만족)

① 게르만 민족.

가. 고트족, 반달족, 프랑크 족, 앵글 족, 색슨 족 등 여러민족

나. 로마인들은 게르만(야만족)이라 부름.

다. 게르만 족 일부는 로마 제국에 융합

훈 족의 압박. 대규모이동. 로마시 함락

② 게르만족의 이동.

(5세) 가. 훈족이 고트족을 압박,

나. 이들 민족의 다뉴브 강을 건너 대규모 이동.

다. 게르만족의 이동 → 서로마 제국의 쇠약.

로마시의 함락 → 게르만족이 다스리는 유럽세계.

-프랑크 왕국, 서유럽의 강자.-

서유럽의 강자 프랑크 왕국.

① 수명이 짧은 게르만 왕국

② 프랑크 왕국

가. 농업의 발달

나. 로마문화의 보급 (갈리아 지역)

→ 크게 성장한 이유.

서유럽 문화권의 형성.

다. 5세기 후반 크리스트교로 개종.

라. 8세기 전반 이슬람 세력의 침입을 막음.

마. 정복한 땅의 일부를 교황에게 기증, 긴밀한 관계 (가톨릭 교회와)

카롤루스 대제. 크리스트교.

바. 카롤루스 대제.

(가) 이베리아 반도를 제외, 유럽 대부분 차지.

(나) 크리스트교를 바탕, 학문과 문예부흥

(다) 교황이 크리스트교를 수호하고 전파할 사명을 맡김.

훈족의 고트족 압박 → 이들의 대규모이동 → 서로마제국의 쇠약 → 로마시의 함락 → 게르만족이 다스리는 유럽.

그림과 그래프를 이용하여 정리한 이분할 노트의 예

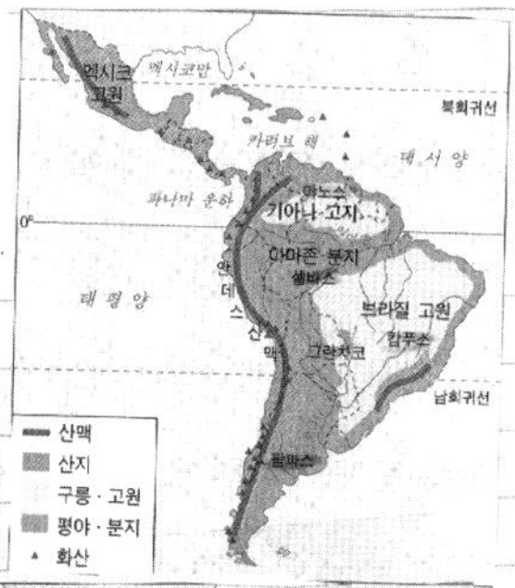

② 자원이 풍부한 라틴 아메리카

대륙

① 리오그란데강 이남 중앙 아메리카 ~ 카리브해

② 남북으로

③ 서쪽 태평양, 동쪽 대서양

지형

① 안데스산맥 - 높고 험준, 환태평양 조산대 → 화산, 지진

② 동부: 브라질고원, 기아나 고지 ⇒ 낮고 평탄

③ 사이: 중앙저지대 - 아마존 강 — 평야 - 아마존 분지, 팜

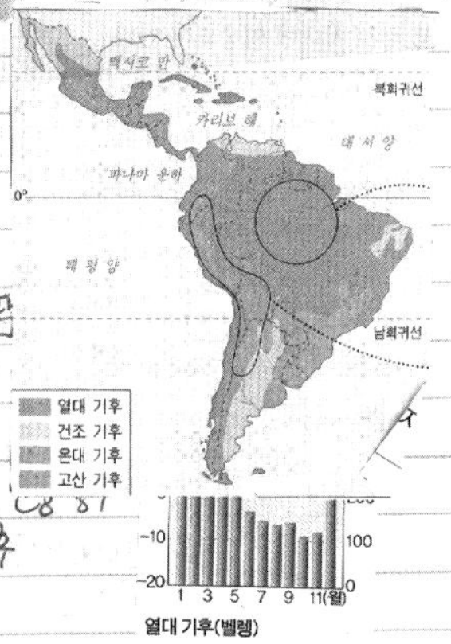

열대기후

① 아마존강 셀바스 ⇒ 세계 최대 열대밀림 — 열대우림(밀림)기후 → 아마존 강 유역

② 주변: 열대초원 - 캄푸스, 야노스 — 열대초원(사바나)기후 → 건기우기

고산기후

① 멕시코고원, 안데스 산지

② 인구 밀집

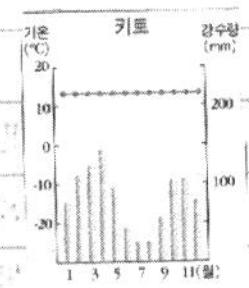

연중 온화·서늘, 해발고도 2000~4000m, 식물수직적 분포

온대기후

① 브라질 남부, 아르헨티나 일대

② 아르헨티나: 팜파스

4개절 뚜렷. 인구밀집: 브라질 남부, 아르헨티나 해안

건조기후: 해류 → 아타카마사막(칠레), 아르헨티나 파타고니아

[2] 역사·문화적 배경

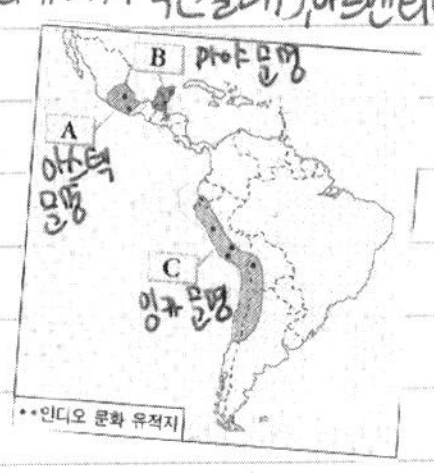

원주민 문명

① 마야, 아스텍, 잉카 문명 — → 유럽진출 이전

식민지

① 16세기: 에스파냐 침략 → 식민지 — → 에스파냐어, 가톨릭교(구교)

② 브라질: 포르투갈 식민지 — → 포르투갈어

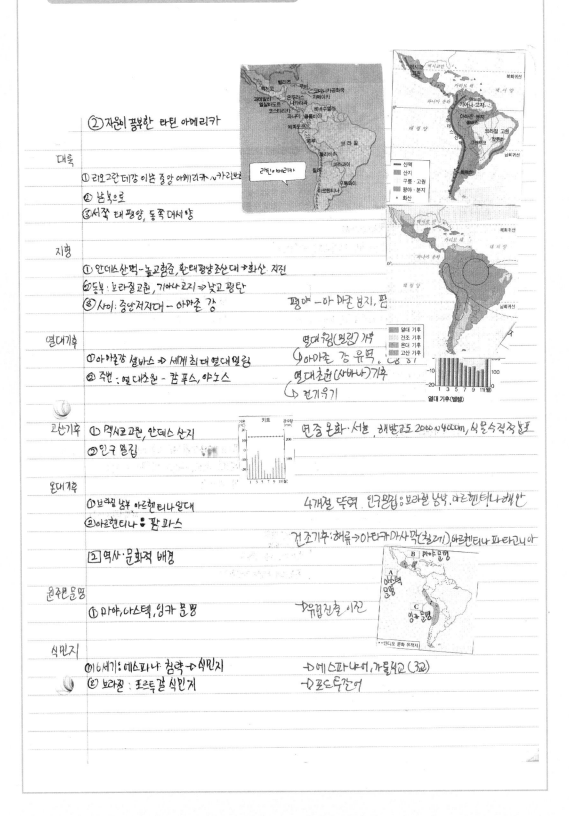

화학

Time : __________min / Date :

09. 반응속도에 영향을 미치는 요인.

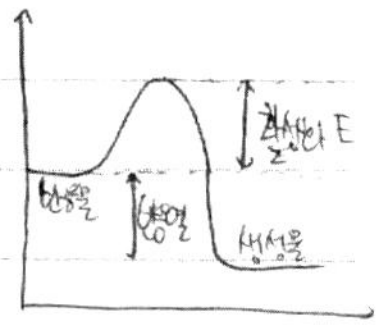

〈화학반응조건〉 ① 충돌 : 화학반응의 필수조건
② 활성화 에너지 : 화학반응이 일어나기 위한 최소에너지
③ 충돌방향 : 화학반응이 일어날 수 있는 방향으로 충돌.

〈온도〉 : 온도가 높아지면 운동에너지가 증가하므로 활성화 에너지보다 큰 운동에너지를 가진 분자수 증가.

→ 온도가 10°C 상승할때마다 반응속도 2배증가
→ 화학반응이 일어날때 주위 온도 상승.

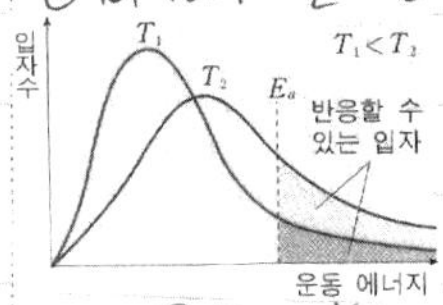

〈온도예시〉 ex) ① 열대지방에서 식물의 생장속도가 빠르다.
② 겨울보다 여름에 김치가 빨리 신다.
③ 시베리아에서 매머드의 사체가 발견된다.
④ 압력밥솥에서는 일반밥솥보다 밥짓는 속도가 빠르다.

→ 높은 산에서 밥 지으면 설익는다.

〈촉매〉 : 그 자체는 화학변화하지 않지만 반응경로를 바꿈으로써 활성화에너지 변화시킴.
① 정촉매 : 활성화에너지를 작게 함.
=> 정반응, 역반응 모두 빠르게.
② 부촉매 : 활성화에너지를 크게 함.
=> 정반응, 역반응 모두 느리게.

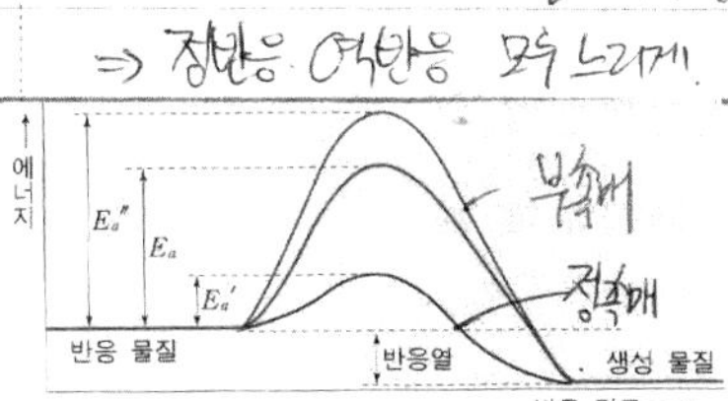

▲ 정촉매와 부촉매가 있을 때의 활성화 에너지 변화

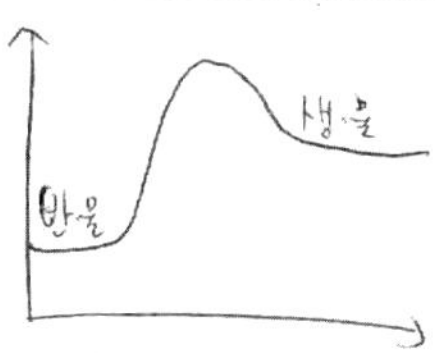

이라면
① 흡열반응
② 주위온도 내려감.

H_2O_2 과산화수소의 분해 → 산소발생
- 정촉매 : 이산화망간, 구리가루.
- 부촉매 : 황산, 인산.

오답 정리를 위한 이분할 노트, T형노트

세로선을 노트의 중앙에 그으면 T형노트가 되는데, 이것은 오답노트로 사용하기에 매우 적합한 방식이다. T형노트는 반드시 유선노트가 아니어도 상관없다. 무선노트에 가운데 세로선을 그어도 T형노트가 되기 때문이다. 세로선을 정가운데로 옮겨놓는 이유는, 수학이나 물리 문제 풀이 과정을 비교해서 정리하는 형태로 구분되어 활용하기 좋고 내용도 비교해보기 위한 것이다.

T형노트는 관련 내용을 서로 비교하고, 오답 내용을 평가하는 데 사용하면 유리하다. T형노트를 사용하면 각 과목별로 아무리 많은 문제집을 풀어도 책꽂이에 책이 가득 찰 일이 없다. 어차피 T형노트 한 권이면 그 안에 오답 문제가 다 정리되어 있으니, 다 푼 문제집을 버려도 되기 때문이다.

오려붙이는 게 귀찮으면 T형노트의 왼쪽에 문제풀이에 필요한 개념을 적고, 오른쪽에는 풀이만 적어보자. 그리고 그 밑에 문제집 이름과 페이지를 적어넣는다. 그러면 문제집을 더럽히지 않고 새것처럼 사용할 수 있으니, 나중에 다시 반복해서 문제집을 풀어보는 데도 유용하다.

풀이과정을 전부 적는 게 번거롭다면, 문제를 오려붙이고 실수 요인들만 적어봐도 좋다. 오답노트를 활용하는 것 역시 스스로 가장 적합한 방식을 선택하는 게 중요하다.

T형노트는 정확성을 요구하는 교과목을 활용하기 위한 것으로, 주로 수리와 과학 영역에서 활용하면 좋은 필기법이다.

개념 정리 및 핵심 내용을 정리하는 T형노트 ①

기본개념 내용 정리 칸	기본개념과 관련된 그림, 도표, 이해자료 기록 칸
· 노트 가운데에 선을 그어 분할한다. · 왼쪽 칸에는 핵심 내용과 개념 원리에 대해 적는다. · 추후 보완할 내용을 넣기 위해 여유 공간을 둔다.	· 오른쪽 면에는 그림, 도표 등 기본개념에 관련된 내용을 추가로 기록한다.

문제풀이와 오답 내용을 정리하는 T형노트 ②

문제풀이	문제 오답
· 문제집의 문제풀이 과정을 기록한다. →문제집의 문제를 보고 풀이 과정만 기록한다. →타이머를 이용하여 문제풀이 과정에 집중하고 시간 내에 문제풀이 과정을 끝내는 연습을 한다.	· 틀린 문제만 서술형 형태로 풀이 과정을 기록한다.

■ T형노트는 유선이나 무선노트에 관계 없이 사용할 수 있다.

개념 정리 및 핵심 내용을 정리하는 T형노트의 예

개념 정리 기록	보충자료 및 내용추가

옴의 법칙

=> 전류의 세기는 전압에 비례한다. → 전류의 세기 ∝ 전압

└ 전류의 세기에 대한 전압의 비 => 전기저항.

$$전류의세기(I) = \frac{전압(V)}{전기저항(R)} \Rightarrow V=IR.$$

	전압	전류	저항	
기호	V(브이)	I(아이)	R(알)	→ 알파벳 첫자
단위	V(볼트)	A(암페어)	Ω(옴)	→ 과학자이름

$I=\frac{V}{R}$ => $전류=\frac{전압}{저항}$

$V=IR$ => 전압 = 전류×저항

$R=\frac{V}{I}$ => $저항=\frac{전압}{전류}$

[저항의 직렬 연결]

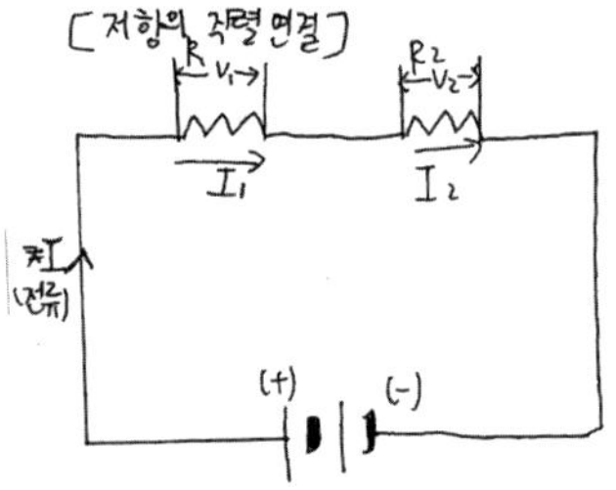

$V=V_1+V_2$

$I=I_1=I_2$

$R=R_1+R_2$

·합성저항은 더 커진다.

[저항의 병렬 연결]

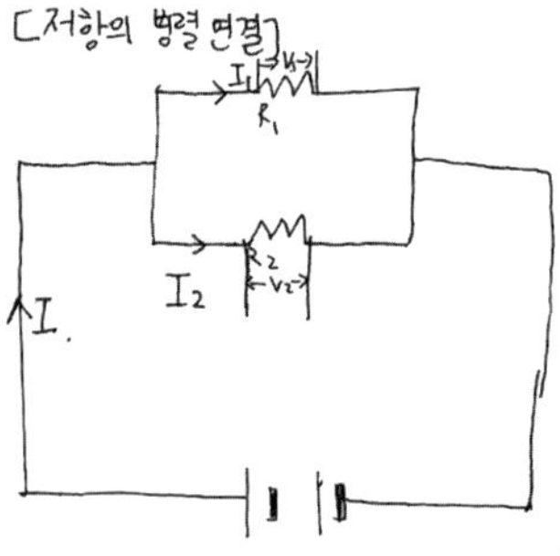

$V=V_1=V_2$

$I=I_1=I_2$

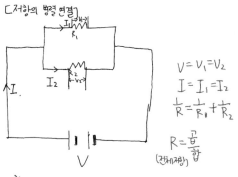

$\frac{1}{R}=\frac{1}{R_1}+\frac{1}{R_2}$

$R=\frac{곱}{합}$ (전체저항)

·합성저항은 작아진다.

·가정에서 전기기구를 병렬로 연결하여 사용한다.

=> 같은 전압이 걸림.

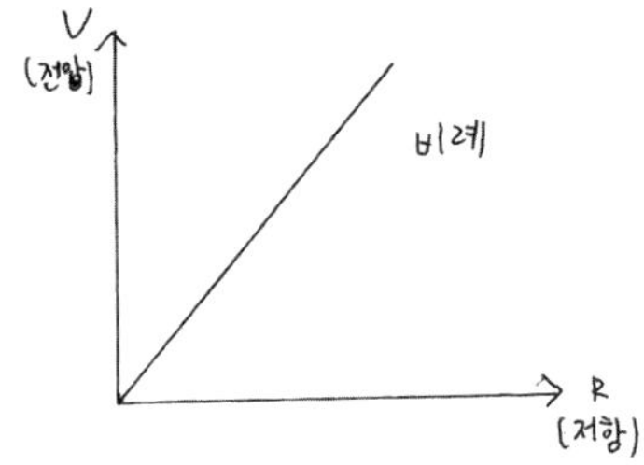

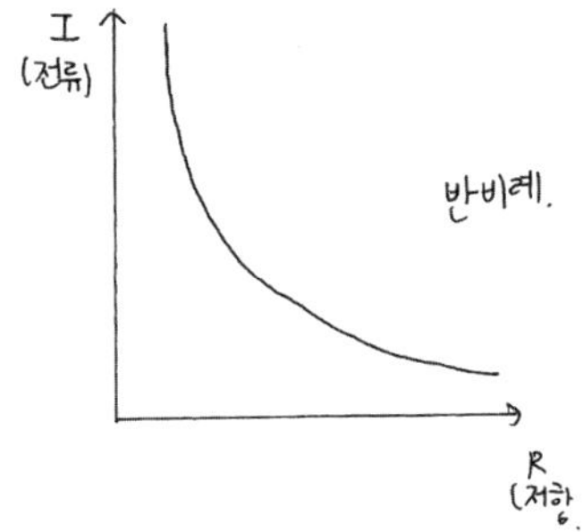

문제 풀이와 오답 내용을 정리하는 T형노트의 예

문제 풀이	오답에 대한 설명 기록

문제 풀이

∘오투 과학

27P

14. ③

15. $I=\frac{V}{R}=\frac{12}{0.03}=\frac{1200}{3}=0.4A$

답; ②, ④

16. ⑤

17. ~~500~~ 200mA

6V.

$I=$ ~~200~~ $0.2A$

$V=6V$

$R=\frac{V}{I}=\frac{6V}{0.2A}=\frac{60}{2}=30$

30Ω

$I=0.2A$, $V=6V$, $R=30\Omega$.

18 $R=\frac{곱}{합}=\frac{9}{6}=\frac{3}{2}=1.5$

$R=\frac{V}{I}=\frac{1.5}{2}=0.75$

답; ①.

29P.

4. ⑤.

5. ①.

6. ⑥③.

오답에 대한 설명 기록

15. 오른쪽 그림은 재지어 같은 두 니크롬선 (가), (나)에 걸리는 전압과 흐르는전류의 관계를 나타낸 것이다. 이에 대한 설명으로 옳은 것은? (2개)

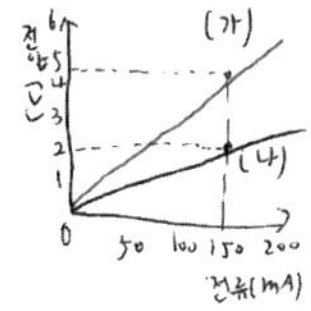

① 그래프의 기울기는 저항을 의미한다. $R=\frac{V}{I}$

⑤ (가)와 (나)의 단면적이 같다면 길이는 (가)가 (나)의 2배이다.

②③ (가)의 저항 $R_{(가)}=\frac{3V}{0.1A}=30\Omega$, (나)의 저항 $R_{(나)}=\frac{3V}{0.2A}=15\Omega$.

⇒ $R_{(가)}:R_{(나)}=2:1$

④ 저항이 작은 (나)가 (가)보다 단면적이 더 크다.

⑥ $I_{(가)}=\frac{V}{R_{(가)}}=\frac{12V}{30\Omega}=0.4A$, $I_{(나)}=\frac{V}{R_{(나)}}=\frac{12V}{15\Omega}=0.8A$

18. 전압이 1.5V인 건전지 4개와 전구를 다음 그림과 같이 연결하였더니 전류계에 2A의 전류가 흘렀다. 옳은 것을 보기에서 모두 고른 것은?

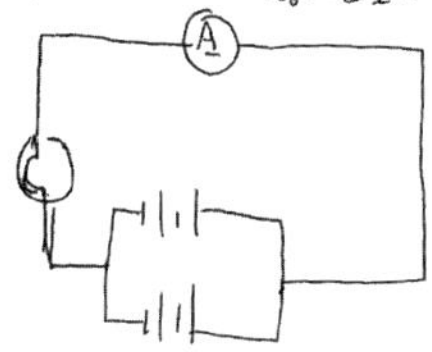

ㄱ. 전체 전압은 ~~1.5V~~ 3V 이다.

ㄴ. 전구의 저항은 1.5Ω이다.

ㄷ. 전구에는 3V의 전압이 걸린다.

ㄹ. 이 회로에서 전류는 ~~시계방향~~ 시계반대방향으로 흐른다.

크기를 바꿀 수 있는 저항을 연결한 전기회로를 나타낸 것이 있다. 손잡이를 A 또는 B방향으로 돌릴 때, 설명이 옳은 것을 고르면? (2개)

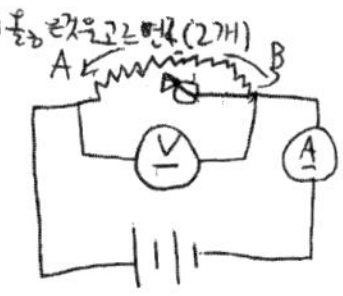

※ 전압계의 눈금은 저항의 변화와 관계없이 전체전압과 같다.

※ 손잡이를 A방향으로 돌려 저항 감소.
→ 전류 증가 → 전류계 눈금 증가

VI. 빛

5. 볼록렌즈, 오목렌즈를 통과하는 빛

* 굴절률

∘ 공기중 —빛→ 렌즈

– 입사각 > 굴절각

∘ 렌즈 —빛→ 공기중

– 입사각 < 굴절각

→ 멀리 있을때 : 실물보다 작고 거꾸로선 상

→ 가까이 있을때 : 실물보다 크고 바로 선상

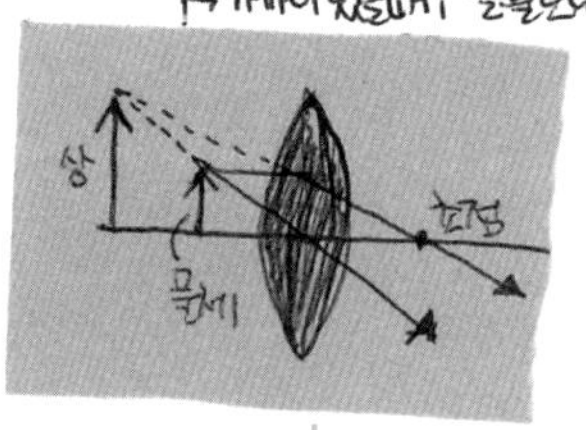

* 볼록렌즈

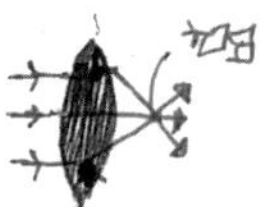

∘ 중앙이 바깥쪽보다 두꺼운 렌즈

↳ 빛을 한 곳으로 모아 → 평행하게 입사하는 것이 조건

· 돋보기, 원시교정용 안경, 사진기, 굴절 망원경

* 오목렌즈

∘ 중앙이 바깥쪽보다 얇은 렌즈

↳ 빛이 바깥쪽으로 퍼진다 → 평행하게 입사함이 조건

· 근시교정용 안경

항상 실물보다 작고 바로선 상 ←

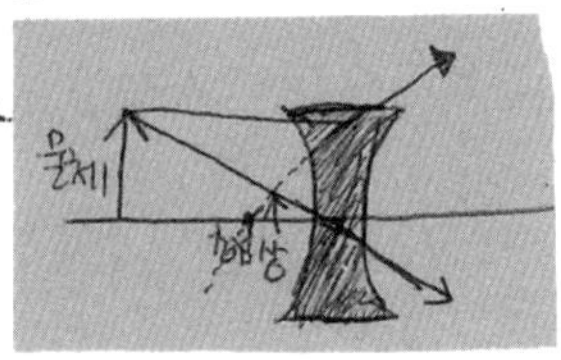

*렌즈의 초점

: 볼록렌즈에서 광축에 평행하게 오는 빛이 한 곳으로 모이는 곳을 '볼록렌즈의 초점'이라고 한다.

반대로, 초점에서 나온 빛은 렌즈에서 굴절하여 평행하게 나아간다

∘ 이용
– 원시교정용 안경
– 돋보기
– 굴절 망원경
– 사진기

∘ 이용
– 근시교정용 안경

6. 볼록렌즈에 의한 상 작도하기 + 오목렌즈

*오목렌즈와 볼록렌즈에서 상의 작도

① 평행하게 입사한 빛은 초점을 지난다.

② 렌즈의 중심으로 들어가는 빛은 직진한다.

*볼록렌즈

- 초점의 위치는 들어가는 빛의 반대쪽

• 오목거울과 같은 특징을 지님

- 빛을 모아준다
- 가까이 있는 물체 ; 크고 바로 선 상
- 멀리 있는 물체 ; 작고 거꾸로 선 상

① 평행하게 들어오는 빛

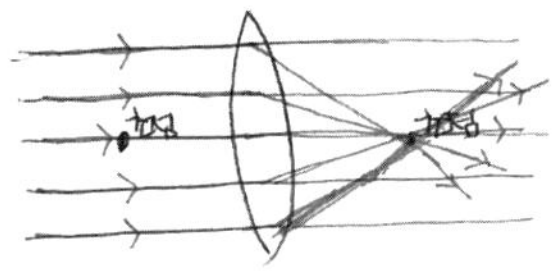

② 초점을 지나는 빛

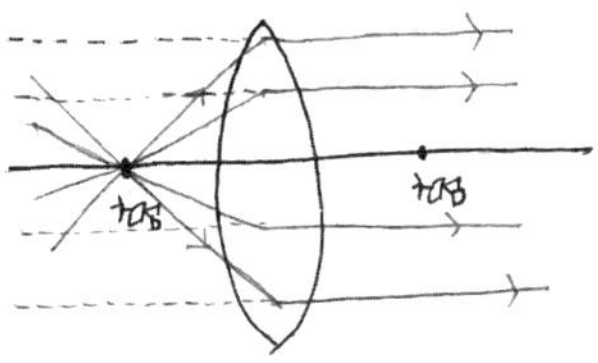

③ 렌즈의 중심을 지나는 빛

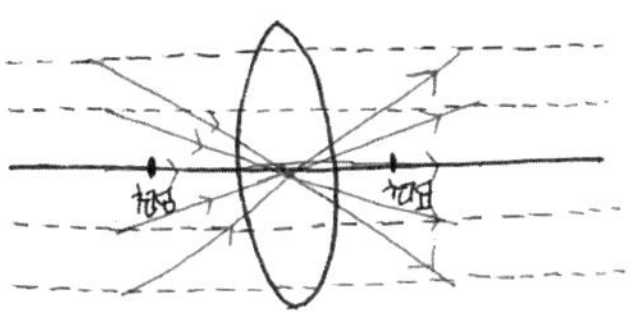

④ 물체가 렌즈 가까이

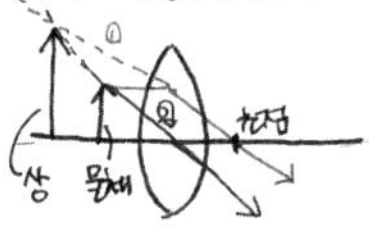

⑤ 물체가 렌즈 멀리

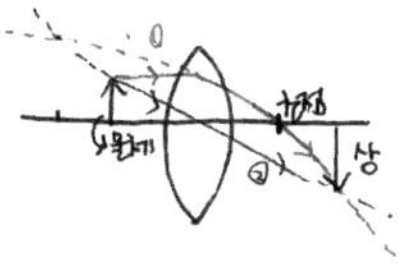

과학과목의 오답을 T형노트로 정리한 예

오답 check!

* 렌즈에 대한 내용

(볼록렌즈)는 망원경이나 현미경에 사용된다 → 물체를 확대 · 빛을 모으는 성질 (볼록렌즈)

(오목렌즈)로 보면 상이 물체보다 항상 작아 보인다.

볼록렌즈를 물체 가까이서 보면 (실물보다 크게) 보인다

볼록렌즈는 원시를, 오목렌즈는 근시를 교정하는 안경에 사용된다. → 원시는 상이 망막뒤에 맺히므로 빛을 모아주어 상이 망막에 맺히도록 하고, 근시는 상이 망막 앞쪽에 맺히므로 빛을 퍼지게 해 상이 망막에 맺히도록 한다.

원시는 수정체가 일반인보다 (얇아서) 상이 망막보다 뒤에 맺힌다.

*·원시 – 먼 곳은 잘 보이지만 가까운 곳을 잘 보이지 않음
근시 – 가까운 곳은 잘 보이지만 먼 곳은 잘 보이지 않는다.

원시안경은 (가까이) 있는 물체를 잘 보이게 한다.

(볼록렌즈)는 물체가 (작게 보인다.)

(오목렌즈)는 물체가 (크게 보인다.)

(볼록렌즈)는

- 빛을 한 점에 모이게 한다
- 근시 교정용 안경으로 쓰인다. → 망막 뒤쪽에 맺히는 상을 빛을 모아 상을 망막에 맺히도록 하려고 볼록렌즈를 사용한다.
- 물체에 렌즈를 가까이 대고 보면 실물보다 크게 보인다. → 멀리 있을 때는 실물보다 작고 거꾸로 된 상이 보인다.

(오목렌즈)는

- 사진기의 렌즈로 사용된다.

수평 정리와 수직 정리의 장점을 합한 위브Weave노트

위브Weave노트란, '씨실(수직)과 날실(수평)로 짜서' 만든 노트필기법이라는 의미이다. 즉 흐름을 한눈에 파악할 수 있는 수직 정리의 장점과 세부 내용을 자세하게 볼 수 있는 수평 정리의 장점을 합한 노트를 말한다.

대부분의 노트는 위에서 아래로 기록하는 형식이다. 즉 내용 정리가 수직으로 되는 셈이다. 수직노트는 우리가 시중에서 흔히 볼 수 있는 유선노트 형태로, 내용의 흐름을 파악하는 데 중점을 둔 일반적인 방식이다. 반면 수평노트필기는 코넬(이분할)노트, 삼분할 노트처럼 왼쪽에서 오른쪽으로 핵심어와 관련된 세부 내용을 칼럼 즉, 기둥(가로칸)에 따라 점차 늘려가면서 정리하는 방법이다.

수직노트는 관련 내용을 한눈에 보기 편하므로, 사고력이 약한 학생들이 사용하면 효과적이다. 하지만 고득점을 원하는 학생이라면 수평노트를 꼭 사용해야 한다. 세부 내용이나 오답을 추가로 정리할 수 있으므로, 내용이 훨씬 더 깊어지고 세세한 것까지 다 소화할 수 있기 때문이다. 따라서 위브노트는 취약한 부분을 좀 더 깊게 자료를 정리해서 그 내용을 이해하고 파악하는 데 도움을 줄 수 있다.

위브노트는 바로 이 수직노트와 수평노트를 합해놓은 노트필기법인 것이다. 코넬노트가 수평형 노트로 핵심어와 세부 내용을 구분 지어 정리하는 노트법이라면, 위브노트는 핵심어와 관련된 내용을 좀 더 보강할 수 있을 뿐 아니라, 세부 내용 역시 좀 더 심층적으로 기록할 수 있어, 내용이 더욱 보강되는 강점이 있다.

위브노트는 정리할 때는 시간이 걸리지만, 다 정리하고 보면 내용이 한눈에 다 들어와서 자신이 원하는 부분만 취사선택해서 볼 수 있다는 장점이 있다.

위브노트 작성 방법 ①

핵심어
교과서 내용
문제집 보충
내용
그림, 그래프, 사진
오답 내용
첨부 내용
핵심어와 관련된 내용을 심층적으로 정리

위브노트 작성 방법 ②

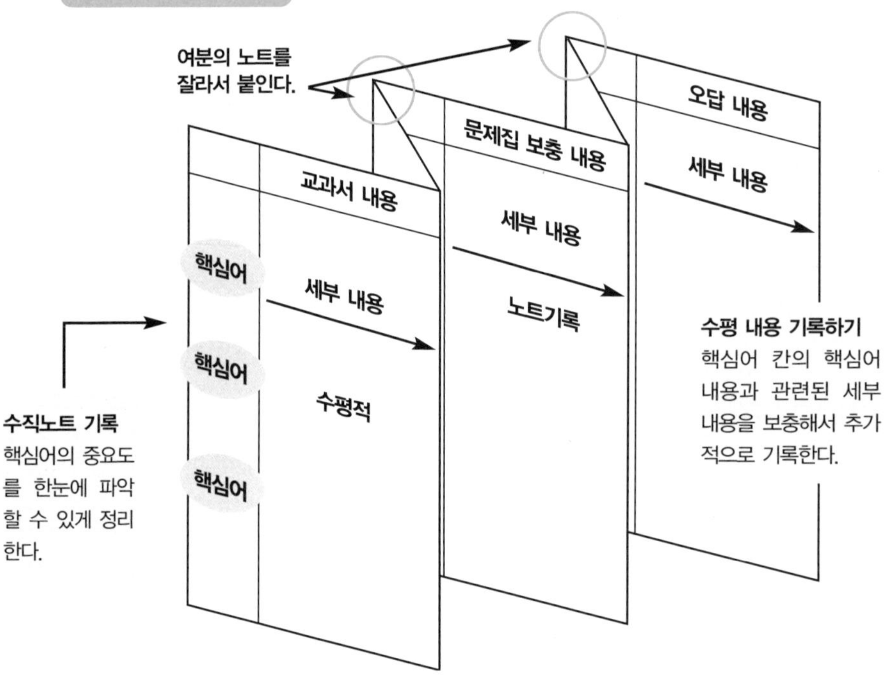

여분의 노트를
잘라서 붙인다.
교과서 내용
세부 내용
수평적
핵심어
핵심어
핵심어
문제집 보충 내용
세부 내용
노트기록
오답 내용
세부 내용
수직노트 기록
핵심어의 중요도
를 한눈에 파악
할 수 있게 정리
한다.
수평 내용 기록하기
핵심어 칸의 핵심어
내용과 관련된 세부
내용을 보충해서 추가
적으로 기록한다.

노트 펼침면을 모두 이용하여 작성한 위브노트의 예: 첫 번째 방식

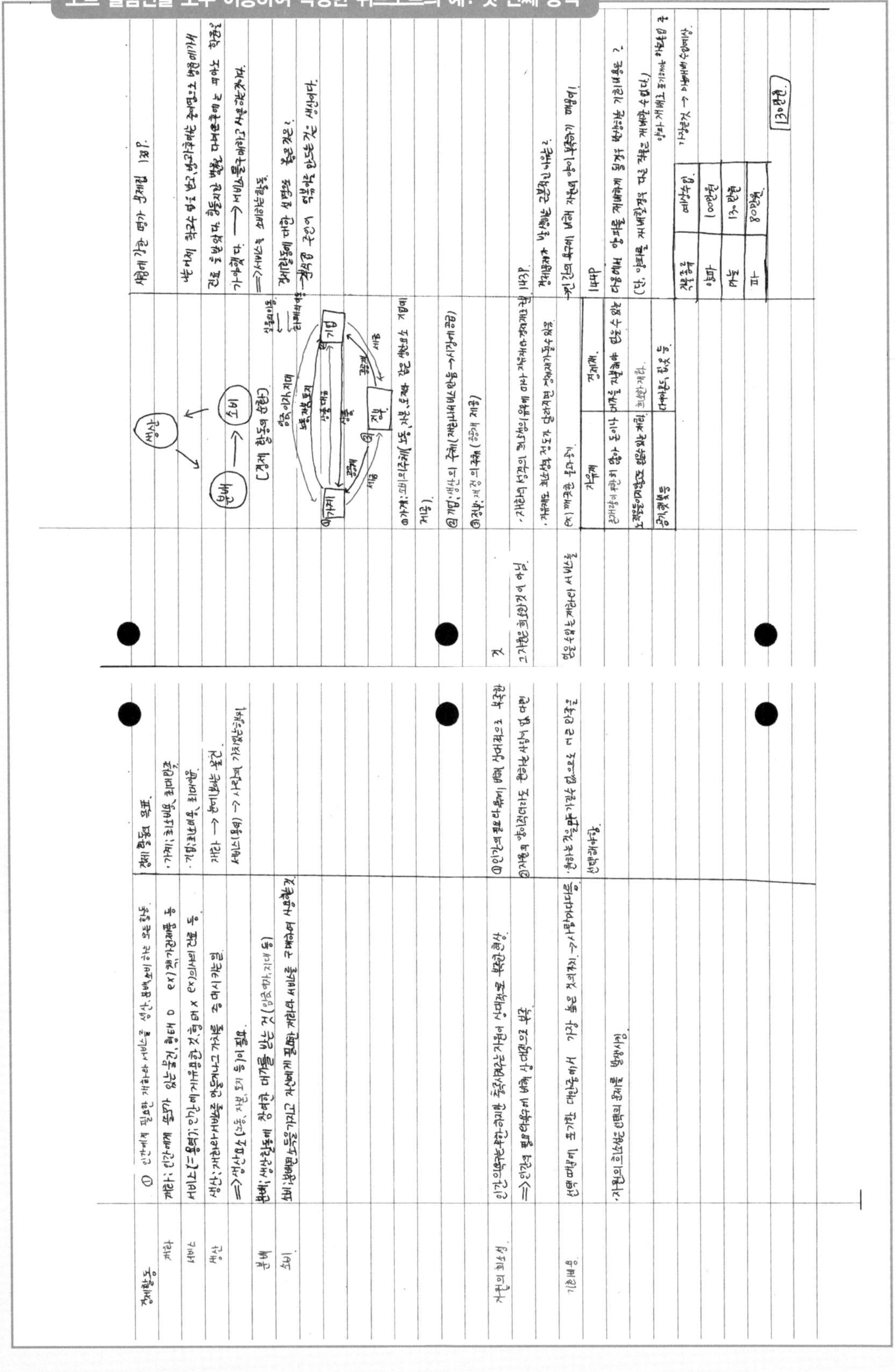

위브노트 입체사진: 두 번째 방식

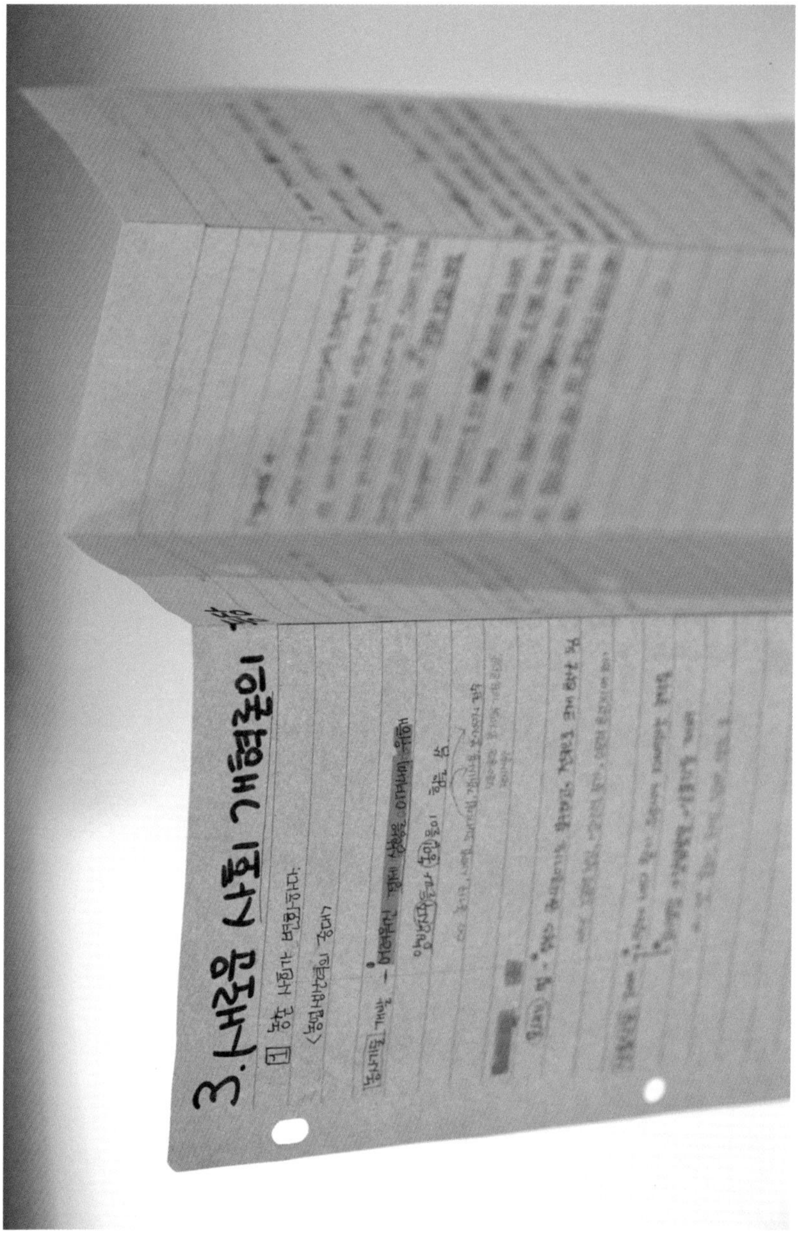

노트를 이어서 정리한 위브노트의 예: 두 번째 방식

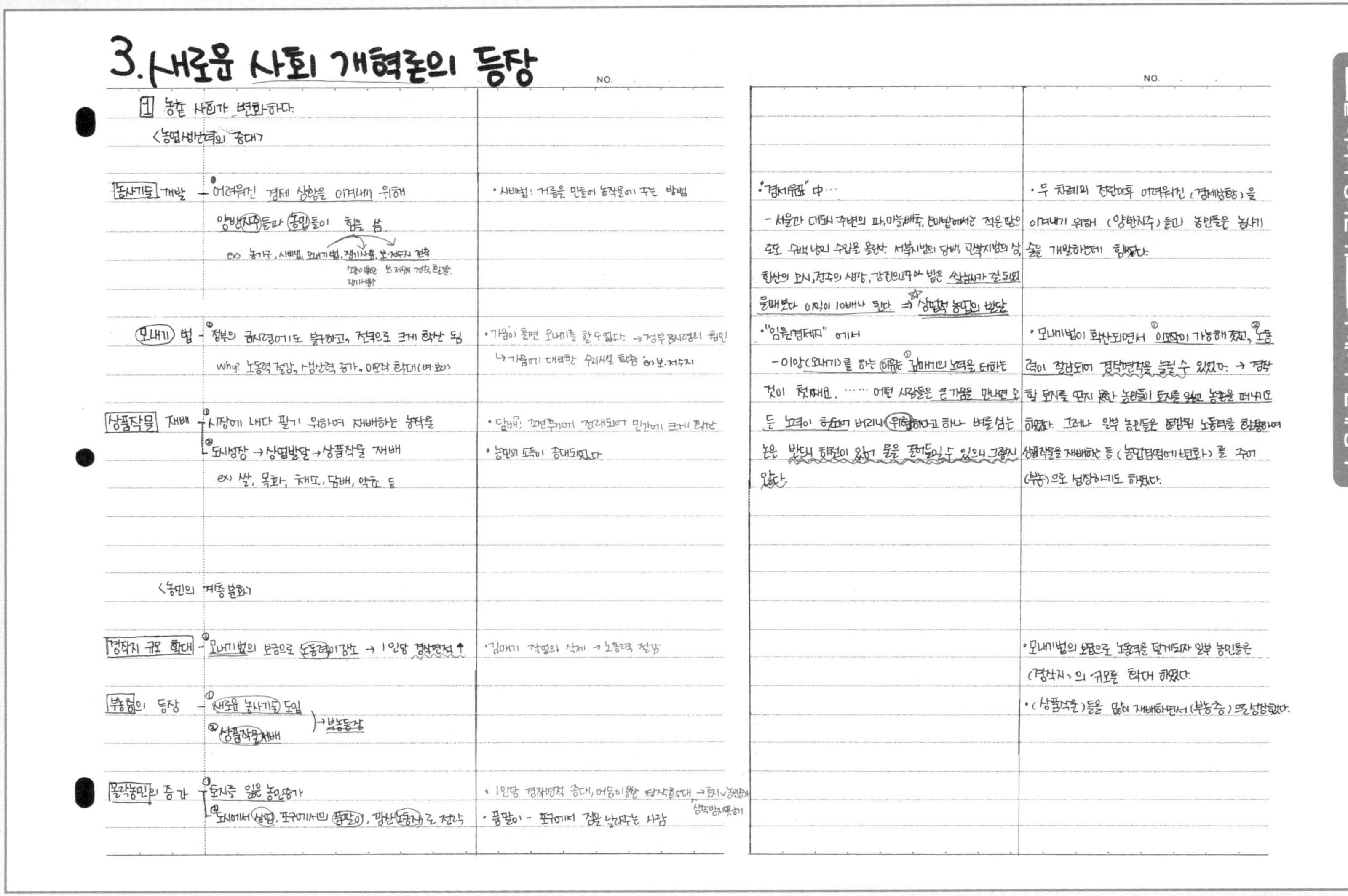

PART 3

효과 만점!
나만의 노트필기법

나만의 노트필기법으로 공부의 비밀병기를 만들어라

·효과적인 노트필기를 위한 십계명·

1. 기본 필기도구를 항상 가지고 다녀라

항상 듣고 받아쓸 준비가 되어 있어야 한다. 그러려면 기본적인 필기도구와 노트를 늘 가지고 다닐 필요가 있다. 이것이야말로 노트필기를 하는 학생의 기본 자세라고 할 수 있다.

2. 오른쪽 면부터 필기하고, 여백을 충분히 남겨라

노트는 항상 공간을 여유 있게 사용하는 게 중요하다. 필기는 오른쪽 면부터 시작하며, 내용이나 주제가 바뀌어 뒷장으로 넘길 때는 여백을 충분히 남겨두자. 그 주제에 해당하는 내용이나 문제들을 지속적으로 추가, 보충해야 하기 때문이다.

3. 핵심어와 비핵심어를 가려내라

필기를 하기에 앞서 교과서 읽기 전략을 터득해야 한다. 그래야 중요한 내용과 덜 중요한 내용을 가릴 줄 알기 때문이다. 노트필기는 자기 기준에서 중요한 내용을 적는 게 아니라, 시험에서 중요하게 다뤄지는 내용들을 적어야 한다.

4. 약어나 기호를 사용해 필기 시간을 획기적으로 줄여라

필기할 내용은 학년이 높아질수록 많아진다. 그러므로 내용에 충실하되, 필기 시간을 줄이기 위한 약어나 기호를 사용하는 게 중요하다. 앞에서 소개한 약어표를 참고하되, 자기만의 약어나 기호를 만드는 것도 좋겠다.

5. 필기에도 연습이 필요하다

어떤 종류의 노트가 내게 맞는지, 어떤 형식의 필기법이 내게 맞는지는 하루아침에 알게 되지 않는다. 꾸준한 시행착오를 통해 나만의 것을 찾게 된다. 때문에 노트필기도 연습 과정이 필요하다. 꾸준히 연습하다보면 나만의 노트필기법을 찾게 된다.

6. 몰아서 쓰지 말라

공부는 조금씩 꾸준히 하는 게 중요하다. 벼락치기 공부 습관으로는 실력을 키울 수 없다. 노트필기도 몰아서 하면 효과가 떨어진다. 매일, 지속적으로 하는 게 중요하다.

7. 남의 노트를 베껴쓰지 마라

남의 노트를 참고할 수는 있지만, 베껴쓰는 건 백해무익이다. 필기는 손맛이라고 했다. 내가 직접 쓴 게 아니면, 진짜 중요한 내용이 무엇인지 파악이 안 되고 기억도 오래가지 않는다.

8. 예쁜 노트를 만들려고 하지 말라

화려하게 치장해서 남에게 보여주기 위해 노트필기를 하는 게 아니다. 노트필기는 나만 알아볼 수 있으면 된다. 내용에 충실해야지, 꾸미는 데 충실할 필요가 없다. 이는 명백한 시간낭비임을 명심하자.

9. 특정 자료만 가지고 필기하려 하지 말라

특정 참고서에 있는 내용만 몰아서 필기하지 말자. 여러 가지 다양한 자료를 모을수록 정보체계가 촘촘해져, 난이도 있는 시험에서 고득점을 맞을 수 있다.

10. 무작정 외우려들지 마라

철저히 이해한 것, 의미부여가 된 것을 암기하라. 스스로 정확히 이해되지 않는 것을 무턱대고 외우기부터 하려고 들지 말란 뜻이다. 필기를 통해 모르는 내용을 스스로 분석하고, 완전히 이해한 후 외워야 한다.

10

사람마다 노트필기 방법이 다 다르다

세상 모든 사람들의 지문과 뇌의 섬세한 주름 모양이 다 다르듯, 필기 방법도 학생마다 각자 다른 특성을 지니고 있다. 때문에 똑같은 교과서를 보고 똑같은 수업을 듣는데도, 학생들의 노트필기 내용과 형식은 개인에 따라 상당한 차이를 보인다. 그 가장 큰 이유는 학생마다 노트필기의 가장 중요한 요소인 핵심어와 비핵심어를 파악하는 능력이 다르기 때문이다. 또 하나는 학생마다 노트필기를 하는 습관과 선호하는 스타일이 다르기 때문이다.

공부 방법에는 읽기, 노트필기, 기억, 시험 네 가지 전략이 있다고 했다. 읽기 전략은 누구에게나 공통적으로 적용되는 방법이지만 노트필기나 기억 방법, 시험 전략은 개인별로 자신에게 맞는 방법에 차이가 있다. 즉 자신에게 필요한 방법이 다 다르다는 이야기다. 시중에는 자신의 경험을 알려주는 수많은 노트필기 비법 관련

책들이 많지만, 정작 그 비법들이 자신에게 잘 맞는지, 또 효과적인지 알 수 없다. 따라서 자신에게 잘 맞는 노트필기 방법을 잘 알고 접근하는 것이 효과적이다.

이 사실은 대부분의 학생들이 놓치기 쉬운 부분인데, 결코 놓쳐서는 안 될 중요한 사항이다. 따라서 나에게 가장 잘 맞는 노트필기 방법을 알아내는 게 첫 번째 과제이다. 《나만의 공부 방법을 만드는 공부생》 1권에서 소개한 유형별(네모형, 세모형, 동그라미형, 별형) 학습법을 참조하면 도움이 될 것이다.

그래도 어떤 노트를 골라서 어떻게 필기해야 할지 모르겠다면 지금 이야기하는 것에 주목하라. 노트필기를 하고 있는데도 성적이 오르지 않는다면 이 파트를 통해 무엇이 잘못되었는지, 그리고 보완해야 할 방법에는 무엇이 있는지도 체크해 보길 바란다.

누가 가르쳐주지 않아도 잘하는 모범생형(네모형)

이 유형의 학생들은 평소에 교칙을 잘 따르고 선생님 말씀을 잘 들으며, 누가 가르쳐주지 않아도 노트필기를 잘하는 편이다. 꼼꼼하고 침착하며 집중력이 좋기 때문에 대부분 공부도 잘하는 모범생들이다. 이 유형의 학생들은 성실하며 규칙적이고 규범적인 특성을 갖고 있으므로, 노트를 효과적으로 사용하길 원한다. 그래서 주변에 자신에게 도움이 될 만한 학습자료에 흥미를 갖고 있으며, 그런 자료들이 자신에게 유용하다면 적극적으로 이용한다.

그런데, 이런 학생들 중에서도 청각형, 즉 청각이 발달한 학생들은 수업시간에 듣고 이해하려는 학습 경향을 보여 필기의 중요성을 크게 느끼지 못한다. 성인이 된 이후에야 효율적인 학습을 위해 노트가 왜 중요한지 깨닫는 경우가 많다.

모범생형(네모형)의 노트필기 특징

| 꼼꼼하고 자세하게 필기한다

매사에 근면 성실하며 요령을 피울 줄 모르는 이 유형의 학생들은 필기도 꼼꼼하고 자세하게 잘하는 편이다. 볼펜 색깔도 주로 단색을 쓰고, 색깔을 자주 바꿔가며 화려하게 정리하는 걸 좋아하지 않는다. 즉 꾸미기보다 실용적인 부분에 관심을 둔다. 중요하다고 판단한 내용을 중심으로 자세하게 필기하는 편이다. 글씨 역시 또박또박 일렬로 가지런하게 쓴다.

| 유선노트를 선호한다

글씨체도 반듯하고 정갈한 이 유형의 학생들은 유선노트를 좋아한다. 그래서 색깔이나 이미지보다 기호나 번호로 정리한다. 또 예습이나 수업 중 노트 필기를 좋아하며, 관련 있는 책들을 연결해 정리하는 수평형 노트필기를 잘한다. 무선노트로 정리된 노트를 보면, "산만해서 못 보겠다, 이걸 어떻게 알아보냐?"라며 혀를 내두른다. 원리 원칙을 선호하는 성향이 강한 탓에 노트도 규격화된 코넬(이분할) 노트, 다분할 노트를 주로 사용한다.

| 자신이 꼭 필요하다고 생각하는 부분만 뽑아 간략하게 정리한다

핵심어 중심으로 간략하게 필기하려는 경향이 강하다. 하지만 이해력이 좋아 암기할 내용을 명확히 구분해 필요한 부분은 반드시 필기한다. 즉 군더더기 없이 꼭 필요한 부분만 일목요연하게 정리한다.

보완점

| 수업 중 노트를 작성하라

네모형 중 시각형들은 노트를 스스로 정리한 걸 보면서 공부하는 스타일이라 노트필기를 꼼꼼하게 잘하지만, 귀로 듣고 이해하려는 성향이 강한 청각형들은 필기를 선호하지 않는 단점이 있다. 그러므로 이들은 수업시간에 경청하면서 동시에 수업 중 노트를 사용해야 한다. 그러면 시험 때 실수로 틀리는 문제가 줄어든다.

| 수업 후 노트로 트리다이어그램을 활용하라

모범생형 중에서도 필기를 하기 싫어하는 청각형들은 암기를 위한 수업 후 노트(복습형)로 트리다이어그램 무선노트를 사용하면 좋다. 유선노트만큼 형식적이지는 않지만, 내용을 체계적으로 분리해서 순차적으로 정리하는 데 효과적이므로 부담 없이 노트필기를 시작하기 좋다. 다이어그램 방식의 노트필기법 자체가 순차적이지만 자유롭게 필기하고 싶은 이들을 위한 것이기 때문이다.

| 무선 암기노트로 논술, 단답형 시험에 대비하라

어떤 교과과목이든 이해 위주의 학습을 선호한다. 노트 정리 역시 이해한 것들을 간략하게 정리한다. 때문에 암기 위주의 노트를 만들어 부족한 부분을 강화해야 한다. 즉 시험기간에 잘 외워지지 않는 내용들을 따로 정리하여 노트를 만들어야 한다. 이해 위주로 공부하기 때문에 객관식 선다형 문제는 잘하지만, 서술형엔 약하기 때문이다. 실제로 이들은 단답형 문제나 논술을 어려워한다. 그래서 암기에 효과적인 무선노트를 활용하면 도움이 된다.

| 오답노트를 좀 더 체계적으로 정리하라

모범생형 학생들은 대체적으로 자신의 실수를 쉽게 허용하지 않기 때문에 오답노트를 효과적으로 만든다. 그런데 노트필기와 문제풀이를 따로 분리해 생각하는 학생들도 꽤 많다. 이런 경우에는 각 단원에 해당하는 문제풀이 후 오답노트를 만들어야 한다. 그래야 자신이 어떤 부분에서 실수를 자주 하는지 파악할 수 있어, 시험에서 같은 실수를 반복하지 않는다.

| 내용을 너무 완벽하게 정리하려고 하지 마라

모범생형들은 노트필기를 완벽하게 정리해야만 직성이 풀리는 경우가 있다. 네모형 중에서 청각형들은 대략 머릿속에서 내용을 정리하는 경향이 있지만, 다른 학생들은 노트를 정리하다 모르는 내용이 한 곳만 나와도 이에 너무 매달려 많은 시간이 걸리곤 하는데 그러지 말아야 한다. 모르는 내용에 대한 심리적 압박감에서 먼저 벗어나 끝까지 가는 데 중점을 두어야 한다.

Date. Page.

Ⅲ. 전기·전자 기술.

1. 전기 회로와 조명.

(1) 간단한 전기 회로.

*전기 회로.

~ 전기가 흐르는 길.

* 전기 회로도.

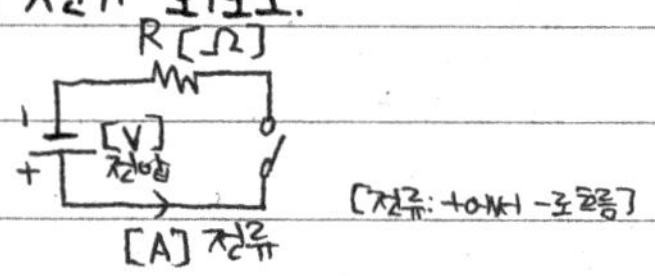

1 전원, 부하.

①전원 ~ 전기를 공급하는것. ex) 건전지

②부하 ~ 전기의 흐름에 의해 일을 하는것. ex) 전구(필라멘트), 다리미(니크롬선)

2 전류, 전압, 저항.

①전류 ~ 전기의 흐름. (+→-), 단위: 암페어[A]

②전압 ~ 전기의 높이차, 단위: 볼트[V]

③저항 ~ 전기의 흐름을 방해하는 성질, 단위: 오옴[Ω]

3 직류와 교류.

①직류 ~ 전압과 전류의 크기와 방향이 항상 일정.

ex) 건전지

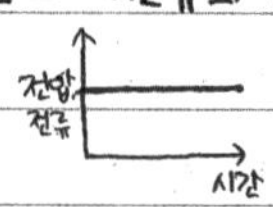

② 교류 ~ 시간에 따라 크기와 방향 변함.

ex) 가정용, 학교…

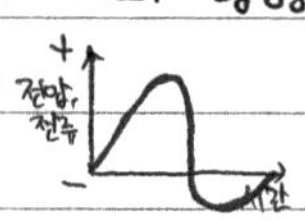

Date. Page.

④ 옴의 법칙.

$$V = I \times R$$

전압 = 전류 × 저항 ⇒ 전류의 세기는 전압에 (비례)하고, 저항에 (반비례)한다.

⑤ 건전지, 저항의 접속 방법.

① 건전지의 접속 방법.

<직렬>

$V = V_1 + V_2$

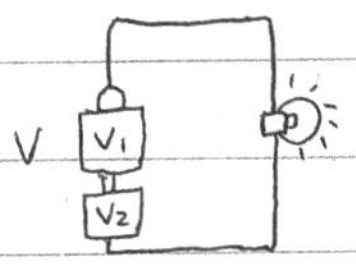

<병렬>

$V = V_1 = V_2$

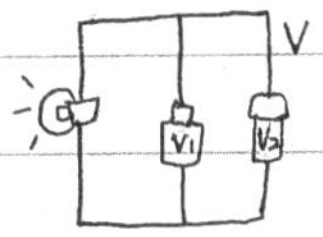

<문제>

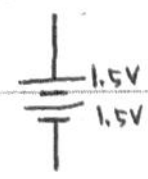

전체전압 ⇒ 3V

전체전압 ⇒ 1.5V

② 저항의 접속 방법.

<직렬>

$R = R_1 + R_2$

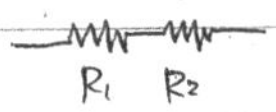

<병렬>

$\frac{1}{R} = \frac{1}{R_1} + \frac{1}{R_2}$

<문제>

① 3Ω 6Ω ⇒ 9Ω

② 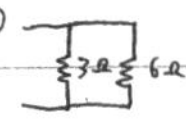

$\frac{1}{R} = \frac{1}{3} + \frac{1}{6} = \frac{2}{6} + \frac{1}{6} = \frac{3}{6} = \frac{1}{2}$ ∴ 2Ω

<문제>

① 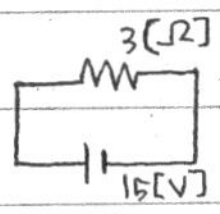

$I = \frac{V}{R} = \frac{15}{3} = 5A$

② 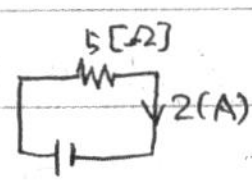

$V = IR = 2 \times 5 = 10V$

③ 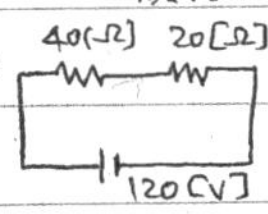

$I = \frac{V}{R} = \frac{120}{60} = 2A$

④ 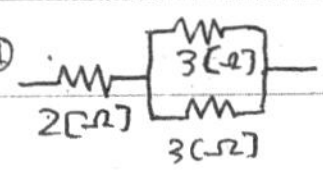

$\frac{1}{R} = \frac{1}{3} + \frac{1}{3} = \frac{2}{3}$ ∴ $\frac{3}{2}\Omega$

$R = \frac{3}{2} + \frac{4}{2} = \frac{7}{2}\Omega$

⑥ 전력.

~전기가 일을 할수 있는 능력, 단위: 와트(W)

$$P = V \times I$$

전력(W) 전압(V) 전류(A)

$P = V \cdot I = I \cdot R \cdot I = I^2R$

$P = V \cdot I = V \cdot \frac{V}{R} = \frac{V^2}{R}$

형식과 규칙을 중시해서 필기하는 모범생형(네모형) 노트필기의 예

국사

NO. DATE.

(5) 남북국 시대의 정치 변화

③ 한계 : 모든 권력의 핵심을 중앙 진골 귀족이 독점

(2) 발해

① 중앙 관제

- 왕
  - 정당성(상서성)
    - 좌사정 — 충부(이부), 인부(호부), 의부(예부)
    - 우사정 — 지부(병부), 예부(형부), 신부(공부)
  - 선조성 (문하성)
  - 중대성 (중서성)
  - 중정대(어사대)
  - 문적원 (비서성)
  - 주자감(국자감)

※ ( ) 안은 당의 관제

⇒ 당의 제도를 수용하였지만 명칭과 운영은 발해의 독자성 유지

② 지방 지배 체제

: 5경 — 전략적 요충지
15부 — 도독을 두어 지방행정 총괄
62주 — 자사 파견

촌락 → 주로 말갈인으로 구성, 촌장을 매개로 지배

③ 군사 조직 : 중앙군 (10위) ⇒ 왕궁과 수도의 경비

지방군 국경의 요충지 ⇒ 따로 독립된 부대를 두어 방어

④ 신라 말기의 정치 변동, 호족 세력의 성장에 대해 알아보자

① 국가 기강의 해이 ⇒ 호족 세력의 성장

② 6두품 출신의 유학생과 승려 ⇒ 골품제 사회 비판 ⇒ 호족과 연계해 사회개혁 추구

⑤ 후삼국은 어떻게 성립되었을까?

① 신라 말의 혼란을 틈타 독립

② 후백제(견훤) ⇒ 전라도 지방의 군사력과 호족 세력을 토대로 완산주에 도읍(900)

(장) 군사적 우위, 국제적 감각

(단) 신라에 적대적, 지나친 조세 수취, 호족 포섭 실패

③ 고려(왕건 ← 궁예) ⇒ 양길의 밑에 있다가 몰아내고 송악에 도읍(901)

도읍을 철원으로 옮기면서 국호를 마진 → 태봉으로 바꿈

9관등제 실시

(but) 지나친 조세, 죄없는 인간을 살해, 미륵신앙을 이용한 전제정치

∴ 백성과 신하들의 신망을 잃고 신하들에 의하여 축출

※ 신라 말 반신라적 요소

① 계층 : 호족, 6두품

② 사상 : 선종

도교

풍수지리사상 (도선 비기)

호족
- ① 촌주
- ② 몰락한 진골, 6두품
- ③ 군진
- ④ 초적

↓

성주, 장군

도호소 격문

※ 견훤 : 상주 지방의 호족 집안에서 태어나 신라 서남 지역에서 세력을 키웠다

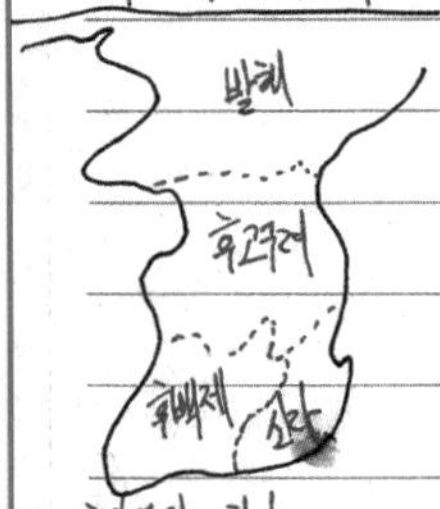

후삼국의 정립

唐(당)	5대(代) 10국 (907–960)	宋(송)

- 900 후백제
- 901 후고구려
- 916 요(거란)
- 918 고려
- 926 발해 ×
- 935 신라 ×
- 936 후백제 ×

목표를 향해 돌진하는 고집형(세모형)

목표를 정해놓고 돌진하는 목표지향적 스타일의 학생들이 있다. 이 학생들은 공부를 해야 하는 이유가 스스로 뚜렷해지면, 수단과 방법을 가리지 않고 목표를 이루어낸다. 개성과 주관이 뚜렷해서 공부를 할 때도 자기만의 스타일을 고수하는 고집형이라 노트필기에서도 그러한 습성을 드러낸다.

고집형(세모형)의 노트필기 특징

| 노트필기에 대한 동기가 뚜렷해져야 비로소 필기를 시작한다

학교 현장에서 "노트필기를 왜 해야 해요?"라고 질문하는 학생들은 대부분 이 유형의 학생들이다. 친한 친구가 노트필기를 해서 확실히 성적이 올랐다는 걸 확인하는 등, 노트필기의 효과를 스스로 확인해야 비로소 노트필기를 시작한다.

| 올바른 방법을 가르쳐줘도 자기 스타일만을 주장한다

개성이 강한 고집형이라 노트별로 가장 효율적인 필기법을 가르쳐줘도 자기만의 스타일을 고집한다. 그래서 변칙적인 방법을 많이 쓴다. 융통성 있다는 측면에서는 장점이지만, 자기 마음대로 필기해서 효과를 보지 못하면 바로 노트필기를 그만두곤 한다.

| 세부적인 내용보다 전체 흐름을 중심으로 필기한다

자기가 중요하다고 생각하는 내용만 굵직굵직하게 쓰는 경향이 있으며, 세부적인 내용보다 전체 흐름을 중심으로 필기한다. 그래서 수직적 노트필기를 선호한다. '세부적인 내용은 나중에 참고서를 보고 보충해야지'라고 마음먹지만, 잘 하지 않는다. 그래서 정작 시험공부를 할 때 노트를 보고도 자기가 정리해놓고 무슨 뜻인지 이해를 못하는 경우가 발생하는 것이다.

| 벼락치기 스타일이다

몰아서 공부하는 성향이 강해 노트필기도 시험 며칠 전에 벼락치기로 하는 편이다. 또 성격이 급해서 세부적인 계획을 세워 꾸준히 노트필기를 하는 게 아니기 때문에 학년이 올라갈수록 공부하는 데 힘이 부친다.

보완점

| 현명한 멘토가 필요하다

스스로 납득이 되기 전에는 잘못된 습관을 고치려 하지 않으므로, 다양한 노트필기를 마음껏 시도해보도록 시간을 줄 필요가 있다. 비록 시간이 오래 걸리더라도 스스로 자기만의 방식이 비효율적이라는 걸 깨달은 후에 효과적인 노트필기법을 지도해주면 곧잘 따라하므로, 현명한 멘토가 있어야 한다.

| 복습노트를 통해 꾸준한 노트필기 습관을 길러라

벼락치기 습관은 분명 잘못된 공부 방법이다. 배운 내용을 금방 잊어버리기 때문이다. 따라서 성적은 올릴 수 있으나 실력을 늘리기는 어렵다. 내신성적은 올라도 수능은 어림도 없다는 뜻이다. 그러므로 수업 후에 자신에게 맞는 노트필기법을 적용하여 꾸준하게 노트필기하는 습관을 기르는 게 급선무이다.

| 수업 후 노트를 정교하게 작성하라

세부적으로 정리하는 힘이 약하므로, 수업 후 노트를 정교하게 정리해야 한다. 물론 이들은 어떤 노트가 좋다한들 자신이 싫으면 쓰지 않는 경우가 많다. 그러므로 무선이든 유선이든 본인이 마음에 드는 걸로 선택하는 게 좋다. 다만 세부적인 내용을 정리하는 힘이 약하므로, 노트 유형에 따라 정리하는 방법을 익히고 주기적으로 반복하며 암기해야 한다. 그래야 시험에서 실수를 줄일 수 있다.

| 다양한 학습자료를 노트에 응용하라

비단 고집형뿐 아니라 노트필기를 잘 못하는 학생들은 거의 다 간편한 정리를 선호한다. 처음부터 노트필기하는 방법을 잘 모르는 학생들은 대부분 필기를 구체적으로 할 필요성을 못 느낀다. 하지만 이는 노트를 필기하는 방법을 잘 몰라서 그런 것이다. 특히 고집형들의 노트를 보면, 필기를 하다 만 것 같은 느낌이 든다. 하지만 빈약하게 필기한 노트는 나중에 공부하려고 펼쳤을 때 오히려 공부에 대한 의욕을 떨어뜨릴 수 있다. 때문에 다양한 학습자료를 참고해서 구체적으로 노트필기를 해야 한다.

| 결과 중심의 필기가 아닌 과정 중심의 필기를 하라

이 유형의 또 다른 단점은 과정을 한눈에 들어오게 정리하는 것보다 결과 중심의 정리를 한다는 것이다. 이렇게 필기를 하게 되면 나중에 복습할 때, 이 내용이 어떤 내용으로 연결되는지 몰라 다시 찾아보게 되거나 보충해야 한다. 그러므로 결과 중심으로 자신만 알아보는 노트필기보다 나중에 다시 복습할 때도 배운 내용이 서로 잘 이해될 수 있도록 과정 중심의 노트필기를 해야 한다.

자기 스타일을 강조해서 필기한 고집형(세모형) 노트필기의 예

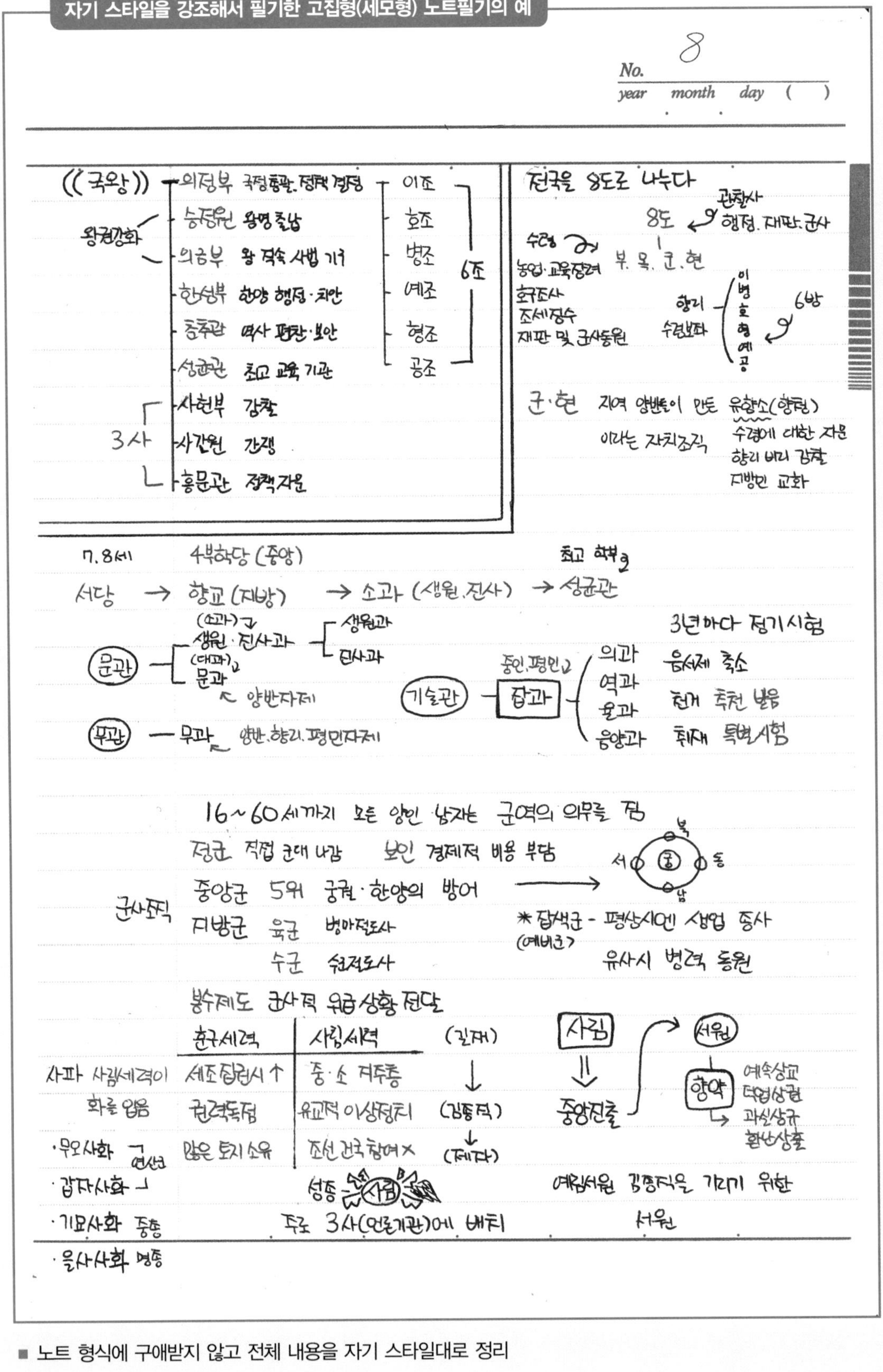

■ 노트 형식에 구애받지 않고 전체 내용을 자기 스타일대로 정리

노트 형식에 구애받지 않고 필기한 고집형(세모형) 노트필기의 예

VIII. 다양한 문화권의 형성 [2] 인도와 동남아시아의 발전

Date . .

1. 굽타왕조와 힌두문화

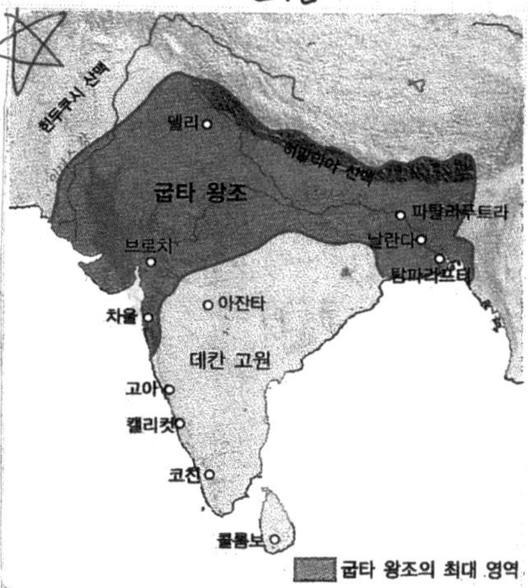

▲ 굽타 왕조

〈굽타왕조의 번영〉

- 4C초 북인도지역이 굽타왕조에 의해 통일
- 4C말 찬드라굽타 2세 때 북인도지역 대부분 차지 → 전성기
- 농업&수공업 발전
- 외국과의 활발한 교역
  - ↳ 사산왕조페르시아, 로마제국, 중국, 동남아

※ 힌두교가 널리 퍼진 원인

- 브라만교에 비해 의식절차가 간단하다.
- 경제적 부담이 적어 백성들이 쉽게 따를 수 있다.
- 굽타왕조의 후원

〈힌두의 나라에 퍼지기 시작한 이슬람교〉

- 굽타왕조 → 바르다나왕조 (급방멸망) → 소왕국 (분열)
- 8c 서북지역 침입
  - → 11c 갠지스강 유역까지 진출
  - → 13c 델리를 중심으로 최초의 이슬람왕조 세워짐.
  - → 5개의 이슬람왕조가 흥망을 거듭 (1206~1526)
  - ※ 북인도 지역
- 이슬람왕조
  - ↳ 힌두교 탄압 —(세금)→ 인정
  - 개종시 세금 면제도, 많은 하층민의 이슬람교 개종

〈힌두문화가 꽃피다〉

- 힌두교 성립
  - ↳ 브라만교 + 불교 + 민간신앙
  - 카스트에 따른 의무수행 중시 → 카스트제도 강화
- 왕권강화 위해 힌두교 후원
- 미술 → 굽타양식 발달 ex) 아잔타 석굴사원 불상&벽화
- 문학 → 입으로만 전해지던 신화&이야기가 산스크리트어로 기록 ex) 인도 2대 서사시 - 라마야나, 마하바라타 / 희곡 - 사쿤탈라
- 수학 → 영(0)의 개념 발견, 10진법 사용, 원주율 계산
- 천문학 → 지구둘레 계산, 지구자전&월식의 원리 인식
  - (수학·천문학) ― 유럽의 과학발전에 영향을 끼침.
- 의학 발달

〈굽타왕조〉	〈힌두문화〉	〈이슬람문화〉
• 성립 : 4C초 북인도 재통일	• 힌두교 : 브라만교 + 불교 + 민간신앙	• 8c초 인도서북지방에서 침입
• 특징	• 미술	→ 13c초 델리중심으로
: 인도 고유문화 발달, 고전문화 황금기	: 굽타양식 발달 → 인도고유의 예술	이슬람왕조 성립.
• 번영	ex) 아잔타석굴사원 → 인도인의 모습(조각&회화)	→ 16c 무굴제국 성립.
: 100년 넘게 인도북부지역 지배, 훈족의 침입방어,	• 문학	• 이슬람교의 확산
농업&수공업 발달, 외국과의 활발한 교역	: 산스크리트어 → 라마야나, 마하바라타, 사쿤탈라	↳ 세금만 내면 피정복민 관습,
	• 수학 : zero(0)의 개념발견, 원주율계산, 10진법	신앙 인정 (평등사상)
	• 천문학 : 지구둘레 계산, 지구자전&월식 원리	↳ 개종시 세금감면 → 하층민의 개종

■ 일정한 틀(형식)을 갖춰서 내용을 정리했지만 자기만의 형식을 고집해서 필기했다.

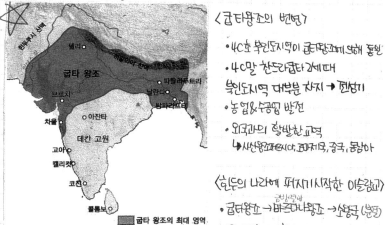

노트순서를 구분해서 필기한 고집형(세모형) 노트필기의 예

〈위·진 남북조 시대의 사회와 문화〉

1. 관리등용 : 위 9품 중정제 (추천을 통한 등용)
   → 지방호족이 관직독점, 세습 → 문벌귀족성장 → 왕권의 약화

2. 화북지방 : 한족의 제도, 문물 적극수용

3. 현실도피풍조 : 죽림7현 → 맑은 얘기(도)
   (1) 노장사상 & 청담사상 유행, 도교성립 → 도가사상(신선사상)
       도연명 - 시, 왕희지 - 글씨, 고개지 - 그림
   (2) 불교의 보급 : 왕권강화 및 백성을 위해서
       유적지 - 윈강 & 룽먼석굴
       → 고구려, 백제에 영향

〈수·당 제국의 건설〉

수 ↓ 진대비상

양견(문제)이 남북조 통일(589년)		
중앙집권 정책	문제	과거제, 토지제도, 군사제도정비 / ★고구려 원정 실패 → 원인
	양제	대운하 건설, 고구려 원정
대규모 토목공사, 고구려 원정실패 → 농민봉기로 멸망 (황건적의난)		

당 ↓ 전성기 : 태종, 현종

이연(고조)이 수를 멸망 시키고 장안에 도읍을 정함(618)				
태종	강력한 중앙집권, 3성6부제, 율령제와 과거제 정비, 대외원정(돌궐)			
		전	후	
안·사의난(755) 이후의 제도변화	토지제도	균전제	장원제(영주, 소작농 등장)	절도사 세력의 난립
	군사제도	부병제	모병제(직업군인등장, 농사X-직업군인)	
	세금제도	조용조	양세법(1년에 2번 여름-토지 겨울-인구 세금걷음)	
지배층의 대토지소유 절도사 난립 → 황소의난 → 10C초 멸망(907) → 5대10국				

황소의난 → 사람, 소금장수

〈당의 통치제도〉 → 율령체제 정비

1. 3성6부제 : 중서성(정책기초), 문하성(정책심의), 상서성(정책집행) - 3성
   → 이부, 호부, 예부, 병부, 형부, 공부 - 6부
2. 토지제도 : 균전제(성인남자에게 일정한 토지를 분배) → 자영농민의 육성을 위해
3. 조세제도 : 조용조 → 조(토지세금-곡물), 용(노동력), 조(직물) → 특산물 ...비단
4. 군사제도 : 부병제(농한기-군사훈련, 전쟁시 출전) → 농사를 안짓는시기
   → 자영농민 육성, 농병일치제 (but 안·사의난 이후 변화) → 평소에는 농민, 전쟁시 병사
5. 과거제 : 수의 과거제 계승, 유교경전 시험
   ※ 외래종교 : 조로아스터교, 경교, 이슬람교, 마니교 전래

〈당의 문물교류〉

- 비단길을 통해 서역의 유리, 보석, 향신료 전래
- 중국비단, 도자기, 금은 전파
- 동아시아 문화권 이끌어 → 유교, 불교, 한자, 율령

〈당 문화의 성격〉

- 국제적, 귀족적 문화 → 당삼채(이슬람영향)
- 유학의 발달(유교경전해석의 통일)
- 율령정비
- 시인 - 이백, 두보

■ 순서나 기호를 체계적으로 정리하고 내용의 비교 대조를 적절히 이용해서 정리했다.

예쁘고 화려한 것을 좋아하는 꾸미기형(동그라미형)

매사에 느긋한 성격으로 시간 관리를 잘 못하는 유형의 학생들이 있다. 이들은 부모가 잔소리를 해도 한 귀로 듣고 한 귀로 흘려버릴 뿐 아니라 공부 때문에 스트레스를 많이 받으면서도 공부 습관을 고치려고 하지 않는다.

평상시 학교 공부보다 학교 생활이 재미있고 사람 좋다는 말을 가장 많이 듣는 유형의 학생들이기도 하다. 이들은 남에게 보이는 부분을 의식하고 칭찬받는 걸 선호하다보니 남에게 보이기 위한 노트 정리를 한다. 또 맘에 드는 교과목이나 좋아하는 선생님의 학습 내용을 선호하는 경향이 강하다.

정서 조절 능력이 약해 공부 방법이나 내용보다 외부환경을 더 많이 의식한다. 그러다보니 노트의 형식적인 부분에 치우치는 경향이 강하다.

꾸미기형(동그라미형)의 노트필기 특징

| 노트를 화려하게 꾸미는 것을 좋아한다

색색의 필기구와 필기구 브랜드 등에 집착하는 성향이 짙다. 그래서 다양한 색깔의 펜을 활용해 노트필기를 한다. 스스로 보기 위한 노트가 아닌, 남에게 보여주고 인정받기 위한 노트필기를 하는 셈이다.

| 노트에 표나 그래프, 사진 등을 붙이는 것을 좋아한다

노트를 화려하게 꾸미는 걸 좋아하는 탓에 표, 그래프, 사진 등 주변 자료들을 붙이는 걸 좋아한다. 노트 형식 역시 수직적 노트필기와 복습형 노트필기, 유선, 무선노트를 두루두루 선호한다.

| 노트필기 속도가 느리다

그날 배운 한 과목의 노트필기를 하는 데 반나절이 걸린다고 해도 과언이 아닐 만큼 노트필기 속도가 느리다. 노트를 꾸미는 데 정성을 들이기 때문이기도 하지만, 무엇을 적어야 할지 몰라 헤매기 때문이다. 노트필기의 방법적인 면을 가장 필요로 하는 유형이다.

| 핵심 파악을 잘 못한다

핵심 내용이 무엇이고, 이해할 내용, 암기할 내용을 구분하는 능력이 부족하다. 그래서 노트필기하는 데 시간이 많이 걸릴 뿐 아니라, 정작 중요한 내용을 빠뜨려 필기를 해놓고도 시험에서 점수가 안 나오는 경우가 많다. 이들은 자신이 생각할 때 중요한 내용이라고 여기는 것을 필기하지만, 실제로는 중심 내용인지 잘 모르고 필기를 하는 것이다. 그러므로 중요한 내용과 필기해야 할 내용에서 암기해야 할 내용을 정확히 알고, 구분해서 정리할 필요가 있다.

| 노트필기 내용이 엉성하다

노트필기 방법과 구조를 잘 몰라 노트필기 내용이 엉성하다. 스스로 열심히 작성했다고 하지만, 막상 검토해보면 중요한 내용들이 많이 빠져 있다. 노트필기 이전에 세워야 할 치밀한 계획 능력 등이 떨어지기 때문이다.

보완점

| 학습 전략 중 특히 교과서 읽기 전략을 익혀 수업 전 노트를 작성하라

핵심 내용을 제대로 적지 못하는 이유는 교과서 읽기 전략이 부족하기 때문이다. 교과서를 읽으면서 핵심어를 파악하고, 외워야 할 내용과 암기할 내용을 구분하는 힘을 기르는 등 전반적인 학습능력을 길러야 한다. 그러기 위해서는 무선노트나 유선노트를 활용해 수업 전 노트를 작성해야 한다.

| 꾸미는 시간을 줄이고 내용 정리에 집중하라

노트를 화려하게 꾸미는 데 공을 들이는 건 시간낭비다. 게다가 그렇게 화려하게 꾸미면, 오히려 핵심 내용이 눈에 잘 안 들어온다. 삼색펜을 정하고 각각의 펜 색깔에 따라 쓰는 용도를 확실하게 알 필요가 있다. 필요에 따라서는 여러 색상을 사용할 수 있으나 최소한 다섯 가지 색을 넘지 않는 범위에서 필기를 하도록 한다.

| 노트를 활용하라

이 유형들은 노트를 잘 꾸며놓은 뒤에는 노트를 서랍 속에 고이 잠재워둔다. 노트필기를 했으면, 주기적으로 반복해서 암기해야 한다. 그렇지 않으면 내용들을 금세 잊어버리기 때문이다. 시험 전까지 활용하는 게 노트필기의 목적임을 잊어서는 안 된다.

너무 화려하게 필기해서 눈에 들어오지 않는 꾸미기형(동그라미형) 노트필기의 예

No.
year month day ( )

포스터 디자인

조건
- 눈에 잘 띄며 강한 인상
- 문구·그림 단순하게
- 바탕·색채·화면 구성이 조화

포스터의 종류

계몽 포스터
자연보호, 분리수거
교통질서

문화 포스터
미술전람회, 영화
연극, 음악회

관광 포스터
관광안내 포스터

상업 포스터
상품, 기업의 홍보

인체 부위에 따른 명칭

마스크 얼굴만
두상 목 위 얼굴·머리
흉상 가슴 윗부분만
반신상 몸의 반 〈상반신상·하반신상〉
토르소 몸체만 〈머리, 팔, 다리 ×〉
전신상 전체 ∴ 찰흙 부조 석고형 뜨기

형태의 분류

환조 완전한 입체. 사방에서 감상
부조 한쪽 면에서만 감상가능. 반입체
음조 바탕보다 낮게 파들어가 표현
투조 필요한 형태만을 남기고 여백을 파내 표현

조각·소조 · 찰흙 원형 제작 - 둑 쌓기 - 외형석고액 바르기 - 찰흙 제거하기 - 이탈제 바르기 - 내형 석고액 붓기 - 외형석고액 깨기 - 완성

조각 덩어리로 된 재료를 깎아서 표현
종류 목조, 석조, 석고 덩어리, 비누, 뼈
용구 목조 (나무: 톱, 끌, 나무망치) 석조 (돌: 정, 쇠망치) 〈아조〉

소조 반복 가능 무른 재료를 붙여 표현
종류 찰흙 소조, 석고 직접 붙이기, 종이죽, 지점토, 시멘트, 청동 - 브론즈
용구 찰흙 주걱, 뼈대, 철사, 노끈, 고무 그릇, 회전판, 부조판

소조의 주걱·용구

삼각주걱 (자름 주걱)

찰흙 자를 때, 나눌 때, 두드릴 때 선 그을때

빗주걱

표면에 자국낼 때

숟주걱

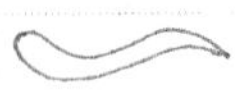

다듬을 때, 선 그을 때 구멍 낼 때

도련주걱

찰흙 긁어 낼 때, 도려낼 때

디자인의 조건

(1) 직접조건
- 실용성 생활에 쓸모가 있어 실제 사용할 수 있어야함
- 기능성 제품 기능이 뛰어나 편리하게 활용할 수 있어야 함
- 심미성 보기에 아름다워 친근감을 주어야 함
- 경제성 사용 목적과 용도에 맞는 저렴한 가격
- 생산성 최소한 공정으로 대량 생산 가능

색의 3요소

- 색상 다른 색과 구별되는 색의 성질
- 명도 색의 밝고 어두운 정도 (0~10) 11단계
- 채도 색의 맑고 탁한 정도 (1~14) 14단계

그림과 내용을 꼼꼼하게 그려넣은 꾸미기형(동그라미형) 노트필기의 예

No.
year . month . day ( )

밑위 박음질하기 ①한 쪽 겉이 나오게 뒤집은 후 서로 맞닿게 합치고 밑위선을 맞추어 시침핀
②밑위 완성선을 따라 박음질 ③ 시침핀 제거 후 솔기를 가름솔로 다린다

밑단하기 ① 밑단 시접분을 1cm 접어 다리미로 다려준다
② 다시 밑단 시접분 3cm 접어 고정이 잘될 수 있게 눌러 다린다
③ 밑단을 접어 올라간 끝 부분에서 0.3cm 정도 안으로 박음질

허리단 박음질하기 ① 허리 시접분을 1cm 접어 다림 ② 다시 4cm 접어 다린다
③ 안단선 끝에서 0.3cm 정도 안으로 들어가 고무줄 넣을 구멍 4~5cm 남기고 박음질

고무줄넣기·끝손질하기 ① 자른 고무줄 한쪽에 안전핀을 꽂고 구멍에 넣음
② 고무줄 끝을 다른 끝과 2cm 겹쳐지게 하여 사각형 모양으로 박음질
③ 구멍 막고 (박음질, 감침질, 공그르기) 끝손질 후, 다림

신체 이용 통신 신체 일부 이용, 기술의 한 부분X ex) 목소리, 수신호
그래픽 이용 통신 정보를 문자·그림으로 전달 ex) 책, 사진, 프린트 자료, 그림 ※ 오랜 시간 지나도 보존
웨이브 이용 통신 에너지원을 이용해 정보 주고 받음. 소리, 빛, 전기, 전파 → 형태로 변환되어 전달 방대한 정보 작은 공간 저장 가능
↳ ex) 레이저, 폰 TV, 인터넷

정보통신형태 ↓

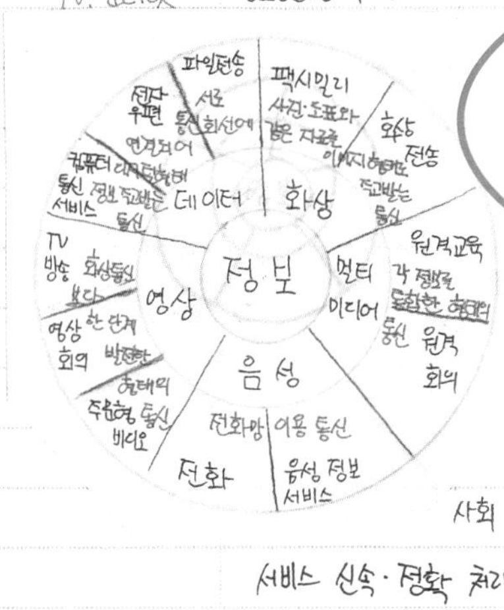

정보통신 발달 과정

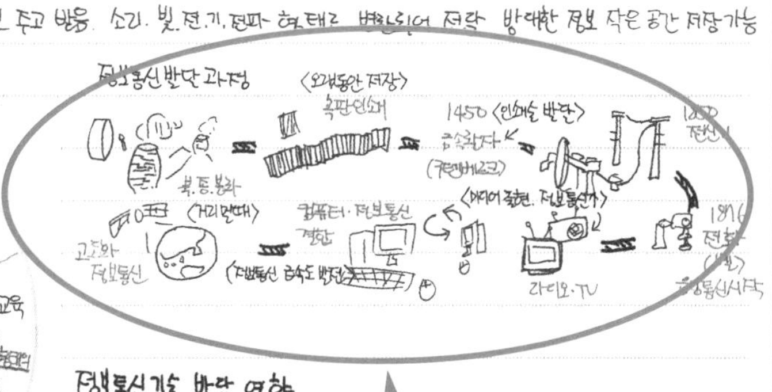

정보통신기술 발달 영향
가정 인터넷으로 사람 만나고 온라인 학습, 뉴스 시청 등 다양한 정보 검색 가능
온라인으로 제품·서비스 구매 가능
사회 재택근무, 장애인 일할 기회 증가, 행정 전산망이 구축되어 각종 민원서류
서비스 신속·정확 처리 가능. 문화 정보 원하는 시간에 받을 수 있음
자동항법장치 이용 네비게이션. 원격 진단 서비스·의료 정보 공유 의료 질↑
자동 통역·번역으로 세계 각국 문화·예술 접할 수 있게 됨
산업 생산성·품질↑ 노동력 절감

그림까지 꼼꼼하게 그려 필기하는 동그라미형

감성적이고 창의적인 자유분방형(별형)

감성적이고 창의적이라 예체능에 가장 두각을 보이는 학생들이다. 요즘 학생들의 유형을 살펴보면, 갈수록 이런 유형의 학생들이 많아지고 있다. 아마도 대중문화에 익숙해질 수밖에 없는 환경 탓일 것이다. 원리와 원칙, 규범 등을 꺼려하는 이들은 자유분방한 스타일이다. 그래서 이들의 노트필기 역시 자유분방하고 지속력이 없다. 머리가 나쁘다기보다 노력이 부족한 탓에 늘 미완성 과제 때문에 고민하는 유형이다. 그리고 외부 환경을 조절하는 능력이 떨어지고 뚜렷한 목표와 목적의식이 부족해, 여러 가지 학습면에서 어려움을 겪는다.

자유분방형(별형)의 노트필기 특징

| 마인드맵 노트필기를 선호한다

체계적인 것이나 틀이 있는 것을 싫어해 주로 무선노트를 선호한다. 그중에서 관련 내용을 연결지어 방사 형태로 필기하는 마인드맵 필기를 좋아한다. 기호나 번호보다 색깔이나 이미지를 선호하며, 글씨 크기도 들쑥날쑥하고 도형 모양도 자유롭게 변형시키는 등 노트필기에서도 개성이 드러난다.

| 세부적인 중요 사항을 잘 놓친다

주의가 산만하고 세모형처럼 자기중심적인 필기를 하는 경향이 강하다. 그래서 정작 중요한 내용이 아닌, 자기가 중요하다고 생각하는 내용 위주로 필기하기 때문에 세부적으로 진짜 중요한 내용을 잘 놓친다. 이렇게 주관적인 필기를 하다보니 정작 자기가 써놓고도 무슨 내용인지 정확히 모를 때가 많다.

| 기존 학습 자료에 의존한다

노트필기 자체를 그다지 좋아하지 않는 이들은 기존 학습 자료에 의존하며 암기할 부분만 간략하게 필기를 한다. 노트필기란 자신이 공부한 내용을 체계적으로 채워나가는 것인데, 그런 정리가 안 되기 때문에 정작 시험에서 노트필기가 거의 도움이 되지 못한다.

| 노트필기를 했다 안 했다, 불규칙적으로 한다

감정기복이 심한 탓에 공부할 맘이 생기면 노트필기를 했다가, 또 금세 싫증이 나면 안 했다가를 반복한다. 뿐만 아니라 노트필기 방식도 수시로 바꾼다. 한 가지 방법을 시도했다가 마음에 안 들면 금방 다른 방법으로 갈아타는 것이다.

| 좋아하는 과목, 싫어하는 과목의 점수 격차가 크다

좋다, 싫다가 뚜렷해서 좋아하는 과목은 아주 잘하지만, 싫어하는 과목은 최악의 점수를 기록한다. 끈기가 없고 산만한 탓에 싫어하는 과목은 집중도 잘 못하고, 오래 붙잡고 있지 못한다. 과목에 대한 선호도가 분명하며 주로 암기과목과 예체능과목을 좋아하는 편이다.

보완점

| 주기적으로 노트필기를 할 시간을 정한다

주기적으로 시간을 정해서 노트필기를 꾸준히 해야 한다. 수업 중 노트를 꾸준히 작성하고, 수업이 끝난 후에도 하루에 몇 시간은 노트필기 정리시간으로 정해, 매일 조금씩이라도 노트필기하는 시간을 갖도록 해야 한다.

| 수직 노트필기와 수평 노트필기의 장점을 활용하라

자신이 좋아하는 세부적인 내용을 잘 빠뜨리는 경향이 있다. 따라서 기록한 내용의 전체 흐름과 핵심어와 관련된 세부 내용을 꼼꼼히 정리하는 위브노트의 장점을 이용하면 좋다. 또한 글 속의 인과관계를 파악하는 과정에서 포착되는 것을 기록하는 형태의 필기 방법을 응용할 필요도 있다.

노트의 형태는 자유로운 무선노트를 이용해도 되나, 형식은 꼼꼼한 유선노트의 장점을 따서 필기할 때 노트필기의 효과를 볼 수 있다. 그러므로 수직적인 노트필기를 통해 내용의 흐름을 정확히 파악하여 정리한 후, 이해할 내용과 암기할 내용을 구분해서 정리하도록 하자. 시험기간에 암기할 내용은 재정리를 해서 나중에 활용하는 것도 좋은 방법이 될 수 있다.

| 싫어하는 과목도 끈기를 가지고 노트필기하라

싫어하는 과목도 점수를 끌어올려야 성적을 높일 수 있다. 자유분방한 학생들이 특히 싫어하는 과목은 수학, 과학 같은 과목이다. 이런 과목들을 너무 어렵게만 생각하지 말고, T형노트를 활용해 문제를 풀 때 필요한 개념과 공식들을 순차적으로 적어보는 연습을 해보자.

감성적이고 창의적인 자유분방형(별형)의 노트필기의 예 ①

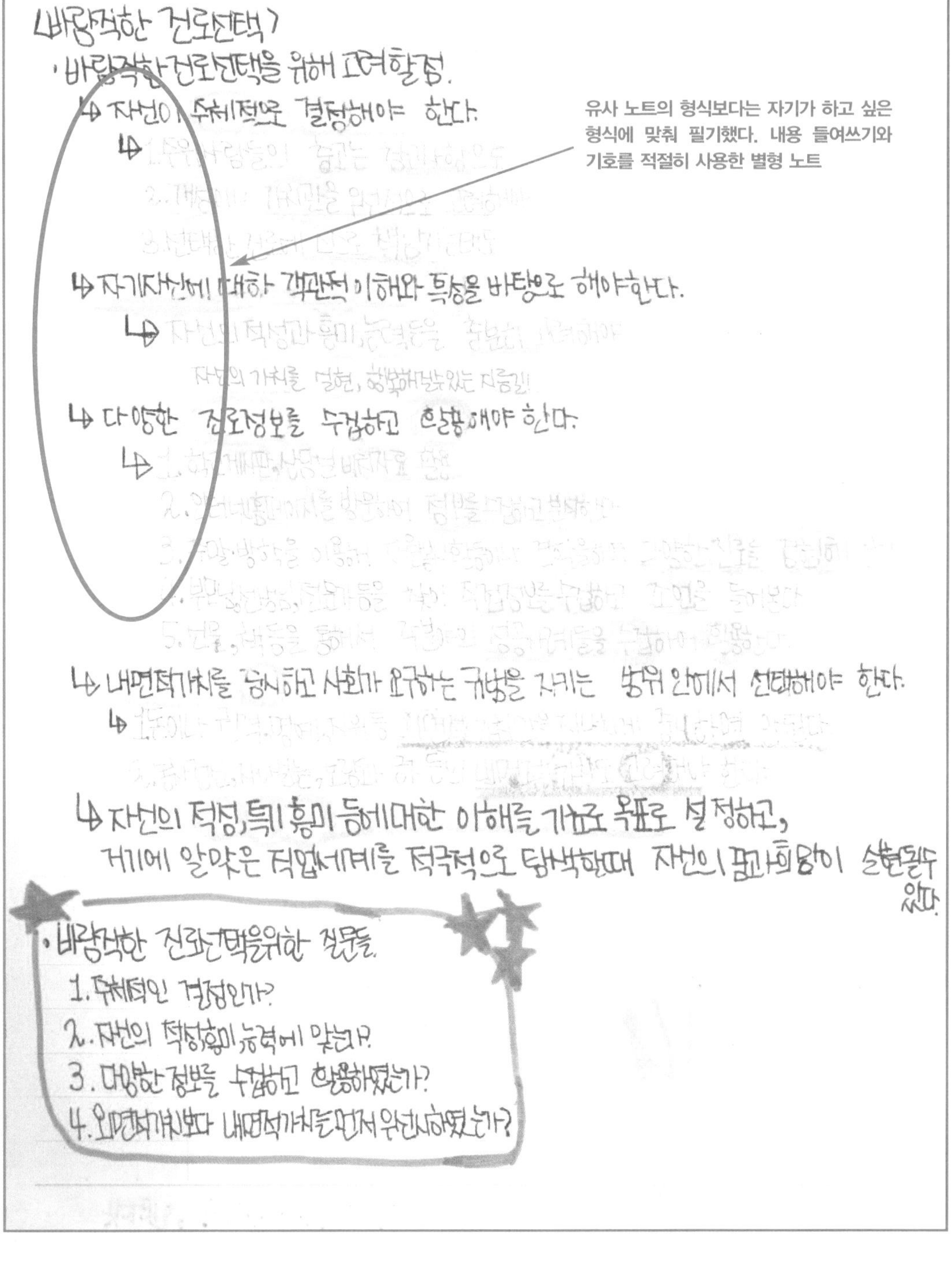

<바람직한 진로선택>
· 바람직한 진로선택을 위해 고려할점.
↳ 자신이 주체적으로 결정해야 한다.
↳ 자기자신에 대한 객관적 이해와 특성을 바탕으로 해야한다.
자신의 가치를 실현, 행복해질수있는 지름길!
↳ 다양한 진로정보를 수집하고 활용해야 한다.
↳ 내면적가치를 중시하고 사회가 요구하는 규범을 지키는 범위 안에서 선택해야 한다.
↳ 자신의 적성, 특기 흥미 등에대한 이해를 기초로 목표로 설정하고, 거기에 알맞은 직업세계를 적극적으로 탐색할때 자신의 꿈과 희망이 실현될수 있다.
· 바람직한 진로선택을위한 질문들.
1. 주체적인 결정인가?
2. 자신의 적성흥미, 능력에 맞는가?
3. 다양한 정보를 수집하고 활용하였는가?
4. 외면적가치보다 내면적가치를 먼저 우선시하였는가?

유사 노트의 형식보다는 자기가 하고 싶은 형식에 맞춰 필기했다. 내용 들여쓰기와 기호를 적절히 사용한 별형 노트

감성적이고 창의적인 자유분방형(별형)의 노트필기의 예 ②

No.
year month day ( )

기계의 구성 요소

동력을 받아들이는 부분 〈페달〉

동력을 전환하거나 전달하는 부분 〈크랭크축, 큰·작은 스프로킷, 체인, 허브〉

유효한 일을 하는 부분 〈바퀴, 핸들, 브레이크〉

전체 지지 〈파이프, 앞포크, 뒤포크〉

발 - 페달 - 크랭크 - 크랭크축 - 큰 스프로킷 - 체인 - 작은스프로킷

브레이크 - 레버·와이어 / 앞 브레이크 / 뒤 브레이크

생애설계 - 개인이 일생 동안 어떻게 살아갈 것인가에 대해 생애 전체를 계획하는 것.

개인이 일생동안 영·유아기, 아동기, 청소년기, 성년기, 중년기, 노년기를 거치는 현상.

가정형성기 | 가정확대기 | 가정축소기 | 가정해체기

생활주기

신생아기 - 영·유아기 - 아동기 - 청소년기 - 성년기 - 중년기 - 노년기

가족생활주기 - 가족의 변화 과정

막자녀 연령, 결혼 지속 연수, 결혼상태, 자녀 유무·연령, 가구주 연령 등 기준

결혼연령, 자녀 출산시기, 자녀 수, 수명 등 차이에 따라 달라짐

최근엔 수명의 연장과 자녀 수의 감소로 중년기·노년기가 길어짐

결혼~첫자녀 출산전 — 새로운 가정 형성

〈가족형성기〉

신혼기 — 가정생활 기본 방침 결정, 부부의 성격 및 습관에 적응하는 노력 필요. 부부 간의 가치관과 목표의 조화, 자녀 출산 계획, 장기적인 경제 계획

첫자녀 출산~첫자녀 초등입학

자녀 출산 및 양육기 — 가사노동 역할 분담 재조정, 자녀 교육·주택 마련을 위한 경제 계획을 중심으로 생애설계. 자녀 양육가능 환경과 여건 마련

〈가족확대기〉

첫 자녀 초등교육 시기

자녀 초등 교육기 — 부모의 애정·관심 중요. 교육 방식 일관되게 유지. 자녀의 사회화를 돕고 자녀·부모 사이에 조화로운 관계 형성

자녀 중·고등 교육기 — 자녀는 정신적 독립성을 키워나가게 됨. 신뢰감 있는 관계유지. 경제적 문제들에 대한 계획과 실천이 중요. 노후준비

자녀 자아정체성 확립, 2차성징 — 긍정적인 자아정체성 형성 및 올바른 진로 선택에 도움

기호나 숫자 구분 없이 자신이 편리하게 필기한 별형 노트

노트필기
체크리스트

나의 노트필기 스타일은?

다음은 자신의 노트필기 유형을 알아보는 질문 항목이다. 각 질문을 읽고 해당 내용에 자신이 그렇다고 생각하면 (○), 아니라고 생각하면 (×) 표를 한다.

① 나는 노트를 자세히 기록하기보다 핵심적인 내용만 필기한다. ☐
② 관련 자료를 순서대로 기록한다. ☐
③ 기호나 약어를 주로 사용하여 필기한다. ☐
④ 때때로 노트에 기록하는 내용이 완벽해야 마음이 편하다. ☐
⑤ 노트에 필기하기보다 머릿속으로 정리하는 게 더 편하다. ☐
⑥ 나만의 노트필기 방식을 선호하는 편이다. ☐
⑦ 노트하는 목적을 분명히 정하고 하는 편이다. ☐
⑧ 노트필기를 주로 기억을 위한 자료로 활용하는 편이다. ☐
⑨ 노트필기를 할 때 다양한 색깔보다 단색이 더 편하다. ☐
⑩ 노트필기한 자료를 한 곳에 모아놓기 어렵다. ☐
⑪ 나는 중요한 내용을 노트에 옮겨 적을 때 공부 내용보다 필기 자체에 더 초점이 맞춰지는 편이다. ☐
⑫ 노트필기만 하고 노트 내용은 잘 보지 않는다. ☐
⑬ 나는 대체로 좋아하는 과목만 필기를 하는 편이다. ☐
⑭ 나는 노트필기를 할 때 시간이 많이 걸린다. ☐
⑮ 나는 노트필기를 할 때 다양한 색깔을 사용하여 예쁘게 구성하는 편이다. ☐
⑯ 노트를 형식에 얽매이지 않고 자유롭게 필기하는 것을 좋아한다. ☐
⑰ 나는 나만 알아보게 노트필기를 하는 편이다. ☐
⑱ 기분에 따라 노트필기를 하는 편이어서 일관성이 떨어진다. ☐
⑲ 나는 다양한 학습자료를 모아서 정리하기보다 잘 요약한 한 가지 학습자료로 정리하는 것을 좋아한다. ☐
⑳ 노트를 자주 바꾸어서 필기를 하거나 끝까지 필기해본 적이 드물다. ☐

평가 결과

1～5번이 많으면 모범생형(네모형), 6～10번이 많으면 고집형(세모형), 11～15번이 많으면 꾸미기형(동그라미형), 16～20번이 많으면 자유분방형(별형) 노트필기 스타일이다.

11

수업 전, 중, 후 노트필기가 다르다

노트필기 방법은 예습을 위한 수업 전 노트와 수업 중 노트, 혼자서 공부할 때의 복습 노트필기 방법이 달라야 한다.

예습형 노트인 수업 전 노트와 수업 중 노트는 노트필기를 통해 각각 교과서 내용을 이해하고, 수업시간에 집중력을 높이며 수업 내용을 다시 한 번 체크하는 단계를 거치는 게 중요하다. 즉 학습 내용에 대한 이해, 집중, 그리고 암기 세 가지를 적극적으로 하기 위함이다.

그런가 하면 복습형 노트인 수업 후 노트필기의 목적은 배운 것을 완전히 자신의 것으로 소화하는 과정이므로, 무엇보다 혼자서 공부하는 데 도움이 되는 환경을 만들어야 한다. 따라서 공부를 위한 준비하기, 노트필기에 필요한 자료 모으기, 그리고 노트필기 자료를 본격적으로 만드는 순으로 진행된다. 수업 후 노트필기야말로 진짜 나만의 시험 자료를 만드는 구체적인 작업인 것이다.

이해력을 높여주는 수업 전 노트필기(예습노트)

스스로 교과서를 이해하는 능력이 부족하다고 생각된다면, 수업 전 노트에 충실해보자. 보통 학생들이 예습을 잘 안 하는 경향이 있다. 모르는 내용을 미리 공부하는 건 시간이 많이 걸린다는 이유에서다. 하지만 수업 전 노트를 작성하면, 교과서 내용을 제대로 이해할 수 있을 뿐 아니라 수업 중에 집중력이 높아져 수업 내용이 훨씬 머리에 잘 들어온다, 결국 이로 인해 공부의 연쇄효과가 확실히 생긴다는 점을 알아야 한다.

| 읽기 전략을 알아야 한다

수업 전 노트를 작성하기 위해서는 교과서를 읽는 방법을 정확히 알아야 한다. 즉 교과서에서 핵심어와 세부 내용을 구분해낼 줄 알아야 한다는 뜻이다. 그래서 수업 전 노트를 작성할 때는 60~80%의 이해력이 요구된다. 읽기 전략을 통해 교과서 내용을 제대로 읽을 수 없다면, 수업 전 노트의 효과는 사실상 전혀 없다.

| 꼼꼼하게 정리하지 않아도 좋다

수업 전 노트를 완벽하게 만들 필요는 없다. 어차피 수업 중 노트를 통해 노트의 완성도가 더 높아질 것이기 때문이다. 단지 이를 통해 미리 배울 내용에 대해 이해한 후, 수업할 내용의 방향을 잘 잡을 수 있으면 충분하다.

| 노트의 형태에 신경 쓰지 마라

노트의 형태에 크게 구애받지 않아도 된다. 핵심어와 세부 내용을 일목요연하게 정리할 수 있는 코넬노트가 효과적이지만, 무선노트를 사용해도 된다. 대신 수업 중 노트와 함께 사용하려면, 여백을 많이 두고 띄엄띄엄 쓰는 게 좋다.

| 필기도구를 다양하게 갖출 필요는 없다

선생님 말을 경청하면서 필기를 해야 하므로, 사실상 수업시간에 볼펜 색을 다양하게 바꿔가면서 필기를 할 수가 없기 때문이다. 또 범위 역시 어디까지 진도를 나가게 될지 알 수 없으므로 계획을 세울 수가 없다. 다만 진도 양을 예측해볼 수는 있겠다.

수업 전 노트필기 시 체크포인트

| 자유롭게 필기할 노트를 선택하라

수업 전, 수업 중 노트를 동일한 것으로 사용할 것인지, 분리할 것인지 미리 선택해야 한다. 수업 전 노트는 무선이든 유선이든 상관없다. 수업 중 노트도 마찬가지다. 편한 걸로 선택하면 된다. 다만 나중에 복습자료로 활용하려면, 나중에 복습노트를 어떤 형태로 할 것인지 염두에 두고 필기를 시작하는 게 좋다.

| 방해물을 제거하라

수업 시작 전에는 옆 친구가 장난을 걸면 공부에 집중하지 못하므로 미리 양해를 구해두자. 그리고 지금은 학교마다 수업시간에 휴대폰 사용을 금지하고 있지만, 만약 그렇지 못하다면 수업 중에 휴대전화가 울리지 않도록 미리 전화기를 꺼두거나 아예 학교에 가져가지 않는 게 좋다.

| 노트필기를 위한 준비물을 챙기고 경청할 준비를 하라

수업시간에 집중하기 위한 준비를 한다. 선생님 말이 잘 다가오지 않더라도, 마음을 열고 들을 준비를 한다. 경청은 수업의 중요한 부분이고, 경청한 내용을 적는 일은 더 중요한 부분이다. 그러므로 선생님의 말을 집중해서 들을 수 있도록 앞자리에 앉는 게 좋다. 듣고 기록하는 부분이 약한 학생들은 칠판에 적힌 내용 말고, 선생님이 설명한 내용을 위주로 필기하는 연습을 해보자.

Tip

공부 시간을 30분 넘기기가 힘들다면?

주의력이 약한 학생일수록, 30분 이상 한 자리에 앉아 있기가 힘들 것이다. 설령 그 이상을 앉아 있는다 해도 공부에 집중하는 게 아니라 딴짓을 한다. 공부는 학습과 다르다. 학습은 지식을 전달받도록 주어진 환경 속에 있기 때문에, 가끔 딴 생각을 하더라도 그때그때 지식을 전달받을 수 있다. 수동적인 자세만으로도 어느 정도 흡수되는 게 있는 셈이다. 하지만 이것은 진짜 공부는 아니다. 공부는 전적으로 스스로 몰입하는 상태를 말한다. 그러므로 집중과 딴 생각의 반복이 허용되지 않는다. 한번 흐름을 놓치면 그만큼 정보를 유기적으로 받아들이지 못하기 때문이다. 그러므로 스스로 주의력이 약하다고 생각된다면 분산학습을 해야 한다. 짧은 시간 동안 몰입하되, 자주 공부하는 방법을 써보자. 예를 들면 25분 공부하고 5분 휴식 취하기를 반복해서 4시간을 채우는 것이다. 25분만 집중하면 된다는 생각을 하면, 심적 부담감도 덜어지므로 바짝 몰입할 수 있을 것이다. 그렇게 5분 동안은 확실히 쉬고, 다시 처음 마음가짐으로 돌아가 25분간 집중하기를 반복하면 된다.

수업시간에 교과서 핵심 내용만 간편히 정리한 수업 전 노트의 예

2. 정치 권력은 무엇을 근거로 누가 행사할까? Date. / / No.

소주제와 세부내용을 구분해서 정리

정치권력의 의미

① 국가기관이 정치적 기능을 수행하기 위해 행사하는 힘을 (정치권력)

② 강제력을 독점적으로 행사

③ 매우 포괄적 이고 또한 권력을 가진사람이 바뀌어도 (정치권력) 지속적으로 존재

정치권력의 원천과 주체 변화

① 신의계시 · 초인적 능력 · 전통 을 근거로 왕의권력은 신으로 부터 부여받았다 왕권신수설을근거로 정치 권력은 정당화 하였다

② 주권은 국민에게 있고 권력은 국민으로 부터 나온다 라는 (국민주권설) 이 있고 국가의 정치권력은 국민의 동의와 지지 를바탕으로 한다.

정치 권력의 근거와 주체의 변화과정

고대 -> 근대이전 -> 근대 이후

교과서의 내용을 순서와 기호로 정리한 수업 전 노트의 예

사회

NO. DATE.

3 로마의 발전과 그 문화.

(1) 작은도시 국가로마, 공화정을 세우다

가. 공화정의 탄생

ㄱ. 기원전 6세기 로마인들은 왕을몰아냄

↳ 왕정 → 공화정

나. 정치문화

ㄱ. 귀족들이 원로원을 구성

↳ 집정관 2명을 뽑아 나라를 다스림

ㄴ. 평민들이 평민회 구성

→ 귀족정치에 대항하여 평민회 창설 및 호민관 선출

ㄷ. 기원전 3세기후반 평민회 결의가 원로원 승인 없이 법적효력 갖게됨

ㄹ. 공화정 → 로마 성장의 큰힘

교과서 내용을 단어 중심으로 기호로 구분해서 필기

(2) 활발한 정복전쟁으로 지중해의 패권을 쥐다.

가. 기원전 3세기 초 로마, 카르타고 지중해 패권 전쟁.

↳ 평민 전쟁 자진 참여

나. 포에니 전쟁

ㄱ. 3차에걸쳐 로마의 승리.

ㄴ. 기원전 2세기 지중해 패권장악.

(3) 공화정이 무너지고 제정이 시작 되다.

가. 로마 사회의 변화

ㄱ. 자영농민 몰락, 권력자 노예노동이용한 대규모농장 (라티푼디움)

↳ 군사력 약화, 계층간의 대립↑

ㄴ. 그라쿠스 형제 개혁추진

↳ 유력자 토지 소유제한 농민에게 토지 재분배 하려했으나 실패

∴ 로마 내란상태에 빠짐

ㄷ. 카이사르같은 군인들이 독재 체제를 꾀함

집중력을 높여주는
수업 중 노트

수업시간에 노트필기를 하는 것은 매우 중요하다. 듣고 기록하는 것 자체가 집중하는 데 상당히 도움이 되기 때문이다. 칠판을 보고 선생님 설명을 듣고 손으로 쓰는 일은 시각, 청각, 운동신경을 동시에 사용하는 일이므로 수업 내용을 빠르고 정확하게 흡수할 수 있다. 듣거나 보기만 할 때 이해력이 30%라면, 쓰기까지 할 경우 80%까지 올라간다는 연구 결과도 있다. 때문에 집중력이 떨어지는 학생이라면 수업 중 노트필기를 하는 게 좋다.

| 삼공노트에 제목과 날짜를 정확히 기록하라

수업 중 노트의 종류는 중요하지 않다. 경청을 하면서 정확히, 그리고 빨리 필기하다보면 노트 형식에 딱 맞춰 노트를 작성하기 쉽지 않기 때문이다. 대신 삼공노트에 적고 나중에 뜯어서 바인더에 묶으려면, 수업한 내용의 제목과 날짜를 정확히 기록해야 한다.

그래야 나중에 뜯었을 때 헷갈리지 않는다. 그리고 반드시 바인더를 구입하여 각 과목별, 시험 준비별, 사용 용도에 따라 묶어서 사용하자.

| 수업의 서론을 주의 깊게 들어라

수업 서론을 잘 듣는 게 매우 중요하다. 수업 전체 내용의 윤곽을 잡을 수 있을 뿐 아니라, 핵심 주제에 대한 언급이 되기 때문이다. 수업시간 내내 집중하는 것도 중요하지만, 특히 수업을 시작하면 선생님이 하는 말을 주의 깊게 들어야 한다. 수업시간에 잘 듣는 것은 공부의 효율성을 높여줄 뿐만 아니라 집중력과 이해력을 높여준다는 걸 명심하자.

| 보조자료에 충실하되, 부연 설명을 적어라

요즘엔 선생님들이 판서보다 보조자료를 더 많이 사용하기 때문에, 보조자료에 충실할 필요가 있다. 하지만 보조자료를 보기만 해서는 안 되고, 선생님이 수업 중에 부연 설명한 말을 필기해야 한다.

| 자기 방식대로 재미있게 기록하라

나중에 노트를 다시 펼쳤을 때 기억의 단서가 될 만한 기호나 상징어 등을 넣어서 재미있게 정리하는 게 중요하다. 보통 선생님이 한 농담도 받아 적으라는 말도 하는데, 그 농담이 중요한 내용을 떠올릴 만한 단서가 된다면 적는 게 효과적이다.

| 칠판에 기록한 내용은 모두 적어라

보통 선생님들이 몇 가지 포인트만 판서하는 경우가 있다. 선생님들이 판서를 하는 이유는, 그날 수업 중 가장 특별한 내용을 명료하게 강조하기 위해서이다. 판서 내용은 반드시 필기한 다음(약어로 ((판))이라고 기재해도 좋다)이라고 적어 둔다.

| 전달 내용을 스스로 이해한 형태로 적어라

선생님 말을 받아 적을 때는 그대로 적지 말고 스스로 이해한 형태로 적어야 한다. 미국의 한 대학에서는 강의를 듣고 노트필기를 한 학생들을 대상으로, 노트의 완성도가 학업성취에 얼마나 영향을 미치는지 조사했다. 그런데

교수가 판서하지 않고 설명한 내용까지 필기한 학생들의 성적이 가장 우수했다. 이처럼 선생님이 한 말을 적는 것은 매우 중요하다. 단, 스스로 이해한 형태로 적어야 나중에 노트를 보고도 '이게 무슨 말이지?' 하는 일이 안 생긴다.

| 선생님의 목소리 톤 등 특징에 집중하라

선생님마다 중요한 내용을 말할 때 반복적으로 사용하는 제스처나 표정이 있을 수 있다. 그런 특징을 유심히 살펴본다면, 노트필기를 할 때 상당히 도움이 된다. 선생님이 반복해서 중요하다고 강조하는 포인트 혹은 힌트를 잡아냈다면, 그 내용을 필기한 후 (반)이라고 표시하면 된다. 직접적으로 '이건 시험에 나올 거다' 라고 선생님이 말하는 경우에는 (시)라고 쓰고, 별표로 중요도를 체크해둔다.

| 약어표나 상징적인 기호를 최대한 활용하라

수업 중에 선생님 말이 빨라 다 못 받아 적을 때는 다음과 같은 약어표를 최대한 활용해라. 약어표는 나중에 헷갈리지 않게 자신만의 기호를 확실히 정해두는 게 좋다.

약어표의 예

12/12/30 2012년 12월 30일

이삼 이등변 삼각형 SS study skill

상징적 기호의 예

∴ 결론적으로, 요약하면, 종합하면 ∵ 왜냐하면

〈 ~보다 작다 〉 ~보다 크다 ex 예를 들면

cf 참고사항 ↑ 올라가면, 상승하면 ↓ 내려가면, 하락하면

| 수업 후에는 반드시 필요한 내용을 점검하고 필기하라

사실 수업 전 노트를 작성했다면, 수업 중에 집중이 잘돼 수업 내용이 거의 대부분 이해가 되는 게 정상이다. 하지만 만일 수업 전 노트필기를 하지 않아 수업 중에 집중이 잘 되지 않고, 이해가 안 되는 부분들이 발생했다면 곧바로 수업 후 노트필기를 하는 게 좋다.

| 수업 중 노트 내용을 자신의 언어로 바꿔라

수업이 끝나면 수업시간에 빠르게 받아 적은 필기 내용을 자신의 말로 재구성해두어야 한다. 나중에 해야지 하고 나중에 보면, 잘 기억이 안 나고 내용도 헷갈린다. 수업 직후에 바로 하는 게 효과적이다.

| 수업 중에 이해가 안 되었던 내용은 따로 선생님에게 질문하라

수업한 내용을 5분 동안 머릿속에 떠올려보면서, 중요한 부분은 다시 형광펜으로 체크한다. 그리고 수업 중에 이해가 안 되었던 부분은 따로 선생님에게 질문을 한다.

| 내용을 보충하라

시간적 여유가 된다면, 수업 내용에 해당하는 단원을 펴서 빠진 내용이나 놓친 내용이 있는지 확인하고 보충한다. 만약에 필기한 친구가 있다면, 친구의 필기 내용과 비교해서 빠진 부분을 보충해도 좋다.

| 흘려 써서 못 알아보는 글씨는 반드시 정자로 다시 써두어라

수업시간에 빨리 필기하다 보면 글씨를 흘려 써서, 시간이 지나면 자기가 쓴 글씨인데도 못 알아보는 경우가 있다. 그때 무슨 글씨인지 알아내느라 시간을 낭비하지 않으려면 흘려쓴 글씨는 반드시 정자로 다시 써두어야 한다.

Tip

수업 중 노트를 작성할 때 꼭 짚고 넘어갈 포인트!

① 주요 단어(표시어)

선생님은 교과서에서 강조하는 강조어나 중요 단어라고 표시한 단어에 신경을 쓸 것을 강조한다.

예) 첫 번째, 두 번째, 결론적으로, 다음에, 바꿔 말하면 등이다.

② 주요 문장(표시문)

선생님이 또 종종 이렇게 표시된 중요한 문장을 강조한다.

예) "여기에 여러분이 알아야 할 뭔가가 있다.", "만약 내가 너라면 이 요점은 잊지 않을 거야.", "이것만은 기억해라.", "이것은 특히 중요하다." 등이다.

③ 요약어

신속하게 노트 정리를 하는 방법의 하나는 요약어를 사용하는 것이다.

예) 1. 명사; 명 2. 대명사; 대 3. 형용사; 형 4. 자동사; 자 또는 화학기호 등이 있다.

④ 요약 문장

요약 문장은 조직명이나 제목 등을 줄여서 사용할 수 있고, 긴 문장을 필요에 따라 줄여서 사용할 수도 있다.

예) CEO: chief executive officer

⑤ 상징어

일반적인 단어들을 좀 더 간편하게 나타내기 위한 방법이 상징어이다.

예) & 그리고, % 퍼센트, ∴ 그러므로 등이 있다.

⑥ 간단한 단어로 중요한 포인트를 정리한다.

예) tip, signal word 등

수업 중 자유롭게 기록한 노트필기의 예

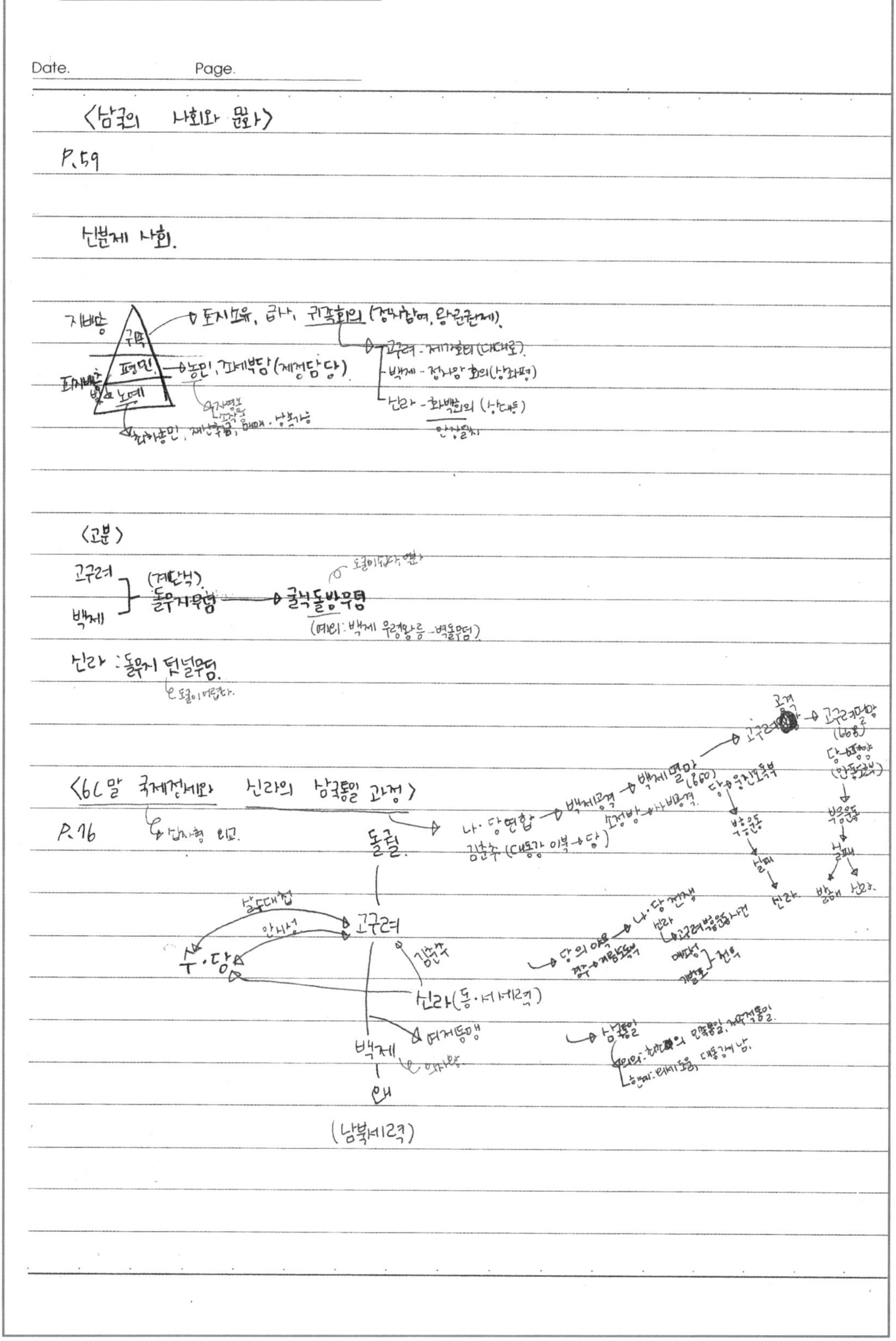

수업 중 체계적으로 순서 있게 기록한 노트필기의 예

2. 정치권력은 무엇을 근거로 누가 행사할까? Date. / / No.

정치권력의의미 국가기관이 정치적 기능을 수행하기위해 행사하는 힘을 정치권력.
이라한다 강제력을 독점적으로 행사 할수있고 매우 포괄적이다
또한 권력을 가진사람이 바뀌어도 정치권력은 지속적으로 존재

시험나옴.

* 정치권력의 특징
① 강제성 따르지 않을 경우 법적 제제를 가함
② 정당성 국민의 (지지)나 (동의)하여 그 권위를 인정 받음
③ 목적성 국가만의 정치권력을 사용할수 있음.
④ 포괄성 정치권력 행사 대상인 전국민
⑤ 지속성 권력자는 교체 대상이 될수 있으나 정치권력은 계속유지

정치권력의 원천과주체변화 / 신의계시, 초인적 능력, 전통 등을 근거로 신으로부터 부여받음.
↳ 왕권 신수설.
주권은 국민에게 있고 권력은 국민으로 부터 나온다
↳ 국민 주권설. → 국가의 정치권력은 국민의 동의나 지지바탕.

* 정치권력의 유형
① 전통적 권력 ex) 왕의 세습
② 카리스마적 권력 ex) 나폴레옹
③ 합법적 권력 ex) 선거에의해 당선

구분	정치권력의근거	정치권력의 주체
고대	신화 . 전통	제사장이나 부족지도자
근대이전	왕권신수설	세습 군주 (왕)
근대이후	국민주권설	일반국민

서술형 나올가능성↑
㉠ ㉡ 을 채워라!
① 절대 왕정 시기에는 "왕의 권력은 신으로 부터 부여받았다" 라는 ㉠ ______
에근거하여 정치권력을 정당화 하였다
답→ 왕권 신수설
② 근대이후 "주권이 국민에게 있고 정치권력은 국민 으로부터 나온다" 라는
㉡ ______ 에 의하여 정치권력이 정당화 되고 있다
답→ 국민 주권설.

필기 전략을 짜는 수업 후 노트필기(복습 노트)

수업이 중심이 되어 하는 수업 중 노트에 비해, 수업 후 노트는 혼자서 공부하는 복습형 노트이므로 더욱 자기 관리를 철저히 해야 하는 자기주도형 공부이다. 그러므로 더욱 철저한 준비와 계획이 필요하다.

수업 후 노트필기는 본격적으로 자료를 모아서 노트필기를 하는 것을 말한다. 이미 과목별로 노트의 종류와 형식은 정해두었으므로, 본격적으로 필기를 시작하고 관련된 자료를 취합해야 한다.

| 과목별로 필기 방식을 달리하라

과목의 유형에 따라 필기 방식이 달라진다. 사회의 경우, 기억의 단서가 될 만한 핵심어가 많다. 수학이나 물리의 경우, 이해할 내용들이 많다. 때문에 과목별 특성에 따라 나에게 맞는 노트 전략을 짜는 게 중요하다.

혼자 공부를 하면서 필기를 할 때 공부 내용에서 중요한 내용을 못 찾는 학생들은 사전에 핵심 키워드는 물론 이해해야 할 내용, 암기할 내용을 찾는 연습을 충분히 해야 한다.

| 빨리 하는 것보다 정확하고 꼼꼼하게 하는 게 중요하다

필기를 빨리 끝내는 건 중요하지 않다. 내용을 정확하고 일목요연하게 정리하는 게 중요하다. 어떤 학생들을 보면 필기 시간을 줄이기 위해 관련된 자료들을 마구잡이로 모아놓기 바쁜데, 그렇게 하면 안 된다. 참고서에서 관련된 내용을 찾되 교과서 내용과 연결해야 한다. 또 단원별, 유형별로 관련된 내용을 유기적으로 연결해 나만의 언어로 필기하는 것이 좋다.

| 나만의 기호나 순서를 적용해 노트필기 시간을 줄여라

노트필기는 화려하게 꾸며 시간을 낭비할 필요가 없다. 남에게 보여주기 위해 노트필기를 하려는 게 아니다. 나만 알아볼 수 있으면 된다. 예쁘게 꾸미는 데 시간을 쓰다보면, 정작 중요한 정보들을 적을 시간이 모자라게 된다. 실제로 이런 학생들이 상당히 많은데, 꼭 주의해야 한다. 오히려 시간을 줄이기 위해 나만의 적절한 기호나 부호를 찾는 게 중요하다.

| 시간을 정해두고 필기하라

읽고 내용을 정리하는 시간은 짧지만, 조직화하는 데는 시간이 많이 걸린다. 그러므로 시간 관리를 적절히 하지 않으면 필기 시간이 무한정 길어진다. 필기를 정확하게 하되, 시간을 정해놓고 시작해야 한다. 노트필기가 점점 익숙해지고 자기만의 방식을 찾게 되면 후에는 정해진 시간 안에 목표한 양을 모두 정리할 수 있게 된다. 노트필기가 그만큼 효율적으로 이루어지기 때문이다.

| 지속적으로 필기하라

보통 공부할 양을 정할 때는 한 과목당 일주일치 양을 미리 정하고 시작하는 게 좋다. 즉 일주일 단위로 매일, 지속적으로 노트필기를 하는 것이다. 이렇게 하게 되면, 시험 보기 1개월 전에 노트필기를 끝낼 수 있다. 결국 시험 보기 한 달 전부터는 노트를 반복해서 보면서 암기할 수 있게 된다.

복습형 노트필기 시 체크포인트

| 필기도구, 특히 타이머를 준비하라

혼자서 공부할 때에는 배운 내용을 스스로 정리해보는 복습형 노트를 작성하거나 예습 차원에서 노트필기를 할 수도 있다. 그날 배운 수업 내용뿐 아니라 교과서나 참고서 내용들을 정리해야 하므로, 미리 필기도구를 잘 갖추어 둬야 한다. 그렇지 않으면 필기하는 동안 우왕좌왕하느라 시간을 낭비할 수 있다. 특히 필기도구 중에서 타이머가 중요하다. 타이머로 시간을 맞춰놓고 시간 내에 최대한 정해진 분량을 끝내려고 노력하라. 그러다보면 집중력을 향상시키는 데 도움이 되고, 시간도 효율적으로 관리하게 돼 공부에 대한 의지를 더욱 북돋울 수 있다.

| 공부할 교재를 준비하라

예를 들어 수학을 공부한 후 국어를 공부하겠다고 계획을 세웠다면, 수학공부가 끝나면 바로 수학교재를 책꽂이에 꽂아두고, 국어교재를 책상 위에 올려둔다. 그리고 휴식을 취하는 게 바람직하다. 별것 아닌 거 같지만, 이렇게 준비를 미리 해두면 공부하는 시간을 효과적으로 쓸 수 있다. 다음 시간에 무엇을 해야 할지 공부 준비에 시간낭비를 줄일 수 있고, 더 효과적으로 집중할 수 있다.

| 어떤 노트로 필기할지 정하라

혼자서 공부할 때는 노트필기를 어떻게 해야 할지 전략적으로 결정해야 한다. 과목별로 자기 성향에 맞게 노트를 선택해서 준비한다.

| 공부할 범위를 미리 정한 후 표시하라

공부 계획을 분량별, 시간별로 세운 후 공부를 시작해야 한다. 즉 미리 공부할 분량을 정하고, 포스트잇을 붙여 표시를 해두는 것이다. 시간 역시 미리 세분화해 플랜을 짠다. 예를 들어 2시간 동안 공부를 해야겠다고 결심했다면, 교과서 내용을 읽고 이해하는 데 30분, 노트 필기 하는 데 30분, 참고서 내용을 필기하는 데 30분, 문제풀이 30분 등 미리 계획한다.

| 환경 조절을 통해 방해물을 제거하라

혼자 집에서 공부할 때는 공부방 분위기가 매우 중요하다. 휴대폰을 손에 쥐고 있다거나 누워서 공부를 하는 등, 공부를 방해하는 습관이나 자세들은 버려야 한다. 만일 나쁜 습관이나 버릇인 줄 알면서도 스스로 통제가 안 될 때는 부모님에게 부탁해 도움을 구한다. 실제로 학생들을 지도해보면, 환경 조절을 못하면 노트필기뿐만 아니라 공부 방법도 효율적이지 못해 성적이 안 오르는 경우가 상당히 많으니 꼭 주의해야 한다.

| 정서 조절, 신체 조절을 통해 집중할 자세를 갖춰라

공부를 시작하기 전에 집중하기 위한 준비를 해야 한다. 5분 동안 눈을 감고 의지를 다져보는 명상을 해본다. 공부를 하면서 다리를 떨거나 손으로 펜을 자꾸 돌리는 등 신체적 움직임이 많은 산만한 학생의 경우에는, 팔을 위로 쭉 뻗어올리는 스트레칭을 하면 집중력 향상에 상당한 도움이 된다.

간단 명료하게 표나 기호를 사용하여 필기한 복습형 노트의 예 ①

국사

NO. DATE.

Ⅲ. 통치 구조와 정치 활동

1. 고대의 정치

① 고대의 세계는 어떠하였을까?

① 중국의 역사

BC 1800	BC 12C		BC 221	BC 206	BC 202	AD 8	232	220	265	316	439	589	618 ~ 907
하	은	주: 서주(호경) / 동주(낙양): 춘추, 전국	진	초	전한 (고조 유방)	전한 무제	후한 유수	위 / 촉 / 오 263	서진(사마)	5호 16국 / 동진	북위 … 북주, 북제 / 송·제·양·진	수	당: 동아시아 문화권 완성 ㅇ3성 6부(행정) ㅇ율령·격식(법)

BC 770 5패 BC 403 7웅 280

ㅇ철제 농기구·무기 (농업발달) 사유재산

통일정책 법가사상(법치주의) 분서갱유

대운하 └ 고구려X

ㅇ균전제(토지) ㅇ부병제(군사) ㅇ조·용·조(세)

② 유럽

※ 게르만족의 대이동: 4세기 ~ 6세기 사이에 게르만의 여러 민족이 서유럽에 국가를 세우고 정착함

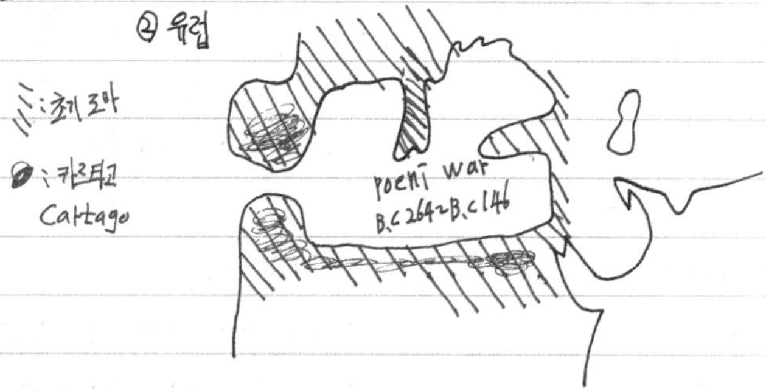

② 고대 국가의 성립에 대해 알아보자

※ 고대국가의 조건(왕권강화, 중앙집권)
① 왕위 세습 ② 율·령 제정
③ 관등 제정 ④ 불교수용

①

	초기국가 단계	고대국가 시작	고대국가 완성
고구려	1주몽 소노부 ~5부족	6태조왕 계루부 ①	17소수림왕 ②③④
백제 (이한(54))	1온조 ~ 7주수	8고이왕 ② ③	13근초고왕 ① (15침류왕 ④)
신라	1박혁거세 ~16흘해	17내물 ①	23법흥왕 ②③④

박·석·김 사로국 / 마립간

Ⓨ 무리사회
㊁ 부족사회
㊌ 군장국가 … 고조선
초월 연맹왕국 (초기국가) … 부여, 옥저, 동예, 삼한(12) (가야 6)
칸질 고대국가 … 삼국시대 (고·백·신)

② 신라 왕호의 변천
ㅇ거서간(귀인, 족장) ㅇ이사금(연장자, 연맹장) ㅇ王(22지증왕) 신라
ㅇ차차웅(무당, 제사장) ㅇ마립간(군두목, 대수장)

③ 변한 - 12군장 국가
└→ 6가야 김해 금관가야 532(23법흥왕), 대가야 562(24진흥왕), 소가야
아라 〃, 성산 〃, 고령 〃

약어를 사용하여 시간을 줄임

간단명료하게 표나 기호를 사용하여 필기한 복습형 노트의 예 ②

2, 정치권력은 무엇을 근거로 누가 행사할까! Date. / / No.

정치권력의의미 | ① 국가 기관이 정치적 기능을 수행하기 위해 행사하는힘. / 정치권력 /

② 강제력으로 독점적을 행사

③ 매우 포괄적

④ 권력을가진 사람이 바뀌어도 정치권력은 지속적으로 존재.

A) 암기

*정치권력의 특징

① 강제성 따르지 않을경우 법적 제제를가함

② 정당성 국민의 지지나 동의를 하여 그권위를 인정 받음.

③ 목적성 국가만이 정치권력을 사용할수있음

④ 포괄성 정치 권력 행사 대상인 전국민

⑤ 지속성 권력자는 교체대상이 될수 있으나 정치 권력은 계속유지

★ 고대 사회에서 정치권력이 형성되는 일반적인 근거에는?
(전통, 우월한힘, 초인적인 능력, 신의계시)

정치권력의 원천과 주체변화

① 신의계시 · 초인적 능력 · 전통 을 근거로 왕의 권력은 신으로부터 받는다
ㄴ> 왕권신수설.

② 주권은 국민에게 있고 권력은 국민으로부터 나온다
ㄴ> 국민주권설. -> 국가의 정치 권력은 국민의 동의와 지지 바탕

정치권력의 원천과 주체 변화

구분	정치 권력의 근거	정치권력의 주체
고대	신화, 전통	제사장이나 부족지도자
근대 이전	왕권신수설.	세습 군주(왕)
근대 이후	국민 주권설.	일반국민

포스트잇을 사용하여 수업 후 내용을 보충했다

*정치권력의유형

① 전통적 권력 ex) 왕의세습

② 카리스마 세력 ex) 나폴레옹

③ 합법적 권력 ex) 선거에의해 당선

정치권력의 근거와 주체의 변화과정

고대 -> 근대이전 -> 근대이후

서술형문제

① 절대 왕정 시기에는 "왕의 권력은 신으로부터 부여받았다" 라는 ㉠____ 에 근거하여 정치권력을 정당화 하였다

왕권신수설

② 근대이후 "국민주권 이국민에게 있고 정치권력은 국민으로부터 나온다" 라는 ㉡____ 에 의하여 정치권력이 정당화 되고있다

국민주권설.

나만의 최종 시험자료를 위한 암기형 노트필기

수업 후 노트를 암기를 위한 목적으로 재정리한 형태로, 이 노트의 핵심은 바로 나만의 시험자료를 만드는 것이다. 암기노트를 통해 공부 내용을 철저히 내 것으로 암기해야 시험 볼 때 헷갈리는 현상이 없기 때문이다. 시험을 위한 최종 자료인 암기형 노트는 공부의 빈틈이 생기지 않도록 계속 업그레이드해 나가는 게 포인트다.

| 자료를 구체화하고 꼼꼼하게 재조직하라

복습노트는 단순한 자료 정리가 아니라 자기 자신에게 맞는 노트 유형을 골라서, 내용을 확장시켜가며 필기해 확실한 시험자료를 확보하는 것이다. 이를 조금 어려운 말로 내용을 '재조직한다' 라고 표현한다. 재조직이란 수업 전, 수업 중 노트의 내용을 학생 스스로가 공부하기 편안한 형태로 재구성하는 것을 말한다.

| 비슷한 내용끼리 모아서 묶어라

교과 단원별로 추가할 사진이나 과학적 근거, 역사적 근거들은 무엇인지 내용을 찾아 비슷한 내용끼리 묶어서 정리한다. 오답노트도 마찬가지다. 각 단원별, 문제 유형별로 추가되는 것끼리 모아서 노트에 붙인다.

| 완벽에 대한 집착도, 자만도 금물

노트필기를 완벽하게 해야 한다는 강박증을 가진 친구들은 밤을 새가면서 필기하는데, 그러지 말아야 한다. 또 반대로 너무 완벽했다고 자만해서도 곤란하다. 노트란 시험 보기 한 달 전까지 지속적으로 내용을 보충해가는 것이지, 단시간에 모든 것을 완벽하게 할 수 없는 일이다.

| 최종 암기를 위한 재정리 노트를 만들어라

노트의 활용가치를 높이려면 복습노트 내용 중에서도 잘 안 외워지거나 실수하는 내용들만 따로 묶어서 재정리 노트를 만드는 게 좋다. 노트필기란 결국 시험을 위한 최종자료이므로, 마지막까지 안 외워지는 것들만 모아 다시 노트를 만드는 것은 필기의 역할에 가장 충실한 작업인 셈이다.

사회 내용을 무선노트 형식으로 암기하기 위해 바꿔놓은 노트의 예

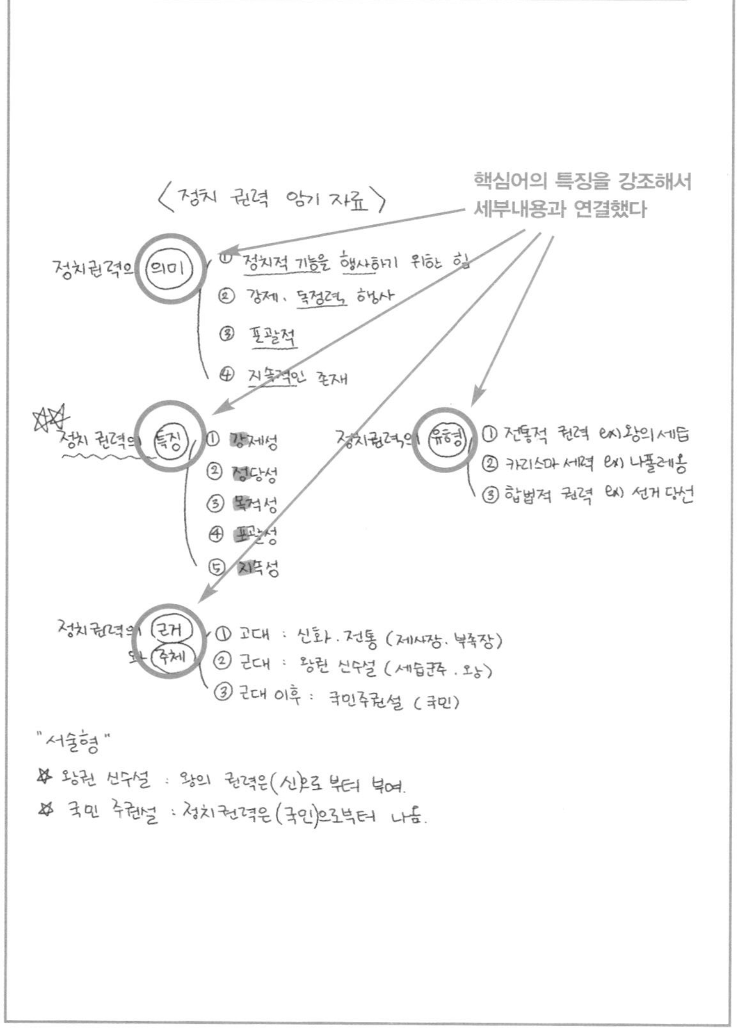

〈정치 권력 암기 자료〉
핵심어의 특징을 강조해서
세부내용과 연결했다
정치권력의 의미
① 정치적 기능을 행사하기 위한 힘
② 강제, 독점력 행사
③ 포괄적
④ 지속적인 존재
정치 권력의 특징
① 강제성
② 정당성
③ 목적성
④ 포괄성
⑤ 지속성
정치권력의 유형
① 전통적 권력 ex) 왕의 세습
② 카리스마 세력 ex) 나폴레옹
③ 합법적 권력 ex) 선거 당선
정치권력의 근거 또는 주체
① 고대 : 신화. 전통 (제사장. 부족장)
② 근대 : 왕권 신수설 (세습군주 . 왕)
③ 근대 이후 : 국민주권설 (국민)
"서술형"
왕권 신수설 : 왕의 권력은 (신)으로 부터 부여.
국민 주권설 : 정치권력은 (국민)으로부터 나옴.

역사 내용을 무선노트 형식으로 암기하기 위해 바꿔놓은 노트의 예

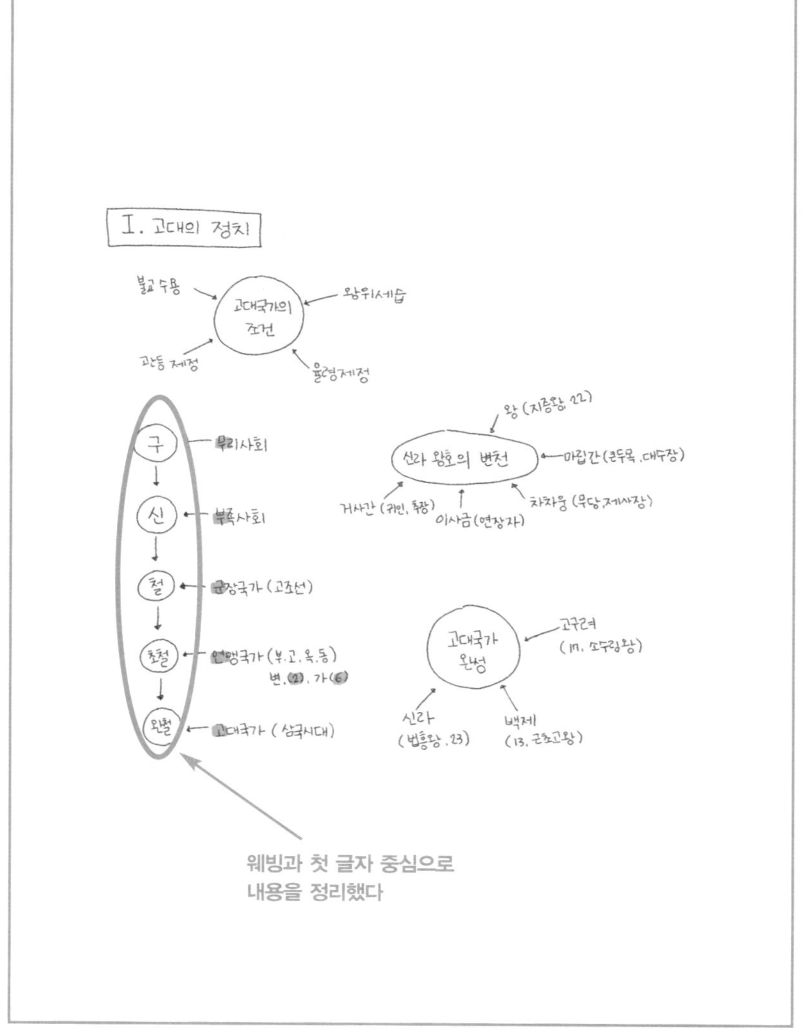

12

추천하고 싶은 과목별 노트필기

과목별 노트필기에 확실한 정석은 없다. 대박 나는 방법이 있는 게 아니라 자신에게 맞는 방법을 스스로 만들고 찾아야 하는 것이다. 어떤 학생은 수학을 앞서 설명한 T형노트로 공부하지만, 어떤 학생은 트리다이어그램으로 공부하는 게 더 효과적이라고 말한다. 학습 전문가 혹은 명문대 입학생이 소개하는 방법이 모두 나에게 맞는 것은 아니다. 하지만 도움이 되는 방법이 있다면 활용하는 것도 나쁘지 않기 때문에, 내가 학생들을 지도하면서 효과를 봤던 몇 가지 방법을 소개하고자 한다.

다시 한 번 말하지만 지금 소개하는 과목별 노트는 단지 추천일 뿐이므로, 자신에게 맞는 과목별 노트필기법은 반드시 스스로 찾아야 한다.

국어,
교과서가 곧 노트다

국어는 교과서를 노트로 활용하는 게 좋다. 왜냐하면 교과서의 본문 자체가 곧 시험문제의 지문 그대로 출제되기 때문이다. 또 장르가 다양하므로 필기하는 데 어려움도 많다. 그러므로 대체적으로 교과서를 기준으로 노트 정리를 하는 것이 시간적인 측면에서 도움이 된다. 다만 필기할 공간이 부족하기 때문에 필요에 따라 노트를 활용하는 것이 좋다. 또한 미리 교과서를 정독해 여러 번 읽으면서, 참고서를 활용해 필요한 내용을 필기하는 예습형 공부를 추천한다.

| 교과서를 노트처럼 활용하라

포스트잇을 적절히 활용해서 교과서에 필기한다. 적을 공간이 부족해 답답하다면, 암기할 양이 많은 단원 위주로 노트필기를 하거나 교과서를 펼침면으로 확대 복사해 필기하는 것도 한 방법이다.

| 모르는 어휘는 꼭 뜻풀이를 찾아보고 기록하라

국어 공부의 밑바탕은 어휘이므로 어휘를 철저히 공부해야 한다. 단어, 속담, 한자성어 등 모르는 어휘가 나오면 그냥 넘어가지 말고 꼭 사전을 찾아 뜻풀이를 찾아보듯 적어야 한다. 영어 공부를 하다 모르는 단어가 나오면 사전을 찾아보고, 국어공부도 그렇게 해야 한다. 이런 공부 습관은 고등학생이 되어서 논술 준비를 할 때도 큰 도움이 된다.

| 글의 구조, 특히 저자의 숨은 의도를 파악하라

문체, 구성, 논조, 주제, 저자의 생각 등을 빠짐없이 적어야 한다. 단순히 참고서의 내용을 베껴 쓰는 게 아니라, 지문을 여러 번 읽으면서 스스로 생각해 본 후 참고서를 통해 확인하는 게 중요하다. 특히 저자의 생각 같은 경우 지문에 직접적으로 드러나 있지는 않지만, 지문을 반복해서 읽다보면 그 숨은 의도를 알게 된다.

| 문단 구분을 한 후, 중심 문장을 찾아라

내용이나 시점, 장소가 바뀌는 지점에서 문단을 구분하고, 각 문단별로 중심 문장을 찾아본다. 그리고 그 문장에 밑줄을 긋고 그 글에서 말하고자 하는 의미가 무엇인지 찾는 연습을 해야 한다.

| 기본 문제풀이를 꼭 하라

문제풀이를 나중에 하는 게 아니라 예습 시 자습서로 기본 내용을 파악한 후, 바로 그에 관한 문제를 풀어보아야 한다. 그래야 지문을 읽으면서 미처 파악하지 못했던 부분을 찾아 교과서에 바로 체크할 수 있다.

| 수업 전 필기와 수업 중 필기의 색깔을 다르게 하라

수업 전에 예습을 하면서 적었던 내용과 수업 중 필기할 때 사용하는 볼펜 색깔을 다르게 하는 게 중요하다. 예습할 때는 파란펜을 사용하고, 중요한 문장이나 핵심어는 형광펜을 사용하도록 하자. 그리고 수업시간에 선생님이 중요하다고 강조하는 내용은 빨간펜을 사용한다. 형광펜 역시 수업시간용과 예습용, 두 가지 색으로 구분해서 사용해도 좋다.

교과서에 필요한 내용을 자유롭게 정리한 국어노트의 예 ①

[핵심정리]
갈래: 고려가요.
글쓴이: 모름
제재: 사랑하는 임과의 이별
주제: 임과 이별하는 안타까움과 재회의 소망
성격: 애상적, 서정적, 민요적, 전통적
운율: 외형률(3음보), 3·3·2조
구성: 4연(기-승-전-결)
특징
· 3음보의 율격, 후렴구 등 고려가요의 형식적 특징이 잘 드러난다.
· 간결한 형식과 소박하고 진솔한 언어로 화자의 정서를 잘 표현하였다.
· 이별의 슬픔을 노래하면서도 감정을 절제하여 민족의 전통적인 정서를 드러내고 있다.

글의 구조를 적는다

(1) 가시리

생각열기

[노래의 짜임]

- 영화나 드라마, 소설에서 본 가장 인상적인 이별 장면을 떠올려 보고, 등장인물의 대사를 말해 보자.

	1연(기)	2연(승)	3연(전)	4연(결)
▪ 인상적인 이별 장면:	임과의 이별에 대한 안타까움 →	떠나는 임에 대한 원망과 안타까움 →	임이 아니 올까 하는 두려움과 이별에 대한 체념과 절제 →	임과의 재회에 대한 간절한 기다림
▪ 등장인물의 대사:	슬픔, 안타까움	원망, 안타까움	두려움, 체념, 절제	소망, 기다림

[전통적인 정서와 고전으로서의 가치]
전통적인 정서: 이별의 상황에서 슬프고 안타깝지만, 이와 같은 감정을 절제하고 임과의 재회를 소망하는 보편적이고 전통적인 민족의 정서가 드러남.
고전으로서의 가치: · 고려 시대의 삶과 가치관, 정서를 엿볼 수 있음.
· 이별의 정한을 소박하고 진솔하게 표현한 언어의 아름다움과 감동을 느낄 수 있음.

[이별의 정한을 노래한 국문학 작품]
고대 시가 '황조가' → 고려가요 '서경별곡', '가시리' → 정지상의 한시 '송인' → 황진이, 홍랑의 시조 → 민요 '아리랑' → 김소월의 현대시 '진달래꽃'

'가시리'는 이별을 소재로 한 고려 시대의 노래이다. 고려 시대의 사람들은 이별을 어떻게 받아들이고, 자신의 심정을 어떻게 표현했는지에 주의하면서 작품을 감상해 보자.
(고려 시대의 노래 → 고려가요)

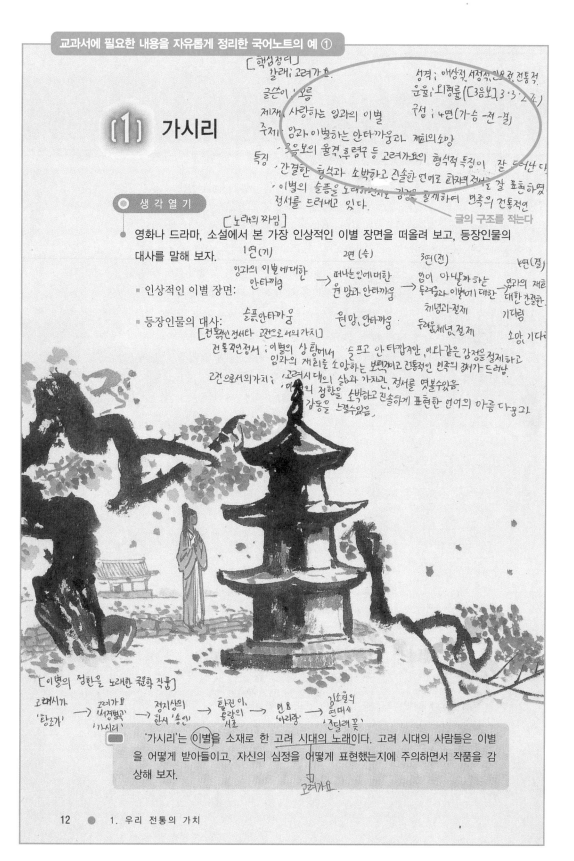

국어 교과서로 정리한 노트의 예 ②

❶ 안은문장

⑩ 다음 문장의 밑줄 친 부분을 살펴보자.

(가) 나는 철수가 돌아오기를 고대하였다.

(나) 그 사람은 이마가 잘 생겼다.

■ 안은문장과 안긴문장

안긴문장 → 나는 그가 산 책을 읽었다. ← 안은문장

(가)에서는 밑줄 친 문장이 목적어로, (나)에서는 서술어로 사용되고 있다. 이와 같이 홑문장이 큰 문장 안에서 하나의 성분으로 사용되는 경우를 안긴문장이라 하고, 홑문장을 포함한 문장을 안은문장이라 한다. 안긴문장을 '절'이라고 하는데 이는 명사절, 관형절, 부사절, 서술절, 인용절의 다섯 가지로 나뉜다.

'절'(안긴문장)의 기능과 확장 방식.

	절의 기능	절의 형식
명사절	주어, 목적어, 보어, 부사어 등 다양한 기능	안긴문장에 명사형 어미 '-(으)ㅁ, -기'가 붙음.
관형절	체언을 꾸며주는 관형절의 기능	안긴문장에 관형사형 어미 '-는, -(으)ㄴ, -(으)ㄹ, -던'이 붙음
부사절	서술어를 꾸며주는 부사어의 기능	안긴문장에 부사형 어미 '-게, -도록, -(아/어)서, -으니' 등과 접미사 '-이'가 붙음.
서술절	서술어의 기능	'주어+(주어+서술어)'에서 뒤에 나오는 (주어+서술어)가 서술절이 됨.
인용절	다른 사람의 말을 인용하는 기능	안긴문장에 인용격 조사 '고, 라고' 혹은 '이라고'가 붙음.

선생님이 수업 중에 필기한 내용 적기

⑪ 다음 문장에서 밑줄 친 각각의 절이 어떤 기능을 하는지 알아보고, 이를 바탕으로 절의 종류를 알아보자.

(가) 진호가 축구에 소질이 있음이 밝혀졌다.
　　농부들이 비가 오기를 바라고 있다.

(나) 나는 수지가 간 사실을 몰랐다.

(다) 위험은 경고도 없이 일어난다.

(라) 토끼는 앞발이 짧다.

(마) 영화 보러 가자고 신욱이가 말했다.

(가)는 안긴문장에 명사형 어미 '-(으)ㅁ, -기'가 붙어 각각 주어와 목적어의 기능을 하고 있는 명사절로, 명사절은 문장에서 주어, 목적어, 보어, 부사어 등 다양한 기능을 한다. (나)는 관형사형 어미 '-(으)ㄴ'이 붙어 관형어의 기능을 하는 관형절, (다)는 '-이'에 의해 서술어를 꾸며 주는 부사어의 기능을 하는 부사절이다. (라)는 절 전체가 서술어의 기능을 하는 서술절로, 앞에 나오는 주어를 제외한 나머지 부분이 서술절이다. (마)와 같이 다른 사람의 말을 인용한 것이 절의 형식으로 안기는 경우가 있는데, 이를 인용절이라고 한다. 인용절은 주어진 문장에 인용격 조사 '고, 라고'가 붙어서 만들어진다.

본문 요약: 안은문장과 안긴문장의 구분과 절의 다섯 가지 종류와 기능

서술절을 안은 문장은 한 문장에 주어가 두 개 있는 것처럼 보이기도 합니다.

국어 교과서로 정리한 노트의 예 ③

❷ 이어진문장

(12) 다음 문장들이 연결된 방식을 살펴보자.

(가) 봄이 온다. 꽃이 핀다.
(나) 봄이 온다. 그러면 꽃이 핀다.
(다) 봄이 오면 꽃이 핀다.

(가)에서는 독립적인 두 문장이 나열되어 있고, (나)에서는 두 문장이 '그러면'이라는 접속 부사(홑문장과 홑문장)를 통해 원인과 결과의 관계로 연결되어 있다. (다)에서는 두 문장이 연결 어미 '-(으)면'으로 이어져 원인과 결과의 의미를 지닌 한 문장으로 결합되어 있다. (다)와 같이 연결 어미에 의해 결합된 문장을 이어진문장이라고 한다. → 이어진문장의 개념정의

(13) |보기|와 같이 적절한 연결 어미를 넣어 다음 문장들을 이어진문장으로 바꾸어 보자.

보기 눈이 내린다. 날씨가 춥지는 않다.
➡ 눈이 내리나 날씨가 춥지는 않다. →

① 인생은 짧다. 예술은 길다. → '나열' 혹은 '대조'의

➡ 인생은 짧고 예술은 길다. / 인생은 짧으나(지만) 예술은 길다.

② 여름은 덥다. 겨울은 춥다. → 나열 혹은 '대조'의 의미

➡ 여름은 덥고 겨울은 춥다. / 여름은 더우나 겨울은 춥다.

③ 사람은 책을 만든다. 책은 사람을 만든다. → 나열

➡ 사람은 책을 만들고, 책은 사람을 만든다.

④ 윤식이는 명랑하다. 윤식이는 친구들에게 인기가 많다. → 원인 결과의 의미

➡ 윤식이는 명랑해서 친구들에게 인기가 많다.

본문 ⑤ 이어진문장의 개념과 종류.

추가로 보충해야 할 내용을 포스트잇에 적기

* 대등하게 이어진 문장: 앞 절과 뒤 절의 내용이 의미적으로 독립적이며 대등한 관계를 이룬다.
(나열, 대조, 선택)

* 종속적으로 이어진문장; 종속적 연결어미 '-면, -자, -니까, -는데, -도록' 등에 의해 연결됨.
앞 절과 뒤 절의 내용이 독립적이지 못하고 종속적인 관계를 이룸.
· 시간: -으며, -으면서(동시), -고, -아서
· 이유: -아서, 으니(까), -으므로, -느라고, -기에
· 조건: -으면, -거든, -아야, -던들
· 양보: -아도, -더라도, -은들, -을망정, -지마는
· 의도: -으려고, -으러, -게, -도록
· 첨가: -ㄹ뿐더러, -ㄹ수록

예 낮말은 새가 듣고 밤말은 쥐가 듣는다.(나열)
• 종속적으로 이어진 문장: 앞 절과 뒤 절의 의미가 독립적이지 못하고 종속적인 관계를 가진다.
예 비가 와서(원인) 땅이 질다(결과).

(2) 국어 문장의 짜임새 ● 87

국어 교과서의 개요를 노트에 기록한 노트의 예

* 본문내용

<미지의 세계, 블랙홀>

1. 갈래 - 설명문
2. 성격 - 객관적, 해설적 → 이해를 위해
3. 구성 - 3단구성 '처음-중간-끝'

   머릿말-본문-맺음말

4. 제재 - 블랙홀
5. 주제 ┬ 블랙홀의 정의 & 생성원인
   ├ 블랙홀 관측방법
   └ 블랙홀 연구의 필요성
6. 특징 ┬ '블랙홀'이라는 흥미있는 소재에 대한 과학적 지식을 알기쉽게 전달
   └ 설명 대상에 대한 정보를 (알기쉽게) 항목별로 나누어 체계적으로 설명

본문의
기본 내용을 정리

<단어>

* 밀도 : 사람이나 사물이 한곳에 빽빽하게 들어찬 정도
* 중력 : 물체들 사이에서 서로 끌어당기는 힘
* 천체 : 우주에 존재하는 모든물체

  ex) 블랙홀은 밀도와 중력이 한없이 커져서 빛과 에너지를 포함한 어떤 물질도 빠져나가지 못하는 천체이다

* 육안 : 맨눈

  ex) 실제로 블랙홀이 사람들에게 육안으로 관측된 적은 없다.

* 추정 : 확실하지 않은일을 미루어 헤아림

  ex) 천문학자들은 우리은하에서 몇몇 블랙홀을 발견하였고 그 외에도 약 1억개의 블랙홀이 더 있을것으로 추정하고 있다.

교과서 본문 내용을 노트에 기록한 노트의 예

DATE.　　NO.

<지자원 & 해설>

* 두려움과 호기심의 대상, 블랙홀 – 처음
  (1) 블랙홀의 공포
  ① 언제부터인가 사람들에게 두려움과 호기심의 대상이 되어온 블랙홀

* 블랙홀의 정의 – 중간1
  (2) 블랙홀이란?
  ① 밀도와 중력이 한없이 커져서 빛과 에너지를 포함한 어떤물질도 빠져나가지 못하는 천체
  ② 20c초 아인슈타인에 의해 이론적으로 증명 되면서 주목받기 시작

* 블랙홀의 생성원인 – 중간2
  (3) 블랙홀의 생성원인
  ① 별의 마지막 단계
  – 태양보다 훨씬 무거운 별이 일생의 마지막 단계에서 폭발하면, 중심부의 강력한 수축이 주변의 물질을 끌어들이는데, 이때 별의 부피가 거의 '0'이 되고 밀도와 중력은 무한대로 커진 천체가 블랙홀이다.
  ② 우주대폭발
  – 우주대폭발, 즉 빅뱅의 순간에 우주의 물질들이 크고 작은 덩어리로 뭉치며 블랙홀이 무수히 생겨났음.

* 블랙홀의 관측방법 – 중간3
  (4) 블랙홀의 관측방법
  ① 블랙홀이 방출하는 엑스선 찾기
  – 블랙홀이 주변의 천체들을 빨아들이는 과정에서 방출하는 미세한 엑스선을 탐지하면 위치추적이 가능함.
  – 1999년, 엑스선을 탐지할 수 있는 우주망원경 '찬드라'가 지구밖에 설치, 여러개의 블랙홀을 탐지함.
  ② 주위 별들의 움직임 관찰
  – 별들의 움직임을 관찰했을 때, 별이 있어야 할 자리에 아무것도 없는 것처럼 보이면, 그 자리에 블랙홀이 있을 가능성이 큼.

* 블랙홀로부터 안전한 태양계 – 중간4
  (5) 블랙홀은 대부분의 은하에 있고 은하계의 중심에도 있지만, 태양계는 은하계 중심에서 멀리 떨어져있어 블랙홀로부터 안전함.

* 블랙홀의 실체와 연구의 필요성 – 끝
  (6) 블랙홀은 우주를 빛내던 별의 죽음이며, 블랙홀에 대한 연구는 21c 새로운 과학의 길을 개척하는 열쇠임.

본문의 구성을 체계적으로 정리

국어교과서의 용어풀이를 정리한 노트의 예

새로 익혀야 할 단어와 모르는 단어를 추가정리

<단어>

* 되똑하다 ; 오뚝하다. 코등이 오뚝솟다.
ex) 소녀는 마치 처치하기 곤란한 짐짝처럼 되똑하니 남겨져 있었다.
* 때꼽재기 ; 더럽게 엉겨붙은 때의 조각이나 부스러기
ex) 마냥 세수도 하지 못한 때꼽재기
* 남포 ; 도화선 장치를 하여 폭발 시킬수 있게 만든 다이너마이트
ex) 돌산을 뚫느라고 멀리서 터뜨리는 남포의 소리처럼 ...
* 서까래 ; 한옥에서 지붕의 비탈진 면을 받치고 추녀를 이루는 긴 나무
ex) 은은한 포성이 울릴 때마다 집안의 기둥이나 서까래가 울고 흙벽이 떨렸다.
* 노독 ; 먼 길에 지치고 시달려서 생긴 피로나 병
ex) 노독을 푸는 동안에 그들은 옷가지나 금붙이 따위의 물건을 식량하고 바꾸었다.
* 거룻배 ; 돛이 없는 작은 배
ex) 피란민들은 거룻배를 이용하여 계속 내려왔다.
* 툇돌 ; 댓돌, 처마아래로 빙둘러 놓은 돌
ex) 툇돌에서 오줌누고 들팡에다 똥 싸고, 알았지야?
* 바투 ; 바싹, 시간이나 길이가 아주짧게
ex) 전쟁이란 놈이 어느새 어깨동무라도 하려는 기세로 바투 다가와 있었으므로
* 꼬리깨 ; 도래새, 시골마을이나 바닷가에 사는 나그네새.
ex) 꼬리깨 한 마리가 멀리 보이는 골짜기 공동묘지 위에
* 행랑채 ; 문간채. 대문이나 본관 옆에 있는 방
ex) 몸체 모퉁이에서 행랑채 까지 딸린 괴상한 모양의 오토바이들
* 지청구 ; 꾸지람 * 재우치다 ; 빨리 몰아치거나 재촉하다.
ex) 할머니에게 무단히 지청구를 먹어가며 그러자니도 바를 걸음을 재우쳤다.
* 행군 ; 군대가 대열을 지어 먼거리를 이동하는 일
ex) 우리는 흘깃흘깃 곁눈질하면서 말없이 행군을 해가고 있었다.
* 주제꼴 ; 변변치 못한 몰골이나 몸치장
ex) 주제꼴은 꾀죄죄해도 곱살스런 얼굴에 꼭 겨집애처럼 생긴 녀석 이었다.

수학, 수리 계열(수학, 물리) 과목은 T형노트로 실수를 줄여라

국어는 예습이 효과적이지만, 수학은 철저히 복습 위주로 공부해야 한다는 개념을 가져야 한다. 수업시간에 원리와 개념을 정확히 배운 후, 다양한 문제풀이 과정에서 벌어지는 실수를 줄이는 것과 정해진 시험 시간 내에 문제를 푸는 것이 고득점의 비결이기 때문이다. 그러므로 노트필기 역시 문제풀이 과정에 집중되어야 한다.

| 수학문제, 반드시 노트에 풀어라

수학문제는 연습장에 끄적이며 풀거나 문제집 공란에 풀어서는 안 된다. 반드시 노트를 만들어, 그 문제에 적용할 개념과 공식을 순서대로 적고 풀이과정을 꼼꼼히 적어야 한다. 그래야 정확히 어느 부분에서 계산 실수가 있었는지, 혹은 스스로 어떤 공식을 정확히 모르고 있는지 확인이 가능해진다.

| 수리 계열 과목은 풀이 방식이 전개되어야 한다

수리 계열 과목은 문제풀이 과정을 중시하며 필기해야 하므로, 단순히 암기를 목적으로 하는 일반 과목과 필기하는 방식이 다르다. 따라서 풀이 과정에 필요한 다양한 풀이 방식이 전개되어야 하므로 자신의 풀이 과정을 관찰하고 수정하고 이해하는 데 역점을 두어야 한다.

| 오답노트는 T형 형태의 노트가 좋다

오답문제만 따로 모아서 노트를 만들 때는 T형노트가 좋다. 왼쪽에 문제를 오려붙이고, 오른쪽에 순차적인 풀이 과정을 적기 편한 노트 구조이기 때문이다. 오답노트를 만들 때는 문제집별로 하지 말고 함수, 미적분 등 유형별로 파트를 나누어 정리하도록 한다.

| 문제 밑에 출처를 적어라

오답노트에 문제를 오려붙이지 않고 풀이 과정만 써도 좋다. 단, 그럴 때는 문제 하단에 어떤 출판사의 몇 페이지, 몇 번의 문제인지를 작게 적어둔다. 즉 출처를 적는 거다. 그래야 나중에 문제집에서 쉽게 찾아볼 수 있기 때문이다.

| 풀이 과정의 수정 부분을 강조해서 표시해라

T형노트는 풀이 과정에서 틀린 부분을 색상 펜으로 표시하고 강조해두면 실제 시험문제에서 자신이 실수하거나 방심한 부분을 예방할 수 있다. T형노트는 이러한 부분에서 효과를 볼 수 있는 노트필기법이다.

노트필기 참고

T형노트로 수리 계열(수학, 물리) 과목 정리하기

T형노트는 유선노트든 무선노트든 상관없이 자신에 맞게 선택해서 사용할 수 있다. 내용에 따른 구분을 중시여기는 분할 노트가 중요하지 선의 유무는 중요하지 않다.

물리, 화학 ①

개념 정리	기본문제풀이
예제 포함	

첫 면

물리, 화학 ②

실전 응용문제	오답문제

다음 면

① 기본 개념은 충실히 이해하게끔 자신이 이해한 형태로 필기한다.
② 이해해야 할 내용과 암기해야 할 내용을 구분짓는다.
③ 암기해야 할 내용과 문제풀이와 오답 내용을 구분해서 기록하라.
④ 필기할 노트의 선택은 자신에게 맞게 하라.

실전 응용문제와 오답 문제를 정리한 T형노트의 예 ①

01. 원의 현

[현의 수직이등분선]

① 원에서 현의 수직이등분선이 그 원의 중심을 지난다.

② 원의 중심에서 현에 내린 수선은 그 현을 수직이등분한다.

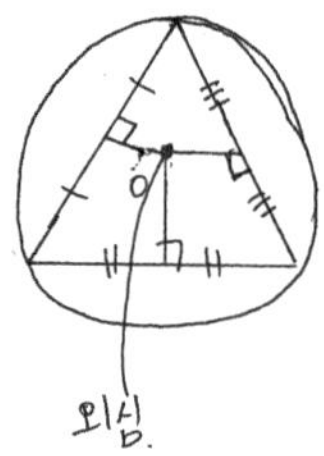

[삼각형의 세 변의 수직이등분선은 외심에서 만난다]

[현의 수직이등분선 -증명]

$\triangle OAM$과 $\triangle OBM$에서

$\angle OMA = \angle OMB = 90°$

$\overline{OA} = \overline{OB}$

$\overline{OM}$은 공통

$\triangle OAM \equiv \triangle OBM$ (RHS 합동)

$\therefore \overline{AM} = \overline{BM}$

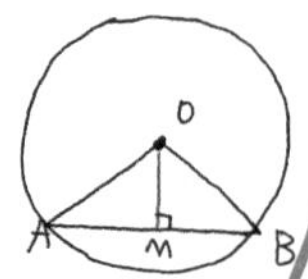

↳ 원의 중심에서 현에 내린 수선은 그 현을 수직이등분한다.

역: 현의 수직이등분선은 원의 중심을 지난다.

개념 정리에 대한 보충 내용

[현의 길이]

① 한 원에서 중심으로부터 같은 거리에 있는 두 현의 길이는 같다.

② 한 원에서 길이가 같은 두 현은 원의 중심으로부터 같은 거리에 있다.

[각의 이등분선 위의 한 점에서 그 각의 두 변에 이르는 거리는 같다.]

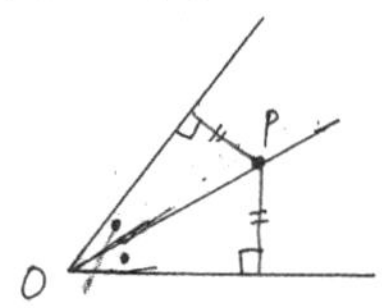

[현의 길이 -증명]

$\triangle OAM$과 $\triangle OCN$에서

$\angle OMA = \angle ONC = 90°$

$\overline{OA} = \overline{OC}$

$\overline{OM} = \overline{ON}$

$\Rightarrow \triangle OAM \equiv \triangle OCN$ (RHS 합동)

따라서 $\overline{AM} = \overline{CN}$.

그런데 현의 수직이등분선의 성질에 의하여

$\overline{AB} = 2\overline{AM}$, $\overline{CD} = 2\overline{CN}$

$\therefore \overline{AB} = \overline{CD}$

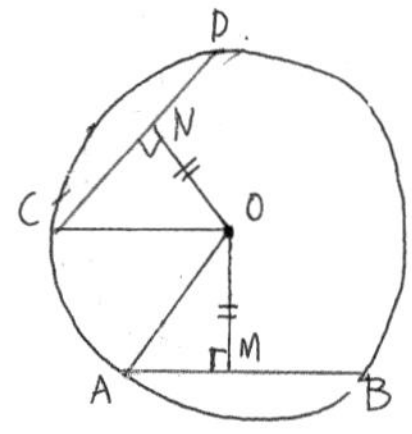

↳ 한 원의 중심으로부터 같은 거리에 있는 두 현의 길이는 같다.

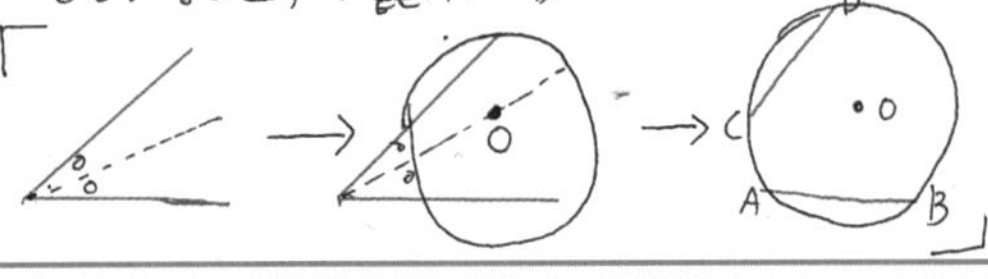

수학과목 개념 정리와 보충 내용을 정리한 T형노트의 예 ②

창수학(성지)

164P.

01 (1) $\overline{CD} = 30-20=10$

$\overline{CD}=10$

(2) $x^2 = 18^2 - 13^2$

$x^2 = 155$

$x = \sqrt{155}$

165P

02. $x = \overline{AD}$, $2x = \overline{AB}$

$x^2 = 15^2 - 6^2$

$= 189$

$x = \sqrt{189} = 3\sqrt{91}$

$2x = \overline{AB}$, $2 \times 3\sqrt{91} = 6\sqrt{91}$

$\therefore \overline{AB} = 6\sqrt{91}$

02. 오른쪽 그림에서 호 AB는 반지름의 길이가 15인 원의 일부분이다. $\overline{AD} = \overline{BD}$, $\overline{AB} \perp \overline{CD}$ 이고 $\overline{CD} = 6$일 때, 현 AB의 길이를 구하여라.

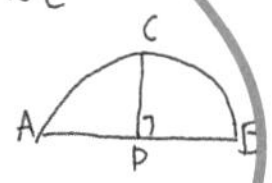

[풀이과정]

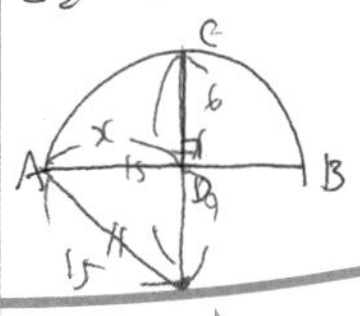

$x^2 = 15^2 - 9^2$

$= 144$

$x = 12$

$2x = \overline{AB}$

$\therefore \overline{AB} = 2 \times 12 = 24$

24

틀린 문제에 대한 오답 정리

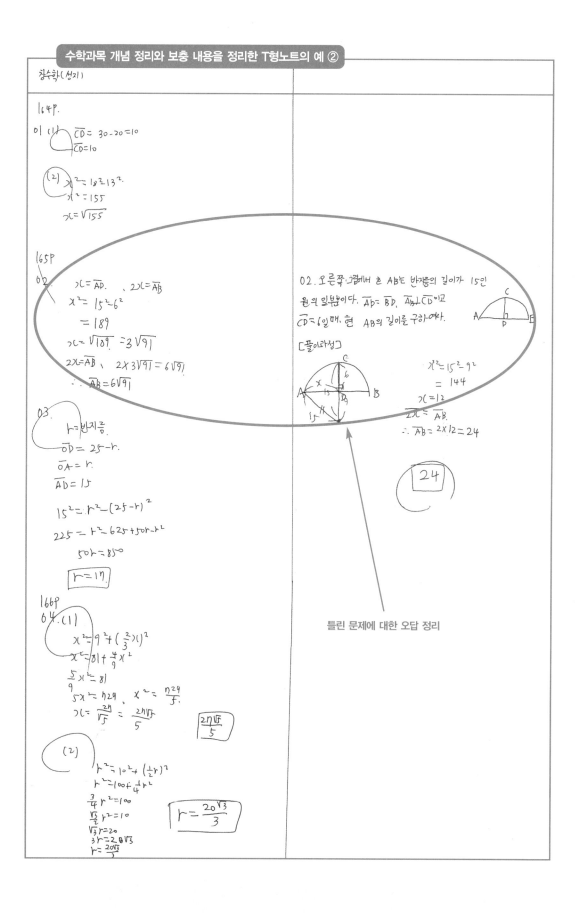

03. r = 반지름

$\overline{OD} = 25 - r$

$\overline{OA} = r$

$\overline{AD} = 15$

$15^2 = r^2 - (25-r)^2$

$225 = r^2 - 625 + 50r - r^2$

$50r = 850$

$r = 17$

166P

04. (1)

$x^2 = 9^2 + (\frac{2}{3}x)^2$

$x^2 = 81 + \frac{4}{9}x^2$

$\frac{5}{9}x^2 = 81$

$5x^2 = 729$, $x^2 = \frac{729}{5}$

$x = \frac{27}{\sqrt{5}} = \frac{27\sqrt{5}}{5}$

$\frac{27\sqrt{5}}{5}$

(2)

$r^2 = 10^2 + (\frac{1}{2}r)^2$

$r^2 = 100 + \frac{1}{4}r^2$

$\frac{3}{4}r^2 = 100$

$\frac{\sqrt{3}}{2}r = 10$

$\sqrt{3}r = 20$

$3r = 20\sqrt{3}$

$r = \frac{20\sqrt{3}}{3}$

$r = \frac{20\sqrt{3}}{3}$

수학 개념 정리에 대한 유선노트 정리의 예

Ⅱ 문자와 식

1. 문자와 식

Date

01. 문자의 사용과 식의 값

〈곱셈기호의 생략〉—

(1) 수와 문자, 문자와 문자의 곱은 곱셈기호 ×를 생략한다

ex) $7\times a=7a$ $3\times a\times b=3ab$ $x\times y=xy$

(2) 수와 문자의 곱에서는 수를 문자 앞에 쓴다

ex) $a\times 6=6a$ $a\times 7\times b=7ab$ $x\times y\times(-3)=-3xy$

(3) 문자는 알파벳순서로 쓰고, 같은 문자의 곱은 거듭제곱의 꼴로 나타낸다.

ex) $x\times c\times z\times a\times b=abcxz$ $a\times a\times 8\times a=8a^3$

(4) 1 또는 -1과 문자의 곱에서는 1을 생략한다

ex) $x\times y\times z\times 1=xyz$ $(-1)\times x\times a=-ax$

(5) (문자)×(괄호), (괄호)×(괄호)의 꼴은 곱셈기호 ×를 생략한다

ex) $a\times(x+y+z)=a(x+y+z)$ $(a-b)\times(x+y)=(a-b)(x+y)$

(6) 수와 수의 곱에서 곱셈 기호를 생략할 때는 두 수 사이에 (·)을 찍는다.

ex) $3\times 4=3\cdot 4$ $5\times 6=5\cdot 6$

$0.1\times x=\begin{cases}0.1x \cdots \text{O} \\ 0.x \cdots \text{X}\end{cases}$

〈나눗셈 기호의 생략〉

나눗셈을 곱셈으로 고쳐서 분수꼴로 나타낸다.

ex) $a\div b=a\times\frac{1}{b}=\frac{a}{b}\ (b\neq 0)$

〈문자의 사용〉

(1) 문자를 사용하면 수량 사이의 관계를 간단한 식으로 나타낼 수 있다.

ex) 한 권에 1500₩ 하는 공책 x권의 가격은 $1500\times x$(원) 이다.

(2) 문자를 사용하여 식 세우기.

① 문제의 뜻을 파악하여 그에 맞는 규칙을 찾는다.

② 문자를 사용하여 ①의 규칙에 맞도록 식을 세운다.

ex) 한 개에 a원인 사과 6개를 사고 10,000₩을 냈을 때의 거스름돈은 $(10000-6\times a)$(원) 이다.

〈연산자〉

$+, -, \times, \div$

〈연산법칙〉

① 교환법칙 → $a+b=b+a$

② 결합법칙 → $(a+b)+c=a+(b+c)$

③ 분배법칙 → $ac+ab=a(b+c)$

〈등호, 부등호〉

= → 등호 <, > → 부등호

〈식〉

③+④=⑦ → 식 → 등식 → 항등식

항. 등식 → 등호. 항등식 → 항상 참.

영어,
해석부터 쓰고 영문장을 써라

영어도 어차피 언어이므로 국어처럼 예습 형태의 공부가 중요하다. 특히 중학교 과정에서는 본격적으로 영어학습에서 리딩reading을 다루기 때문에 영어 독해가 차지하는 부분의 중요성이 더해진다. 그러므로 영어노트를 작성할 때는 독해를 효과적으로 공부할 수 있도록 도움이 되는 방법을 찾는 게 중요하다. 모르는 단어나 어휘를 체크한 후 지문 구조를 분석해야 한다. 그리고 어려운 문장이나 틀린 문제는 노트에 적어야 하는데, 이때 방법이 중요하다.

| 한국말 위주로 영어를 노트필기하라

영어는 제2외국어라는 특성상, 아무리 노력해도 모국어만큼 잘하기 어렵다. 때문에 국어를 통해 영어를 이해하고 공부하는 것이 오히려 더 도움이 된다. 예를 들어, 중학교 영어노트필기 시에 교과서 지문의 해석 내용을 필기한 후 그 아래 칸에 영어 예문을 쓴다. 그리고 그 영어 예문에 영문법이나 모르는 단어, 유사 단어, 숙어 등을 다른 색으로 표시하며 차례대로 필기한다면 영어 문장을 암기할 때 훨씬 도움이 될 것이다.

지금 영작을 하라는 건가 싶을 거다. 맞다. 영작을 하듯 적는 연습을 해보자. 처음엔 어렵겠지만, 이렇게 공부하면 영어 구조를 모국어의 구조에 맞게 적용시킬 수 있어 영어 암기에도 상당한 도움이 된다.

예) 나는 학생이다 ▶ I'm a Student (○)

I'm a Student ▶ 나는 학생이다 (×)

| 영어노트를 효과적으로 암기할 자료로 활용하라

영어공부에서 중요한 것 중 하나는 영어를 외워서 활용하는 능력이다. 그러므로 영어 지문을 암기할 때 효과적인 방법으로 필기가 된다면 훨씬 도움이 될 것이다. 특히 영어는 점진적 암기(시연) 방법으로 암기할 때 효과적인데, 이러한 방법을 활용하기 위한 노트 정리를 활용해보라.

예를 들어 ①번 내용을 암기한 후 ②번 내용을 암기할 때 ①번을 한 번 보고 ②번 내용을 암기한다. 다시 ③번을 암기할 때 ①번, ②번을 하고 ③번을 암기하는 것처럼 점진적인 형태로 계속 암기하면 처음 암기했던 내용은 더욱 더 머릿속에 오래 남게 된다. 이렇게 영어단어나 영어 본문의 문장을 암기하게 되면 효과적인 영어노트로 활용할 수가 있다.

해석 먼저 쓰고 영어 예문을 쓴 영어노트필기의 예 ①

Dear Diary

Date . . No.

<본문>

① 일기에게 ← 암기 하기 편리하게 순번 부여

Dear Diary
↳ ~에게

dear : 친애하는 ~에게 (형)
diary : 일기 (명)

② 오늘 아침에 비가 많이 내리고 있었다. → 한글 내용 정리

It was rainning hard this morning → 영어 예문

rain : (동) 비가오다, 비(명)
hard : (부) 세차게, (형) 단단한, 하기힘든
this morning : 오늘아침에
← 관련 단어 정리

[It] → 비인칭 주어 (날씨, 시간, 요일 등...) 별도의 해석 X
(was rainning) → <be동사의 과거형 + V-ing>, 과거진행형시제.
과거에 진행중이던 일을 나타냄.
'~하고있었다' 로 해석
← 문법 정리

③ 나는 학교 가는길에 우리학교 교복을 입은 한 남자아이를 보았다.

On my way to school, I saw a boy in my school's uniform.
(in my school's uniform: 우리학교 교복을 입은)

saw : See 과거형
see : ~을 보다.
uniform : 유니폼, 제복

[on my way to school] → <On my(one's) way to ~> 는 '~로 가는길에', '도중에' 로 해석

④ 그아이는 휠체어를 타고있는 여자아이를 밀었다.

He was pushing a little girl in a wheelchair.
(was pushing: 과거진행형시제) (in a wheelchair: 휠체어를 타고있는)

push : ~을 밀다
little : 작은, 어린
wheelchair : 휠체어

⑤ 그러나 그아이들은 우산을 갖고있지 않았다.

But they weren't carrying an umbrella

But : 그러나
carry : (동) ~을 가지고 다니다, 나르다, 운반하다

[they] → the boy and the little girl
(weren't carrying) → 과거진행형의 부정은 <be동사의 과거형(was, were) + not + V-ing>

⑥ 나는 그 아이들에게 우산을 씌워 주었다.

I held an umbrella over them
(held: hold 과거형) (over: ~위로)

held : hold 과거형
hold : (동) ~을 들다, 잡다, 쥐다
over : (전) ~의 위에

⑦ 남자아이가 "고마워"라고 말했다.

"Thank You," the boy said
(said: say 과거형)

said : say의 과거형
say : ~이라고 말하다.

해석 먼저 쓰고 영어 예문을 쓴 영어노트필기의 예 ②

	⑧ 우리는 함께 걸어가서 그애의 여동생을 학교에 데려다 주었다.
walk : 동 걷다, 걸어가다	We walked together and left his littlesister at her school
together : 부 함께, 같이	leave 과거형 / (장소) ~에서
leave	[left] → leave 과거형
: 동 ~을 두고오다.	[at] → 전 (장소) ~에서 / (때, 시각) ~에
left : leave 과거형	
	⑨ 점심시간에 나는 음식을 들고가다가 한 남자 아이의 셔츠에 스프를 쏟고 말았다.
At	At lunchtime, I was carrying my food and
: 전 (장소) ~에서 /	spilled soup on a boy's shirts!
(때, 시각) ~에	
spilled : spill 과거형	[At] → 전 (때, 시각) ~에
spill : ~을 엎지르다, 쏟다	[was carrying] → 과거진행형
	[spilled soup on a boy] → <spill A on B> : A를 B에 엎지르다.
	과거진행형시제 (was carrying) 와 과거시제 (spilled) 가 쓰인
	두개의 절이 접속사 and 로 연결된 문장이다.
	⑩ 나는 "어머, 미안해!" 라고 말했다.
	"Oh, sorry!" I said.
	say 과거형
	⑪ 그런데 그아이는 그냥 "신경쓰지마, 괜찮아." 라고 말했다.
simply : 부 단지, 다만	But the boy simply said, "Never mind It's okay."
mind	[never mind] → 신경쓰지 마세요.
: 동 ~을 꺼리다, 신경쓰다	
	⑫ 나는 그아이를 쳐다보았다.
look at ~	I look at him
: ~을 보다.	
	⑬ 여동생과 함께있었던 semin 이라는 남자아이였다!
	It was semin, the boy with his sister!
	동격
	[the boy with his sister] → 바로 앞의 semin 에 대해
	보충설명을 하는 동격어구 이다.
	동격어구 → 명사나 대명사의 의미를 보충하기 위해 뒤에
	명사구를 둔 경우, 콤마 (,) 를 붙이고 쓴다.
	⑭ 이렇게 나는 오늘 새 친구를 만났다!
met : meet 과거형	So I met a new friend today!
meet : 만나다	= semin

해석 먼저 쓰고 영어 예문을 쓴 영어노트필기의 예 ③

날아다니는 안과병원

The Flying Eye Hospital

① 저는 BNN의 Jenny kim 입니다.

I'm Jenny kim from BNN.

공간을 넉넉하게 두어 추가내용을 적도록 공간을 확보해야 한다

② 저는 지금 여기 ORBIS 비행기, 즉 '날아다니는 안과병원'에 있습니다.

I'm here on the ORBIS Plane, "the flying eye hospital".

↳ 동격의 관계, 부연설명

③ 이 비행기는 무료 안과수술을 제공하기위해 많은 저개발 국가를 다니고있습니다.

It travels to many underdeveloped countries to provide free eye surgery.

to부정사의 부사적용법(목적) 무상의, 무료의

'~하기위해서'로 해석되며 「in order to(so as to) + 동.원」으로 바뀌쓸수있다.

④ 이 단체의 의사들과 간호사들은 가난한 사람들의 눈건강과, 그들의 삶을 위해 평생을 바치고 있습니다.

A group of doctors and nurses dedicate their lives to the eye health of poor people

「dedicate + 목적어 + to + (동)명사」는 '~을 …에 바치다, 헌신하다'의 뜻.

to는 '~에'로 해석되는 전치사.

⑤ 저는 ORBIS의 일원 네분을 인터뷰하기 위해 여기에 와 있습니다.

I'm here to interview four of ORBIS's crew members.

인터뷰하기위해, to부정사의 부사적용법(목적)

⑥ 먼저 ORBIS International의 이사이신 Cherwek 박사님을 만나보겠습니다.

Let's first meet Dr. Cherwek, director of ORBIS International.

↳ 동격의 관계, 부연설명

⑦ 박사님 안녕하세요?

How do you do, Dr. Cherwek?

사회, 과학(생물, 지구과학)은 다분할 노트가 도움이 된다

사회와 과학은 학습유형에 따라 노트필기를 사용하는 것이 좋기에 그 어떤 노트 형태를 사용해도 무방하다. 다만, 각각의 노트별로 장점과 단점이 있으므로, 스스로 그 부족한 부분을 보충하고 채워야만 한다.

예를 들어, 사고력이 부족해 점수가 안 나오는 경우엔 수평적 필기를 통해 개념을 깊이 있게 파악하는 게 유리하다. 또 개념은 잘 알고 있는데 머릿속에서 뒤죽박죽 정리가 안 되어 있는 경우에는, 수직적 필기를 통해 순차적 정보처리 능력을 향상시켜주는 게 좋다. 단, 각 단원별로 유용하게 정리할 수 있는 노트는 따로 있다.

사회와 역사과목 같은 경우에는 내용에 대해 순차적인 흐름에 따른 정리가 좀 더 효율적일 수 있으므로 수직형 노트가 더 도움이 될 수 있다. 과학과목 같은 경우에는 과목에 따라 생물과 지구과학은 암기 중심의 정리로, 물리와 화학은 이해 중심의 개념 정리로 필기하면 더 효과적이다.

I 그래프, 예제가 많은 단원은 위브노트를 써라

수직과 수평이 씨줄과 날줄처럼 교차되어 있는 위브노트를 꼭 사용해야 하는 단원들이 있다. 예를 들어, 사회나 역사과목은 그림, 그래프, 예제, 도표와 같이 본문 내용을 부연 설명하는 요소들이 많다. 따라서 관련 내용을 연결짓거나 좀 더 깊이 있는 내용도 넣을 수 있어야 하므로, 위브노트를 사용하는 게 효과적이다. 이와 관련한 그래프나 예제는 매년 시험에 단골로 출제되는 문제이므로, 위브노트를 통해 철저히 파악하자.

| 비교, 분석이 필요한 단원은 시각형 노트를 써라

비교나 분석은 대체로 자료를 한눈에 바라보기 편하게 시각자료를 위한 정리이므로, 전체적인 내용을 파악하고 이해하는 데 쓰는 맵핑 유형 노트가 효과적이다. 예를 들어, 세계사에서 1, 2차 세계대전을 비교 분석하는 게 매우 중요하다. 그렇다면, 두 전쟁 사이에 비슷한 부분은 무엇이고 대조적인 부분은 무엇인지 정확히 알아야 하는데, 이때 맵핑 노트가 유용하다.

| 생물과 지구과학은 이분할 노트나 다분할 노트를 활용하라

생물, 지구과학은 교과내용과 과련된 내용을 체계적으로 정리해서 기록하는 것이 좋다. 즉 과학과목 중에 생물과 지구과학은 사회 계열 과목처럼 이분할 노트나 다분할 노트를 사용하는 것이 바람직하다. 특히, 이 과목들 역시 내용에 따른 이해자료(도표, 실험 내용, 공식) 등을 많이 담고 있기 때문에 다분할 형태의 노트로 정리한다.

과학(생물, 지구과학) 이분할 노트

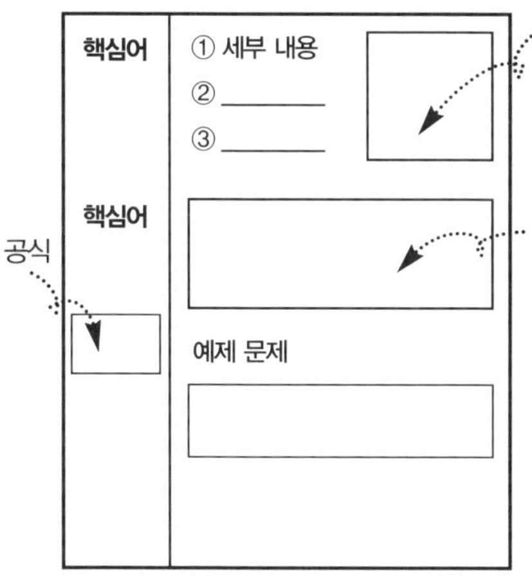

과학(생물, 지구과학) 다분할 노트

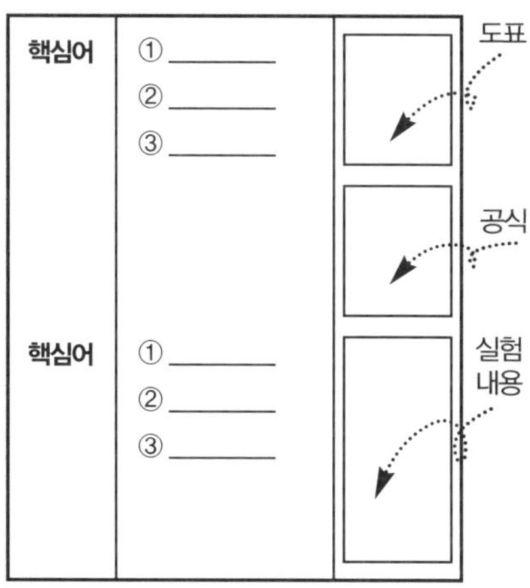

사회과목, 추가 내용(그림, 포스트잇)을 정리한 노트필기의 예

	메소포타미아	이집트
지형	개방적	폐쇄적
종교	현세적	내세적
달력	태음력	태양력
진법	60진법	10진법

2 이집트 문명

폐쇄적 지형→바다·사막 : 통일 왕조 장시간 유지

이집트

①기원전 3500년경→농사
②나일강의 규칙적범람의 흙→건조기에서 농사 ○

도시국가·통일왕조 발생
①대규모 치수관개→권력필요
ㄴ 왕권강화, 통일왕국 성립
② BC3000 : 도시국가→통일왕국
③지형적 조건→침입 적음.

건축 대규모신전, 묘 축조
그림문자 신전벽, 묘 내부, 파피루스
태양력 1년=365일→강범람·추수시기 예측
실용적 학문
토목 기술. 측량술. 기하학. 10진법.

나일강의 선물

① 매년 7월~11월 : 태양력→범람·씨뿌리는 시기
②농경지 측정비→측량법, 토목기술, 기하학, 수학 발전
③피라미드. 스핑크스→응용
④그림문자. 파피루스에 기록.

파라오

①왕·성직자·신
②나일강 주변지역→배→통치, 태양신 제사
③죽어도 영혼은 영원히 산다→미라
④피라미드 : 사후세계용 용품.

절대 권력→제정일치

종교 내세적 종교관
다신교 신앙 태양신→최고
영혼불멸사상 사후세계→영혼×死
피라미드 파라오 무덤
ㄴ 미라제작. 서자의서, 스핑크스

페니키아

①히타이트·이집트 약→동부지중해 지역에 세워짐
②근거지 무역중시→식민지→높은 문화·새 지식 전파
③표음문자 : 쓰기 그림 문자보다 편리

상업발달
①동쪽 높은산맥·척박한 땅
ㄴ 지중해-해상상업 활발
② 북아메리카·지중해연안→식민 도시
동서 문화교류공헌
오리엔트 문화→지중해세계

알파벳

①지중해 모든 지역에서 사용.
② 그리스인 : +모음.
③로마인→그리스알파벳 사용→서구공통 문자.

헤브라이

①기원전 1500년경 메소포타미아지역 유목민→지중해동 팔레스타인
② 이집트이주→파라오 압제→팔레스타인 BC 1000 헤브라이왕국
③왕국 한때번성→이스라엘, 유대로 분열.

사회과목, 추가 내용(웨빙과 부가 내용)을 정리한 노트필기의 예

1. 동아시아의 근대적 성장

	① 유럽 세력의 아시아 진출과 침략	
유럽의 아시아 침략	① 산업혁명의 결과 대량 생산 가능	
	② 상품을 팔고 원료를 공급받을 식민지 필요	
	→ 무력을 앞세워 개항 요구, 불평등한 교역 관계 강요	
청의 아편 밀무역	①. 청은 임칙서를 광저우에 파견, 아편 몰수,	- 영국의 삼각 무역
	교역을 엄격하게 금지	
	→ 영국이 함대를 이끌고 와 공격, 아편전쟁 일어남	
난징 조약	→ 청 패함, 불평등한 난징 조약을 맺어	- 최초의 불평등 조약
	홍콩을 빼앗기고, 5개 항구 강제로 개항	- 반식민지 상태로 전락
	① 영국은 또 아편 전쟁을 일으킴	
	→ 중국의 위신 크게 손상	
	② 중국의 근대화 운동	
태평 천국 운동	① 크리스트교의 영향을 받음	- 홍수전 (중심인물)
	② 한족의 부활을 꿈꾸며, 청조 타도.	
	토지의 균등 분배, 남녀평등, 악습의 철폐 주장	
	→ 농민들에게 큰 호응, 쇠퇴해가던 청에 큰	
	타격	
	↔ 의용군과 외국군에 의해 진압	
양무 운동	① 서양의 근대 기술을 받아 들여 부국 강병을	
	이루려고 함	
	↔ 근본적인 개혁이 이루어지지 못함	
	→ 청·일 전쟁 패배, 양무 운동 실패	
일본의 메이지 유신	① 지식인들은 양무 운동을 비판	
	② 메이지 유신을 모범으로 하여, 의회 제도	
	도입하자고 함	
변법자강 운동	① 제도개혁을 통해 근대화를 이루려고 한 노력	
	↔ 서태후 중심, 보수적인 관료층의 반발로 실패	

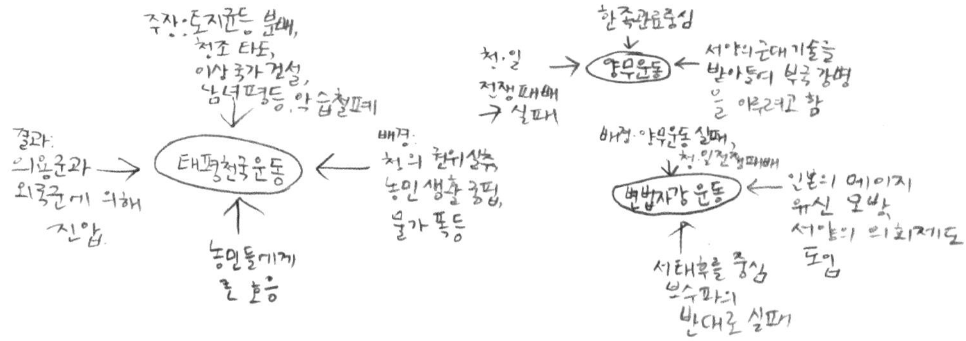

과학과목, 추가 내용(그림, 기호)을 정리한 노트필기의 예

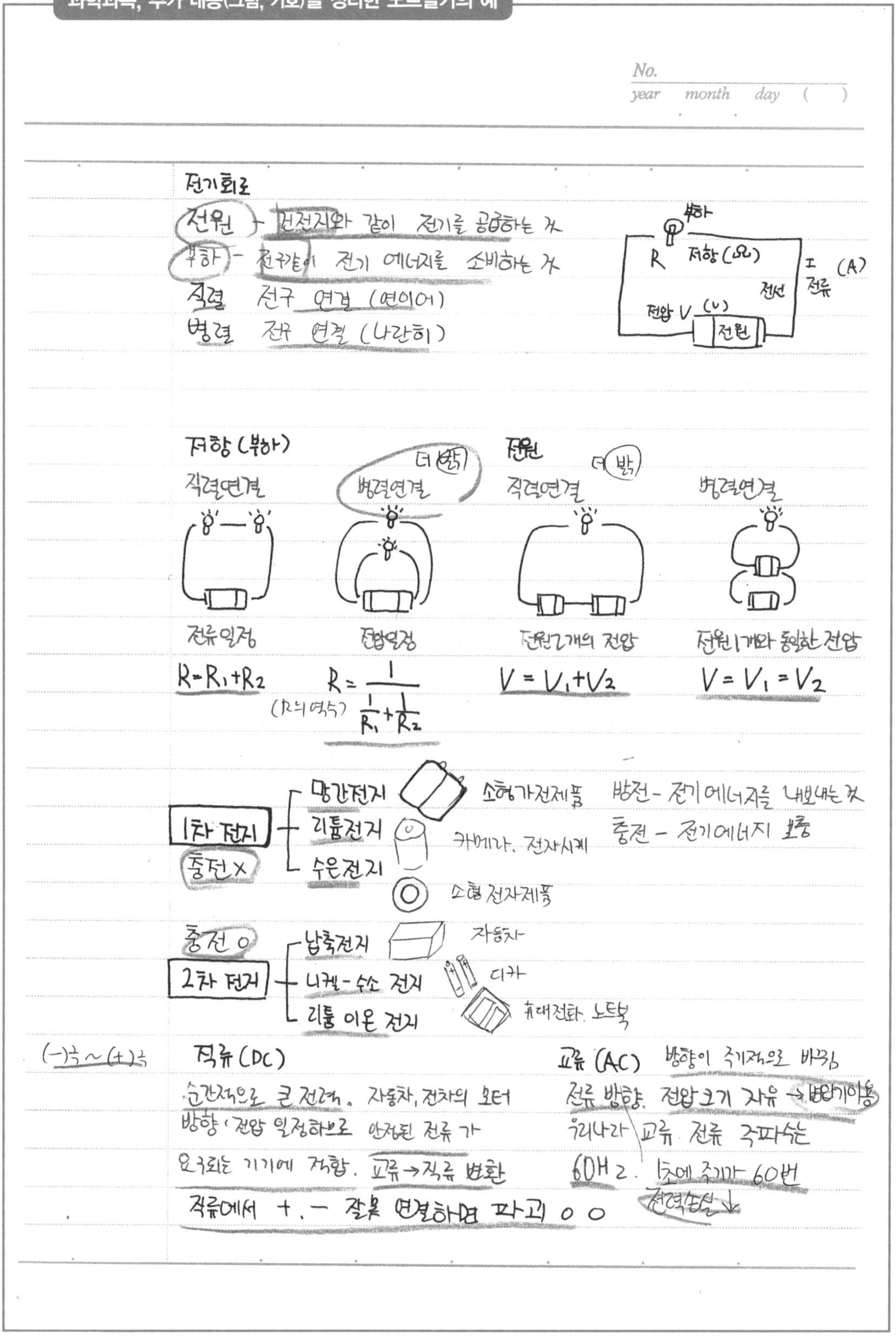

No.
year month day ( )

전기회로

전원 – 건전지와 같이 전기를 공급하는 것
부하 – 전구같이 전기 에너지를 소비하는 것
직렬 전구 연결 (연이어)
병렬 전구 연결 (나란히)

저항 (부하)

직렬연결 / 병렬연결 (더 밝)

전류일정: $R = R_1 + R_2$

전압일정: $R = \frac{1}{\frac{1}{R_1} + \frac{1}{R_2}}$ (R의 역수)

전원

직렬연결 (더 밝) / 병렬연결

전원2개의 전압: $V = V_1 + V_2$

전원1개와 동일한 전압: $V = V_1 = V_2$

1차 전지 (충전 X)
- 망간전지 – 소형가전제품
- 리튬전지 – 카메라, 전자시계
- 수은전지 – 소형 전자제품

방전 – 전기 에너지를 내보내는 것
충전 – 전기에너지 보충

2차 전지 (충전 O)
- 납축전지 – 자동차
- 니켈-수소 전지 – 디카
- 리튬 이온 전지 – 휴대전화, 노트북

(-)극 ~ (+)극

직류(DC)
순간적으로 큰 전력. 자동차, 전차의 모터
방향·전압 일정하므로 안정된 전류가
요구되는 기기에 적합. 교류→직류 변환
직류에서 +, – 잘못 연결하면 파괴 ○○

교류(AC) 방향이 주기적으로 바뀜
전류 방향, 전압 크기 자유 → 변압기이용
우리나라 교류 전류 주파수는
60Hz. 1초에 주기가 60번
전력손실↓

과학과목, 추가 내용(그림과 핵심 정리)을 정리한 삼분할 노트필기의 예

과학 (생물)

Time : ________ min / Date : 200

생식

◦ 분열기(M기)	☆⑥ 생식세포의 형성 (간기 → 전기 → 중기 → 후기 → 말기) ↳제외된다.
G_1기	
☆ S기 → DNA복제.	• 세포분열 ┌ 체세포분열 (=유사분열) : 2n →(DNA복제) (2n+2n)
G_2기	└ 생식세포분열 (=감수분열) : 2n →(DNA복제) (n+n+n+n)
M기	
	〈시험문제〉
* 염색체 : 46개	유전자는 DNA이다. (O)
유전자 : 25000~30000	DNA는 유전자이다. (X)
DNA : 60억개	
	1. 생식세포의 형성
	:사람은 사춘기 때부터 호르몬의 조절을 받아 정소와 난소 에서 (감수분열)(2n→n)을 통해 정자 와 난자를 생성한다
	1) 정자의 형성 과정
*정소	(1) 정소안의 세정관 내벽에서 정원세포가 만들어지고 이들의 체세포분열
: 체세포분열과	로 그 수가 증가하면서 (제1정모세포)로 성숙한다. (2n → 2n)
감수분열이 다 일어난다	(2) 제 1정모세포는 감수제1분열에 의해 2개의 (제2정모세포)가 되는데 이때 염색체 수가 반으로 줄어든다. (2n → n)

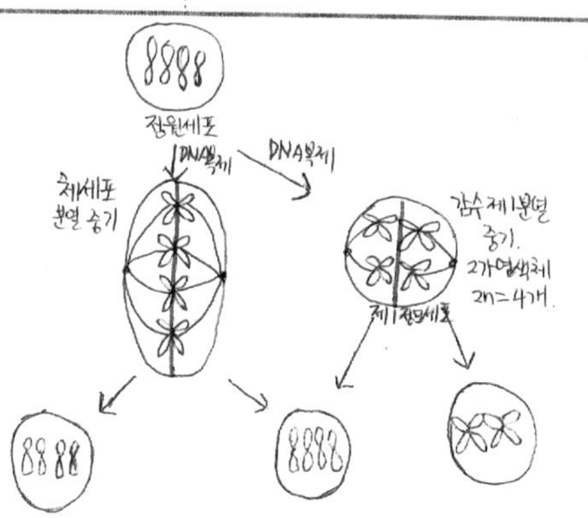

* 2가 염색체 : 상동염색체끼리 만나 서로 접합
⇓
4분염색체

☆ * 감수제1분열 : 염색체 수 반으로 DNA량 ½
→ 상동염색체분리
↳ 이형분열

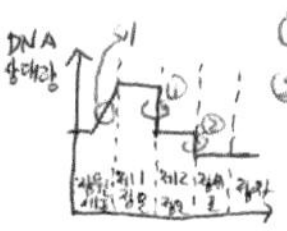

①: 감수제1분열 DNA상대량 ½
②: 감수제2분열 DNA상대량 ½

☆ * 감수제2분열 : 염색체수 그대로 DNA량 ½
→ 염색분체의분리
↳ 동형분열

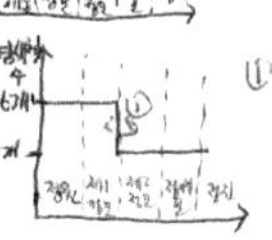

① 감수제1분열

NO. DATE.

3. 호르몬

내분비선

외분비선

항원 X

척추동물

과학 03. 호르몬

호르몬의 특성

1. 호르몬의 특성

① 내분비선에서 생성된다.

- 내분비선 : 호르몬 분비선
- 외분비선 : 젖샘, 침샘, 소화샘

② 혈액을 통해 표적 기관으로 운반된다.

③ 미량으로 생리 작용을 조절한다.

④ 결핍증 또는 과다증이 나타난다.

⑤ 항원으로 작용하지 않아 다른 척추동물에서도 같은 효과를 나타낸다.
└ 종 특이성 X

2. 사람의 내분비선과 호르몬

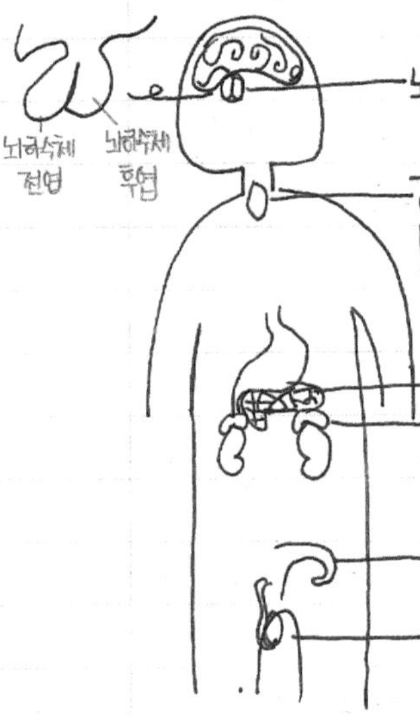

- 뇌하수체 →
  - 전엽 :
    - ◦ 생장호르몬 : ◦ 생장촉진
    - ◦ 갑상선·부신 피질·생식선 자극 호르몬 : ◦ 다른 내분비선을 자극하여 호르몬 분비 촉진
  - 후엽 :
    - ◦ 옥시토신 : 분만시 자궁근 수축 촉진
    - ◦ 항이뇨호르몬 : 신장에서 수분 재흡수 촉진 (=바소프레신)
- 갑상선
  - → 티록신 : 세포 호흡 촉진
- 이자 → 랑게르한스섬
  - 글루카곤(α세포) : 혈당량 증가 ↑
  - * 인슐린(β세포) : 혈당량 감소
- 부신 →
  - 피질
    - 무기질 코르티코이드 : Na^+ 흡수, K^+ 배출
    - 당질 코르티코이드 : 혈당량 증가
  - 수질 : 아드레날린(=에피네프린) : 혈당량 증가
- 난소 →
  - 에스트로겐 : 여성의 2차 성징 발현
  - 프로게스테론 : 배란억제, 임신유지
- 정소
  - → 안드로겐 = 테스토스테론 : 남성의 2차 성징 발현

기타과목,
수업 중 노트로 끝내라

평소에는 주요과목 공부를 해야 하기 때문에 가정이나 체육 같은 기타 과목을 공부하는 시간을 따로 내기는 쉽지 않다. 또 이런 과목들은 실습이나 수행평가 등으로 학습이 이루어지므로, 이러한 과목을 필기할 때는 평소에 수업 중 노트필기처럼 듣고 받아쓰는 실력을 기르는 게 중요하다. 수업 중에 선생님이 강조하는 말을 노트로 정리해 시험 기간에 활용하라.

| 전년도 기출문제를 참고하라

이전에 선배들이 치렀던 기타 과목의 시험 자료를 구해 참고하는 것도 도움이 된다. 선생님마다 시험 출제에 대한 특성이 있으므로 사소한 내용이라도 놓치지 말고 미리 정리해두는 게 좋다.

| 시험기간에 암기할 수 있는 자료를 만들어라

기타 과목은 평상시에 특별히 공부하지 않기 때문에 수업시간에는 집중해서 경청하고, 시험기간에는 암기자료를 만들어서 반복해서 보아라.

| 평상시 수업 내용을 필기하는 가운데 경청 기술을 늘려라

사실 수업 중 선생님이 하는 말을 받아 적는 것은 결코 쉬운 일이 아니다. 더군다나 평상시 듣는 학습자세가 형성된 학생들이라면 더욱 더 경청하면서 노트필기하기가 쉽지 않다. 그러므로 주의 깊게 집중하여 평상시 기타과목 수업 시간에는 다른 주요과목보다 더 열심히 경청하면서 필기하는 연습을 하자.

한문 노트필기의 예

No.
year month day ( )

守分自安 분수를 지켜 스스로 편안하게 한다

지킬 守 나눌 分 스스로 自 편안할 安

凡爲事 當利於物而 便於人

무릇 凡 할 爲 일 事 마땅 當 이로울 利 어조사 於 만물 物 그리고 而 (말이을) 편할 便 어조사 於 사람 人

무릇 일을 함에, 마땅히 만물에 이롭게 하고, 사람에게 편리하게 해야 한다

爲己而求福者 末也 자기를 위해 복을 구하는 것은 지엽적인 일이다

할 爲 몸 己 그러나 아 그리고 (말이을) 而 구할 求 복 福 사람 者 끝 末 (말) 어조사 也

能守其分 則其心必貞 其身必安

능력 能 지킬 守 어조사 其 분수 分 곧 則 그 其 마음 心 반드시 必 곧 貞 그 其 몸 身 반드시 必 편안할 安

분수를 지킬 수 있으면,
마음은 반드시 곧게 되고, 몸이 반드시 편안해진다.

而萬福在其中矣 그래서 만복이 그 속에 있게 될 것이다

말이을 而 일만 萬 복 福 있을 在 그 其 가운데 中 어조사 矣

便 ─ 편할 편 / 소식 편 / 똥오줌 변

則 ─ 곧 즉 / 법 칙

而 (말이을 이) ─ 순접: 따라서, 그래서 / 역접: 왜냐하면

기가 노트필기의 예

No.
year . month . day ( )

옷 세탁용 세제 종류 · 특징

종류	성분	특징	용도
비누	천연유지	· 센물 · 찬물 잘 녹지 않음 · 약알칼리성 (수용액) · 생분해성이 좋음	면. 마. 레이온 합성섬유
합성세제	천연유지 70% ↓ 기타 계면활성제 30% ↑	· 센물 · 찬물에 잘 녹음 · 중성. 보조제에 따라 약알칼리성 (수용액)	약알칼리성 - 면. 마. 레이온. 합성섬유 중성 - 모. 견. 아세테이트 레이스

면 · 마 : 물 · 열에 강해 삶기 가능 모 · 견 : 드라이클리닝 안전, 그늘에서 (특히 황색)

푸새 (풀먹이기) 의복 형태 유지, 더러움 덜 타게, 때 잘 빠지게

세탁의 원리

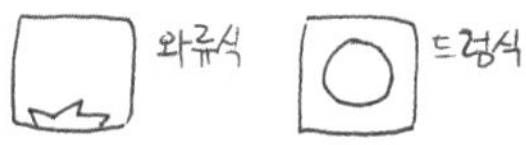

다리미 3대 조건 열. 습기. 압력
씨실과 날실의 올을 잡아두며 다려야 함

옷 단기 보관
걸어서 보관 형태 중요 · 구김이 많이 가는 옷
개켜서 보관 형태 중요×. 구김×
위 · 앞쪽 자주 입는 옷. 곧 입을 옷 · 가벼운 옷
밑 · 뒤 나중에 입을 옷 · 무거운 옷
장기 보관
깨끗이 세탁 후 장기보관
보관장소 직사광선× 습기× 통풍이 잘 되는 곳
옷덮개는 통기 가능 소재 / 방충제 · 흡습제를 넣음
해충방지 〈장뇌. 나프탈렌 파라디클로로벤젠〉
곰팡이 예방 〈염화칼슘, 실리카겔〉

노트의 내용에 대해 자가진단을 하라

노트필기를 한 후에는 스스로 정리한 핵심 내용과 관련해서 어떤 내용이 출제될지, 스스로 점검해보는 시간을 꼭 가져라. 자가진단을 만들어 기록하는 것도 노트를 효과적으로 사용할 수 있는 한 방법이다. 자신이 취약한 과목에 대한 노트 정리일수록 자가진단을 만들어서 점검해보면, 자신이 놓치기 쉬운 내용이나 잘 이해하지 못하는 내용을 찾을 수 있어 더욱 효과적이다.

노트필기 자가진단은 노트 활용에 반드시 필요한 부분이다. 특히, 동그라미형처럼 노트필기를 해놓고 보지도 않고 책상 한 켠에 고이 모셔두는 학생들은 꼭 노트필기 후에 자가 진단 문제를 만들어서 자신이 정리한 노트필기 내용을 활용해보기 바란다. 자가진단 문제는 아래와 같은 방식으로 만들어보자.

첫째, 개념 정리나 중요한 핵심어에 대한 용어를 가급적이면 객관식 문제보다 서술형으로 만들어라.

둘째, 노트에서 중심 내용과 그에 따른 세부 내용을 질문과 대답 형태로 만든다.

셋째, 소제목만 보고도 전체 내용을 파악할 수 있게, 소제목별로 질문과 대답을 만들어라.

넷째, 수학이나 물리 공식에 대해서도 문제를 만들어 점검한다.

다섯째, 6하원칙 형태로 문제를 만든다. 노트 내용에 (　　)를 채워넣도록 하는 문제를 만들어 점검해보라.

역사 과목, 소제목별 6하원칙에 따른 자가진단 문제의 예

NO. DATE.

① 고구려와 수·당의 전쟁은 어떤 영향을 미쳤을까?

1. 을지문덕이 수나라 군대를 살수에서 크게 물리친 것을 무엇이라 하나?

=> 살수 대첩

2. 고구려가 당의 침입에 대비해 축조한 성은?

=> 천리 장성

② 백제, 고구려의 멸망은 어떤 과정을 거쳐 되었을까?

1. 나·당 연합군이 결성된 배경은?

=> 신라·고구려의 연합 결렬, 당의 한반도 침략 야욕

2. 고구려가 멸망하게 된 배경을 예를 드시오.

=> 거듭된 전쟁으로 인한 국력 소모, 정치적 불안정 등

③ 신라의 삼국 통일 과정을 알아보자.

1. 통일 신라의 삼국 통일의 한계성?

=> 외세 이용, 대동강에서 원산만 까지의 불완전한 통일

2. 신라 삼국 통일의 의의?

=> 민족 문화 발전의 토대 마련, 삼국 통일의 자주적 성격

3. 신라는 당의 군대를 어느 곳에서 몰아냈었나?

=> 매소성, 기벌포

④ 통일 신라의 발전을 탐구해보자

1. 전제 왕권이 확립 된 시기?

=> ㉛ 신문왕

2. 전제 왕권이 흔들리기 시작한 시기?

=> ㉟ 경덕왕

⑤ 발해의 건국과 발전은 어떻게 이루어졌는가?

1. 발해의 상경을 출발하여 신라와 교역하던 교통로는?

=> 신라도

2. 발해의 고구려 계승 의식은 무엇에서 찾아볼수 있나?

=> 국제 문서에 고려왕 명칭 사용, 문화의 유사성

3. 발해가 해동 성국이라 불리던 때?

=> 9세기 전반 선왕 때

과학 과목, 개념 정리와 이해도를 확인해보는 자가진단 문제의 예

- 스스로 확인하기 -

[3-3] 다음 화합물의 불꽃색을 쓰라.

(1) 염화 나트륨 (노란색)　　(2) 염화구리 (청록색)

(3) 질산칼륨 (보라색)　　(4) 염화칼슘 (주황색)

[3-4] 물이 들어있는 컵에 녹차 봉지를 넣으면 녹차가 우러나온다. 녹차가 우러 나오기 전과 후의 전체 질량은 어떻게 되는가?

답) 녹차가 우러나오기 전과 후의 전체질량은 같다.

[3-5] 구리를 공기중에서 가열하면 검은색의 산화구리로 된다. 이 때 구리와 산소는 항상 4:1의 질량비로 결합한다. 구리 10g과 산소 2g을 반응시킬 때 얻을 수 있는 산화구리의 질량은 몇 g인가?

답) 구리와 산소는 항상 4:1의 질량비로 반응하므로 구리 8g과 산소 2g이 반응하여 10g의 산화구리를 얻을수 있다.

[3-6] 원자 모형을 사용하여 원자를 나타내는 까닭은 무엇인가?

답) 원자는 눈으로 볼 수 없고 확인할 수도 없다. 이런 원자가 나타내는 현상을 설명하기 위하여 구체적 대상인 원자 모형을 만드는 것이다.

[3-7] 질소기체와 수소 기체가 반응하여 암모니아 기체가 생성될 때의 부피비는 1:3:2 이다. 이 반응을 분자 모형을 이용하여 나타내어라.

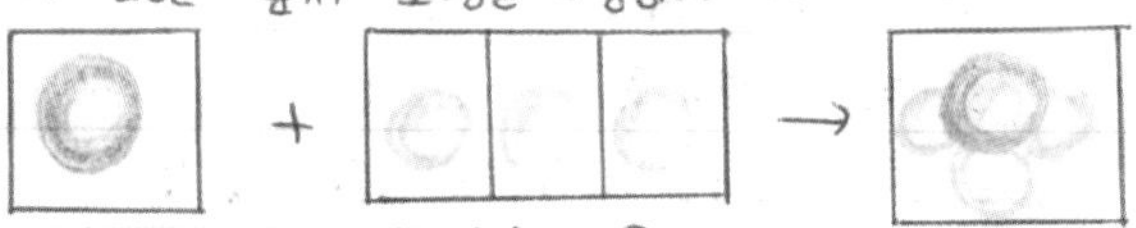

질소 1　　수소 3　　암모니아 2

[3-8] 다음 분자들을 분자식으로 나타내어라.

헬륨 (H_2)　　산소 (O_2)　　이산화탄소 (CO_2)　　메탄 (CH_4)

[심화활동] 물질의 화학식과 구성원자의 수를 나타내는 다음 표를 완성하여라.

물질	분자식	구성 원자의 종류	총 원자수
산소	O_2	1	2
이산화탄소	CO_2	2	3
염화수소	HCl	2	2
설탕	$C_{12}H_{22}O_{11}$	3	45

과학 과목, 서술형 문제로 만든 자가진단 문제의 예

Date　　　　Page

3. 어떤 학생이 무게 450N인 물체를 3초만에 10m 높이까지 들어올렸다.

(1) 학생이 물체에 한 일은 몇 J인가?

답) W=FS = 450N×10m = 4500J

(2) 이때 일률은 몇 W인가?

답) $P=\frac{W}{t}=\frac{4500J}{30s}$ =150W

4. 오른쪽 그림과 같이 질량 20kg인 추를 높이 4m에서 떨어뜨렸더니 말뚝이 10cm 깊이로 박혔다. 말뚝과 지면 사이의 마찰력은 일정한 것으로 보고, 다음 물음에 답하여라.

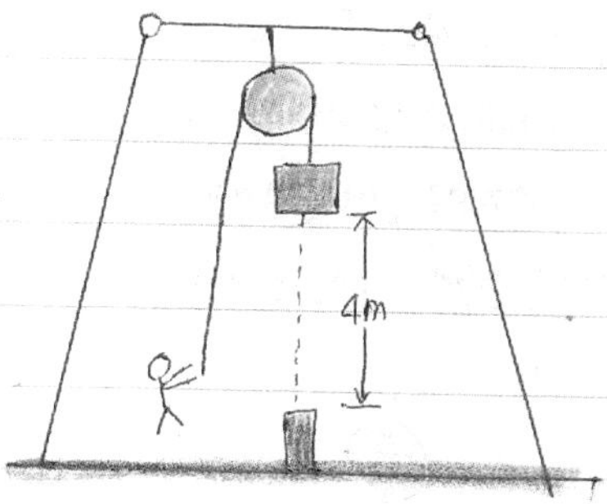

(1) 같은 추를 8m 높이에서 낙하시키면 말뚝은 얼마나 깊이 박히겠는가?

답) 4m:10cm=8m:x　∴x=20cm

(2) 질량 60kg인 추를 4m 높이에서 낙하시키면 말뚝은 얼마나 깊이 박히겠는가?

답) 40kg:10cm=60kg:x　∴x=30cm

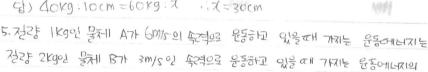

5. 질량 1kg인 물체 A가 6m/s의 속력으로 운동하고 있을 때 가지는 운동에너지는 질량 2kg인 물체 B가 3m/s인 속력으로 운동하고 있을 때 가지는 운동에너지의 몇 배인가?

답) 물체 A의 운동에너지 $=\frac{1}{2}mv^2=\frac{1}{2}\times1\times36=18J$

물체 B의 운동에너지 $=\frac{1}{2}mv^2=\frac{1}{2}\times2\times9=9J$

∴18J ÷ 9J　→ 2배

6. 롤러코스터가 운행하는 동안 열차는 가장 높은 곳에서 출발할 때의 위치보다 항상 낮아야 한다. 그 까닭은 무엇인지 설명해보자.

답) 열차가 운행하는 동안 공기의 저항 및 레일과의 마찰로 인하여 역학적 에너지의 일부가 열로 전환되므로 전체 역학적 에너지가 감소하기 때문이다.

7. 높이 10m의 건물 옥상에서 질량 4kg인 물체를 떨어뜨렸다. (단, 공기의 저항은 무시한다.)

(1) 이 물체가 지면으로부터 높이 4m인 곳을 지날 때의 운동에너지는 몇 J인가?

13

친구들의 노트필기

코멘트

노트필기를 하다보면 자신에게 맞는 방식을 찾게 된다. 자신에게 맞는 방식이라고 해서 필기 내용까지 충실하다는 것은 아니다. 자신의 노트필기에서 단점을 찾아 보완한다면 더욱 훌륭한 노트필기를 할 수 있을 것이다. 다른 친구들의 실제 노트필기를 통해 일반적으로 범하기 쉬운 실수나 수정했으면 하는 부분들을 알아보자. 전반적으로는 노트를 뜯어서 재편집할 수 있는 삼공노트 등을 써야 하는데, 노트 선택 자체가 잘못된 공통점을 찾을 수 있다. 각 노트별 코멘트는 다음 노트의 예를 참조하자. 노트별 코멘트를 보면서 자신의 노트필기에서 무엇을 보완해야 할지 생각해보자.

친구들의 노트필기 ①

No.
year . month . day ( )

갑오개혁 의의와 한계	**의의** 정치·경제·사회 모든 분야서 이뤄진 근대적 개혁 신분제 법적 폐지, 내각 형성 독립 협회 활동과 애국 계몽 운동에 영향 **한계** 개혁 주도 세력이 일본에 의존 → 국민 지지 X 시행되지 못한 개혁안이 많았음
독립협회를 만들다	**배경** 아관 파천 이후 자주 국가의 위신이 흔들림, 열강의 이권 침탈 지속 자주독립 의식 강화 **창립** 미국서 돌아온 서재필을 중심으로 정부 고관, 개화 지식인이 창립 → 전국적 단체로 발전 **활동** 서재필이 정부 지원을 받아 독립신문 발행, 독립문·독립관 건립 열강에 빼앗긴 각종 이권을 되찾고, 개혁을 통해 부강한 나라를 만들기 위해 노력. 토론회와 강연회 개최 → 국민들 자유 민권 의식 고취
만민공동회 개최	우리나라 최초의 근대적 민중 집회인 만민 공동회 개최 **독립협회 목표** ~~민중 계몽과 독립 의식 확산을 통해 자~~ **만민 공동회** 외세 내정 간섭과 이권 요구 비판, 근대적 정치 개혁 요구 **관민 공동회** 정부 대신, 시민, 학생 참여 → 헌의 6조 결의, 민권 보장 요구, 의회 정치 추구 **강제 해산** 보수 세력의 모함 → 황국 협회에 의해 해산 **한계** 서양식 제도와 문물 수용에 치우쳐 서양 열강의 침략의도를 제대로 파악하지 못함.
대한제국을 선포하고 광무개혁 추진하다	**대한제국 수립 1897)** 고종이 아관파천 후 1년 만에 덕수궁에 환궁 → 국호를 '대한제국' 연호를 '광무', 환구단에서 황제 즉위 **대한국 국제 반포 1899)** 모든 권한을 황제에게 집중한 전제 정치 체제 **광무개혁 1897)** 옛 제도를 바탕으로 서양식 산업과 교육 수용

1. 이 노트는 자신만의 방법으로 소주제를 핵심 칸에 기록한 노력이 보인다.
2. 핵심적인 내용을 구분하는 빨간색 펜을 세부 내용에 전체적으로 사용해 노트가 산만하다.
3. 노트의 사용법과 활용법을 잘 몰라서 왼쪽 여백을 거의 남겨두고 필기를 했다.

친구들의 노트필기 ②-1

Date. Page

② 단성화 : 한 꽃 속에 암술 또는 수술만 있는 식물이다.

ㄱ. 자웅 동주 (암수한그루) : 암꽃과 수꽃이 같은 그루에서 따로 피는 것.

ex) 호박, 오이, 옥수수, 소나무 등

ㄴ. 자웅 이주 (암수 딴그루) : 암꽃을 가진 암그루와 수꽃을 가진 수그루가 따로 구분되어 있다.

ex) 은행나무, 소철, 시금치 등

(2) 동물의 유성생식.

① 자웅 이체 : 대부분의 동물은 암수가 따로 있다.

ex) 포유류, 조류, 양서류, 파충류, 어류, 곤충류 등.

② 자웅 동체 : 암수의 생식기관이 한 몸에 있다.

ex) 지렁이, 플라나리아, 달팽이 등.

1-6. 식물은 자손을 어떻게 만드나.

1. 생식세포 형성과 수분.

(1) 생식세포의 형성.

① 화분의 형성 : 수술의 꽃밥 속에는 수많은 화분 모세포(2n)가 들어있는데, 이들이 각각 감수분열을 하여 4개씩의 화분(n)을 형성한다.

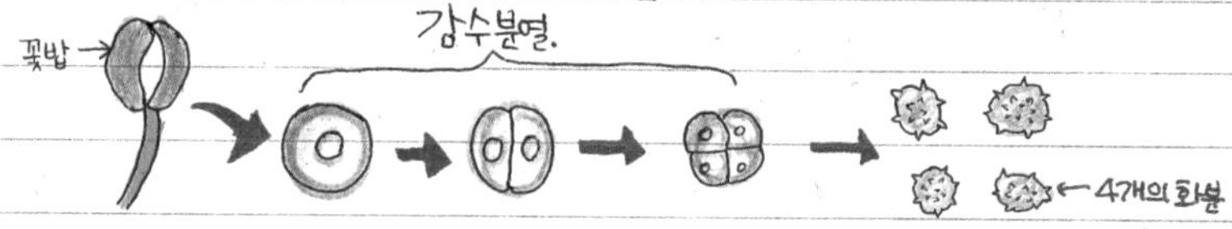

② 배낭의 형성 : 암술의 씨방에서 만들어지고, 배낭에서 난세포 1개와 극핵 2개가 만들어진다.

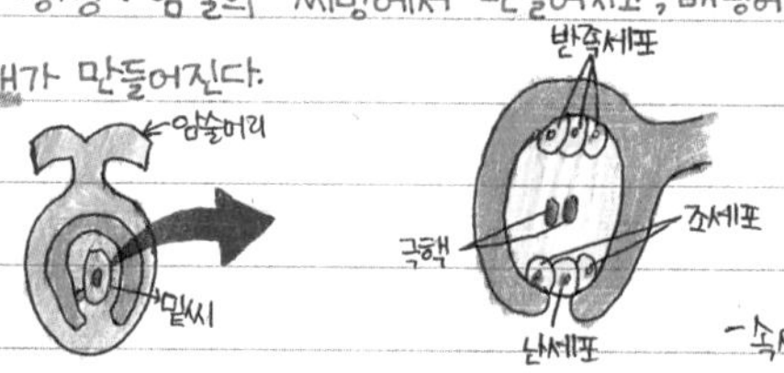

-속씨식물의 배낭 형성과정-

(2) 수분 : 화분이 동물이나 바람, 물 등에 의해 운반되어 암술머리에 붙는 것.

ex) 풍매화, 충매화, 조매화, 수매화 …

2. 식물의 수정 과정.

(1) 화분관의 발아와 정핵의 형성.

① 화분이 성숙하면 화분 속의 핵이 핵분열을 하여 생식핵, 화분관핵을 형성한다.

---

1. 이 노트는 목차와 내용을 체계적으로 정리했고, 중요 내용과 암기 내용도 잘 강조되어 있는 장점이 있다.
2. 하지만 내용을 추가할 여백이 없이 너무 빽빽하게 기록했고, 핵심어와 세부 내용을 구분하지 않아 노트의 활용도가 떨어진다.
3. 또한 내용의 중요도를 결정하는 색상을 구분해서 필기에 적용하지 않았다.

Date. Page.

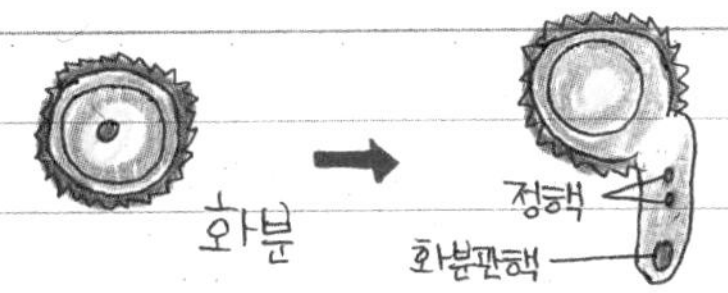

-화분관의 발아-

(2) 수정: 수분된 화분에서 자란 화분관이 밑씨에 도달하면 정핵과 난세포가 결합하는데, 이것을 수정이라고 한다.

① 속씨식물의 중복수정

㉠ 화분관이 밑씨에 도달하면 화분관핵은 없어진다.

㉡ 속씨식물의 화분관 속에는 2개의 정핵이 있다. 이중 1개의 정핵(n)은 난세포와 결합하여 배(2n)를 형성하고, 또 다른 1개의 정핵(n)은 극핵과 결합하여 배젖(3n)을 형성한다.

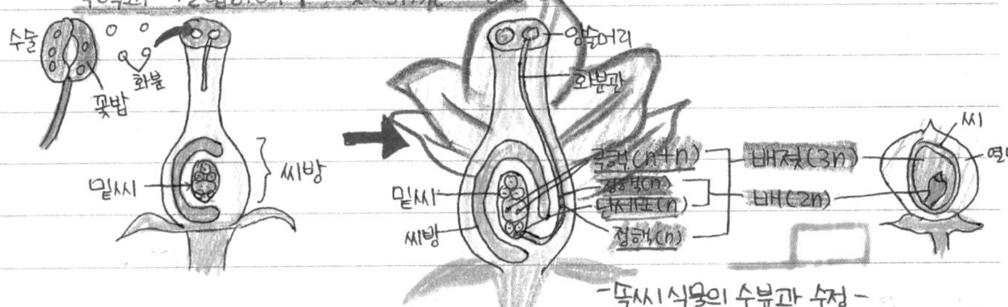

-속씨식물의 수분과 수정-
[중복수정]

㉢ 배: 식물이 될 부분, 배젖 - 양분저장.

-스스로 확인하기-

1. 속씨식물의 경우 밑씨 쪽으로 길게 자라는 화분관에는 몇개의 핵이 들어있는가?

↳ 답: 화분관 속에는 3개의 핵이 들어있는데, 아래쪽 끝에 있는것이 화분관핵이며, 위쪽에 있는 2개는 정핵이다.

2. 속씨식물의 중복 수정 과정에서 정핵과 난세포가 수정하여 __배__ 을(를) 형성하고, 다른 하나의 정핵과 __극핵__ 이(가) 수정하여 배젖을 만든다.

1-7. 알에서 개구리가 되기까지.

1. 동물의 생식세포.

↳ 동물에서는 생식세포인 난자와 정자가 수정하여 수정란이 되고, 수정란이 발생하여 새로운 개체로 된다.

(1) 난자 : 난자는 암컷의 생식기관인 난소에서 만들어진다.

친구들의 노트필기 ③

No.
year month day ( )

빛-각막-수정체-유리체-망막-시각신경-뇌

시각 - 빛을 자극으로 받아들여 물체의 모양과 색 등을 느끼는 감각으로
눈이라는 감각 기관을 통해 이루어짐

◦공막 - 눈의 가장 바깥을 이루며, 눈의 형태를 일정히 유지하는 막
흰색의 섬유질로 되어있고 · 눈의 형태를 일정히 유지

◦각막 - 공막의 일부가 변해 된 막, 얇고 투명한 콜라겐 섬유.
눈의 가장 앞에 있어 빛이 통과하고 홍채 바깥을 감싼다.

◦맥락막 - 공막 안쪽에 있는 막. 빛을 차단하는 검은 색소가 있어 눈 속을
어둡게한다.

◦망막 - 맥락막 안쪽에 위치하는 막. 물체의 상이 맺히며, 시각세포가
있어 빛을 자극으로 받아들인다

◦수정체 - 볼록렌즈 같이 빛을 굴절시켜 망막에 물체의 상이 맺히게..
섬모체에 의해 두께가 조절

◦섬모체 - 수정체의 두께 조절

◦홍채 - 맥락막이 변한 것. 동공의 크기를 변화시켜 안구로 들어오는 빛의 양 조절

◦유리체 - 눈 속을 채우는 투명한 물질이다. 이 액체의 압력으로 눈 형태 유지

◦시각신경 - 시각세포에서 받아들인 자극을 뇌로 전달

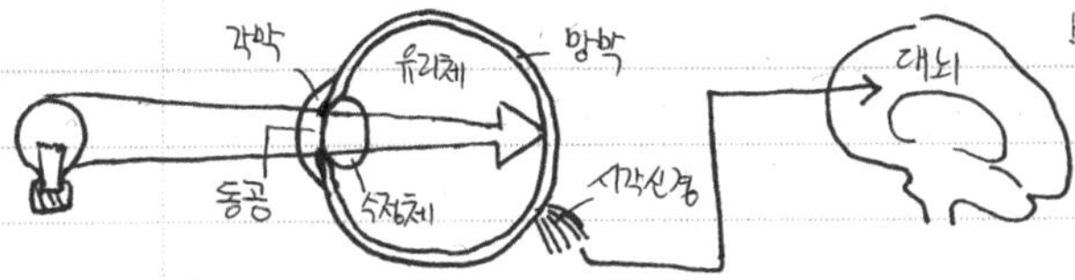

빛-각막-동공-수정체-유리체-망막-시각신경-대뇌

가까이 있는 물체

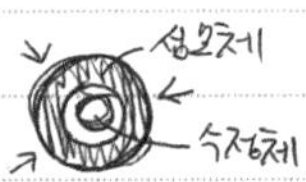

멀리 있는 물체

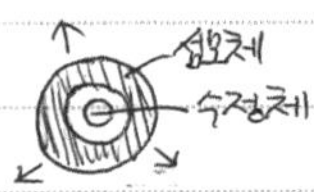

섬모체 수축 - 수정체 두꺼워짐 　 섬모체 이완 - 수정체 얇아짐

어두울 때 　 밝을 때

홍채 수축 - 동공확대 　 홍채 이완 - 동공축소

---

1. 이 노트는 중요 내용에 대한 표시를 하고, 세부 내용 또한 핵심 정리형과 서술형으로 필기를 해서 잘 정리되었다. 또한 그림을 적절하게 넣어서 시각적인 이해를 더한 것도 칭찬할 만하다.
2. 역시 노트 사용법을 잘 몰라 핵심 칸과 세부 내용 칸을 구분해서 사용하지 않은 점이 아쉽다.
3. 학습 내용에 대한 중요도를 표시하지 않았고, 전체적으로 빨간색을 많이 사용해서 눈에 피로감이 쌓이게 하며 핵심적인 내용이 한눈에 들어오지 않는 단점이 있다.

친구들의 노트필기 ④

반주 부분은 그 자체가 독자적인 성부의 기능
예술가곡 문학적 시를 가사로 만든 성악곡. 통절가곡·유절가곡으로 분류　　No. year month day ( )

시와 반주가 조화된 예술성이 풍부한 가곡 (예술가곡)

슈베르트　오스트리아 빈 출신. 초기 낭만파. "가곡의 왕"이라 불림　미완성 교향곡, 송어 5중주
주요작품 들장미, 마왕 (연가곡집) 물방앗간의 어여쁜 아가씨, 겨울 나그네, 백조의 노래
'마왕' 악곡해설　'괴테'의 시에 통절가곡 형식으로 작곡
등장인물　말굽소리 / 불안한 마음
해설자 마왕　유절가곡 = 절이 있는 것　통절가곡 = 하나의 가사
아버지 아들　송어 5악장으로 구성. 제 4악장은 가곡 '송어'의 가락을 주제로 한 변주곡
주제 바이올린　실내악곡 2~10명 정도 인원이 각각 다른 악기로 동시 연주 기악 합주곡
변주곡이란?　제1변주 피아노　현악 3중주 바이올린·비올라·첼로
같은 주제의 가락·박자　제2 비올라·바이올린　현악4중주 제1바이올린, 제2바이올린, 비올라, 첼로
리듬, 조성, 빠르기 등을 변화시켜 만든 형식　제3 첼로·콘트라베이스　현악5중주 제1바이올린, 제2바이올린, 비올라, 첼로, 더블베이스
제4 단조로 변화. 주제 사라짐　피아노3중주 피아노, 바이올린, 첼로
제5 첼로　피아노4중주 피아노, 바이올린, 비올라, 첼로
종결 바이올린·첼로 번갈아가며　피아노 5중주 피아노·제1바이올린·제2바이올린·비올라·첼로
↳송어는 피아노 5중주에서 제2바이올린 대신 콘트라베이스 사용

멘델스존　독일 출생. 작곡가 겸 지휘자 〈괴테, 쇼팽, 로시니, 리스트, 베를리오즈, 슈만〉과 교류
↳한여름밤의 꿈　한여름 밤의 꿈 中 결혼행진곡
바이올린 협주곡 마단조　↳ 셰익스피어 희곡 '한여름 밤의 꿈'의 부수 음악. 모두 13곡, 그 중 제10곡 '결혼행진곡'
매우 빠르고 생기있게. 론도형식 〈A-B-A-C-A〉 삽입부 B, C를 사이에 두고 되풀이
트럼펫 소리가 곡의 시작을 알림
바이올린 협주곡 마단조　소나타 형식 (제시부 - 발전부 - 재현부) 제1악장에 많이 쓰임. 두 개의 주제 바탕
카덴차 독주의 우수한 연주기교가 돋보임
제시부 ① 독주바이올린　쇼팽 폴란드 작곡가·피아니스트. "피아노의 시인"이라 불림
② 클라리넷, 독주바이올린　환상즉흥곡 쇼팽 4개 즉흥곡 中 마지막 곡. "환상"이라는 제목
발전부 카덴차
슈만 독일 작곡가. 피아노 곡·가곡 작곡에 뛰어남
트로이메라이 슈만이 쓴 "어린이 정경" 中 7곡. 독일어로 "꿈"이라는 뜻

전기 낭만파 음악 특징

---

1. 이 노트는 내용을 꼼꼼하게 잘 정리했고, 용어의 개념도 잘 정리했다. 또한 핵심어와 연관된 세부 내용을 핵심 정리형의 단어 형태로 잘 기록했다.
2. 이 노트 역시 색을 많이 써서 눈에 잘 들어오지 않는다. 빨간색은 핵심 내용을 기록하는 색상인데 세부 내용까지 빨간색을 사용했다. 파란색은 핵심어 중에서도 암기를 위한 구분 표시인데 핵심어 전체를 파란색으로 기록했다.
3. 내용을 차례대로 기록하기는 했으나, 기호나 번호 등 내용 구분이 없고, 여백이 없어서 빽빽해 보인다.

친구들의 노트필기 ⑤

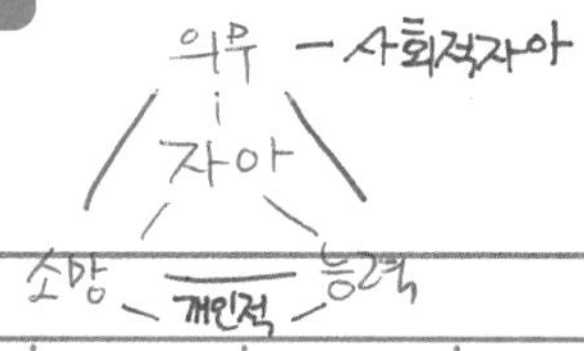

No. year month day ( )

나를 알고자 하는 과정에서 확인하게되는 자신의 모습 자아

자아발견 - 자신이 어떤 사람인지 분명히 알고자 하는 것
어떤 조건에 처해 있고, 어떤 소망·능력, 어떤 관계를 맺고 있는지
→ 청소년기에 개인적·사회적으로 바람직한 삶을 살아가기 위해 꼭 거쳐야 할 과정

(자아정체성 - 자신이 타인과 구별되는 독립적이고 고유한 존재라고 인식하는 것
가정. 사회. 국가 한 구성원으로서 인식. 사회·도덕적 책임 수용)

→ 자아발견의 방법
1. 혼자만의 시간을 통해 자기자신을 차분히 성찰한다
2. 자신에 대한 주변사람의 조언을 귀담아들어야 한다
3. 다양한 체험을 쌓는 일 필요

사물의 작용이나 어떤행동의 주가 되는 것
주체적인 삶 객체: 작용의 대상이 되는 것
1. 자신이 원하는 것과 할 수 있는 것 제대로 파악
2. 삶의 목표가 분명하고 그것을 이루기위해 끊임없이 노력
3. 개인적인 만족에서 그치는게 아니라 사회적 측면 까지 고려

자기 자신에 대한 올바른 이해. <객관적인 시각으로 자신을 정확하게 파악>
사회적 책임 이해
자아 정체성 확립

자신을 있는 그대로 받아들이고 소중히 여기는 마음
자아존중 요소 - 자기가치, 자신감
1. 성취하는 삶의 밑바탕
2. 개인 도덕성 발달
3. 타인 존중 첫걸음 ☆공자 - 나 자신을 미루어 남을 헤아린다. <역지사지>
에리히 프롬 - 자기 자신에 대해 깊은 신념과 확신을 가지고 있는 사람만이
다른사람에게도 충실할 수 있다.

---

1. 이 노트는 자신이 알아보기 쉽게 자신만의 방법으로 필기를 한 것에 점수를 주고 싶다.
2. 이 노트 역시 기록하는 방법을 잘 모르고 필기했다. 노트는 후에 암기를 위한 자료로 활용해야 한다. 그런데 서술 형태로 필기를 하게 되면 핵심과 관련된 내용이 머릿속에 떠오르지 않을 때가 있다.
3. 노트의 효율성을 높이기 위해 관련 내용을 추가로 기록할 여백이나 공간이 보이지 않는다. 또한 노트 자체를 뜯어서 재편집할 수 있게 해야 하는데 노트 선택 자체가 잘못되었다.

친구들의 노트필기 ⑥

year month day ( )

경기규칙 ① 서비스

· 단식경기 - 자기득점이 0점 · 짝수 일 때, 오른쪽에서 서비스.

홀수 일 때, 왼쪽에서 서비스

· 복식경기 - 게임 시작 시, 오른쪽. 홀수 일 때는 왼쪽에서 서비스

② 코트선정

· 매 set 마다 코트 바꿈. 마지막 set에선 어느 한 편이 11점 획득시 코트 바꿈

③ 득점

· 매 랠리마다 이길 경우 득점. 득점 한 팀이 서비스권 (랠리 포인트 시스템)

④ 듀스

· 점수 20:20 동점 시, 2점 연속 득점 팀이 승리, 29:29시 30먼저 도달 승리

⑤ 레트 (무효)

· 서비스 순번 · 코트 다름

· 리시버가 리시브 준비 전에 서비스

· 동시에 반칙

⑥ 반칙

· 라켓 · 신체 일부 · 전부가 네트를 넘어 상대 코트로 나가는 것 - 오버 네트

· 서비스 시 셔틀콕을 떨어뜨리거나 헛쳤을 경우 - 폴트

· 라켓 · 신체 · 의복의 일부가 네트 · 포스트에 닿는 것 - 터치 네트

· 셔틀콕이 플레이어의 신체나 의복에 닿는 것 - 터치 바디

· 같은 플레이어가 셔틀콕을 계속 치는 것 - 드리블

· 복식에서 한 명이 셔틀콕을 치고, 그 파트너가 다시 타구하는 것 - 더블터치

· 셔틀콕을 순간적으로 치지 않고 라켓에 일시 정지 - 홀딩

시합방법 ① 토너먼트식

① 참가팀이 2의 등배수가 아닐 경우 1회전 시합팀과 부전팀으로 나뉘짐

② 참가팀보다 바로 많은 2의 등배수 - 참가팀 수 = 부전팀 수

③ 참가팀 수 - 부전팀 수 = 1회전 시합팀 수

② 리그식

① 참가팀 수 -1 = 한 팀의 시합수

② $\frac{\text{참가팀수 (참가팀 수 -1)}}{2}$ = 총 시합 수

---

1. 이 노트는 비교적 잘되어 있다. 핵심어 칸과 세부 내용 칸을 잘 구분해서 썼다.
2. 하지만 빨간색의 핵심어를 핵심어 칸에 써야 암기와 세부 내용의 구분이 이루어져, 노트를 암기 자료로 활용할 때 핵심어가 단서가 되어 세부 내용을 기억하는 데 도움이 되는데 이 부분이 아쉽다.
3. 세부 내용 중에서 암기해야 할 내용을 좀 더 정리하려면 암기할 내용은 다른 색깔로 구분을 해서 쓰거나 표시를 해 두면 더욱 좋다.

친구들의 노트필기 ⑦

No.
year month day ( )

특정한 날이나 요일 앞에 씀 / 의+주+동 <간접의문문>

On the first day of class, we talked about (what we wanted to be) in the future.

수업 첫 날에, 우리는 미래에 무엇이 되고 싶은지에 대해 이야기 했다.

가주어 / 진주어 →

It was a little surprising that / only a few of us knew much about the jobs we wanted in the future.

우리들 중 단 몇명만이 미래에 원하는 직업에 많이 알고 있다는 것은 약간 놀라웠다.

to부정사만 목적어로 / which·that 생략

We (decided) to interview people in the fields we liked.

우린 우리가 좋아하는 분야에 있는 사람들을 인터뷰하기로 결정했다

After the interviews, we wrote our own reports.

인터뷰가 끝난 후에, 우리는 각자 보고서를 썼다

The following three were the most interesting.

다음 세 가지가 가장 재미있었다

Working on the smallest things

가장 작은 것들

동격의 관계

This afternoon, I met (Dr. Yi)(a nano scientist.)

오늘 오후에, 나는 나노과학자이신 이 박사님을 만났다.

[one] / $\frac{1}{2}$ = one-second / $\frac{1}{3}$ = one third / $\frac{2}{3}$ = two thirds / $\frac{4}{5}$ = four fifths

"Nano-" means a billionth.

"나노"는 10억분의 1을 의미한다.

~하는 것 / what = the thing that = the thing which

What nanoscients do is very useful.

나노 과학자들이 하는 일은 매우 유용하다

that·which 생략 / medical supplies, and more

They work on things we use in our daily lives: computer parts, clothes.

그들은 우리의 일상생활에서 우리가 사용하는 것들, 즉 컴퓨터 부속품, 옷, 의료품 등에 종사한다

---

1. 영어노트를 정리할 때는 영어를 먼저 쓰기보다 우리에게 익숙한 모국어인 한글을 먼저 쓰고, 칸을 띄운 다음 영어를 쓰는 게 좋다. 이렇게 한글을 통해 영어의 문장 구조를 이해하면 영문장을 암기하기가 더욱 편하다.
2. 이 노트는 본문을 암기하는 것이 목적이므로, 가급적이면 문장끼리 번호를 준다면 암기에 훨씬 좋다.
3. 문법이나 기타 내용을 정리하기 위해 칸을 넓게 사용할 필요가 있다.

친구들의 노트필기 ⑧

No.
year month day ( )

공업 입지 요인 · 유형

토지, 노동, 자본 등을 고려. 소비 시장과의 거리, 운송비, 정부 정책 생각

ㄴ 이러한 입지 요인들이 결합하여 다양한 공업 입지 유형이 나타남

1. 원료지향공업 원료가 부패·파손되기 쉬운 공업 ex) 통조림
   생산과정에서 원료의 부피와 무게가 많이 줄어드는 공업 ex) 시멘트
2. 시장 지향공업 〃 늘어나는 공업 (ex) 음료)
   제품 변질·파손이 우려되는 공업 ex) 식품 || 소비자와 잦은 접촉이 필요한 공업 ex) 인쇄
3. 노동지향공업 저렴하고 풍부한 노동력이 필요한 공업 ex) 섬유
4. 교통지향공업 원료의 수입과 제품의 수출이 많은 비중을 차지하는 공업 ex) 제철
5. 집적지향공업 관련 산업들과의 연계성이 중요한 공업 ex) 자동차
6. 입지 자유형 공업 제품 생산으로 얻는 이익이 매우 커서 입지 제약을 비교적 덜 받는 공업 ex) 반도체

우리나라 공업지역

☆ 수도권 공업 지역 · 우리나라 최대 공업 지역
· 넓은 시장, 풍부한 자본, 편리한 교통, 뛰어난 기술력
· 최근 첨단 산업 발달

☆ 남동 임해 공업지역 · 우리나라 최대 중화학 공업지역
· 원료 수입, 제품 수출에 유리한 위치

◦ 충청 공업 지역 · 편리한 육상 교통, 수도권과의 접근성
· 서해안 지역을 중심으로 중화학 공업 발달

◦ 태백산 공업 지역 · 풍부한 지하 자원
· 원료 지향 공업 발달

◦ 영남 내륙 공업 지역 · 풍부한 노동력, 오랜 공업 전통
· 전자, 섬유 공업 발달

(서해안)
◦ 호남 공업 지역 · 서해안 개발과 중국과의 교역량 증가로 제 2의 임해 공업 지역으로 부상

탕정백해. 충남 아산시 탕정면 .. 포도밭이었던 마을이 세계 최대 LCD 생산 기지로

---

1. 이 노트는 핵심 내용이 잘 정리되어 있고, 키워드를 빨간색으로 사용해 중요도 표시도 잘했다. 또한 세부적인 내용도 잘 요약해서 기록해두었다.
2. 다만, 노트의 용도에 대한 구분이 명확하지 않고, 이분할 노트를 사용하는 방법도 잘 모르고 있다.

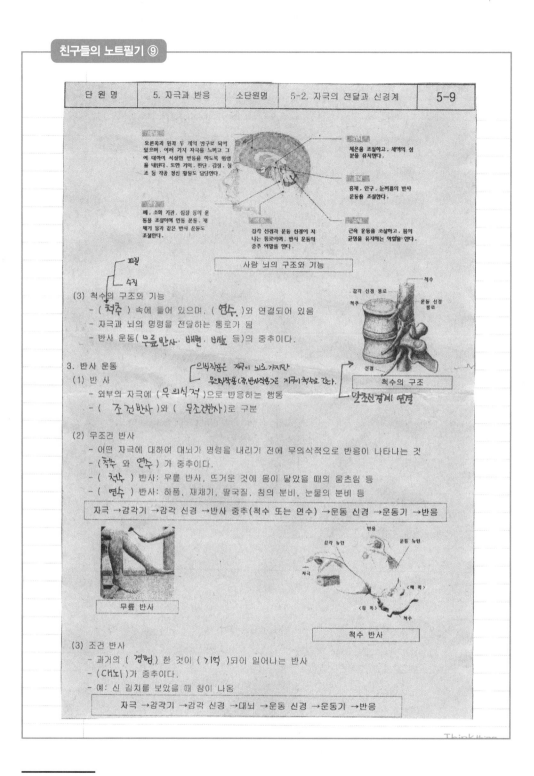

단 원 명	5. 자극과 반응	소단원명	5-2. 자극의 전달과 신경계	5-9

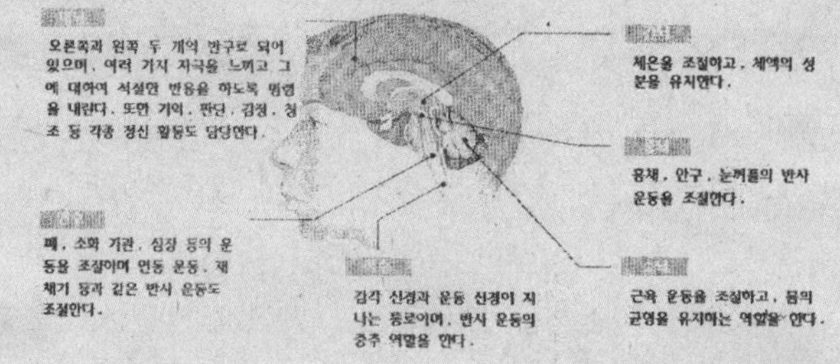

사람 뇌의 구조와 기능

피질
수질

(3) 척수의 구조와 기능
- (척추) 속에 들어 있으며, (연수)와 연결되어 있음
- 자극과 뇌의 명령을 전달하는 통로가 됨
- 반사 운동(무릎반사, 배변, 배뇨 등)의 중추이다.

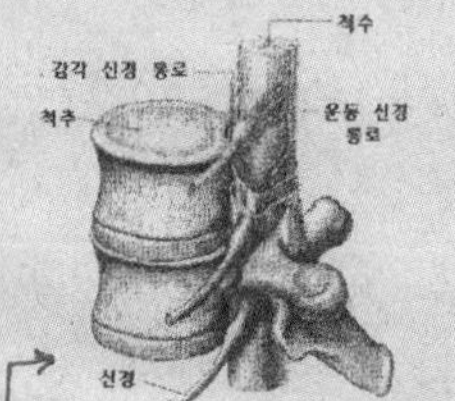

척수의 구조

말초신경계 연결

3. 반사 운동

(1) 반 사

의식작용은 자극이 뇌로 가지만
무의식작용(즉, 반사작용)은 자극이 척수로 간다.

- 외부의 자극에 (무의식적)으로 반응하는 행동
- (조건반사)와 (무조건반사)로 구분

(2) 무조건 반사
- 어떤 자극에 대하여 대뇌가 명령을 내리기 전에 무의식적으로 반응이 나타나는 것
- (척수 와 연수) 가 중추이다.
- (척수) 반사: 무릎 반사, 뜨거운 것에 몸이 닿았을 때의 움츠림 등
- (연수) 반사: 하품, 재채기, 딸꾹질, 침의 분비, 눈물의 분비 등

자극 →감각기 →감각 신경 →반사 중추(척수 또는 연수) →운동 신경 →운동기 →반응

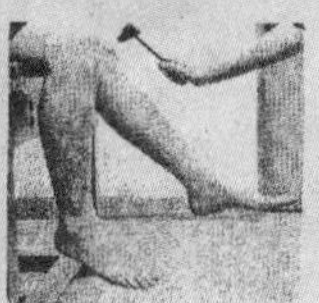

무릎 반사

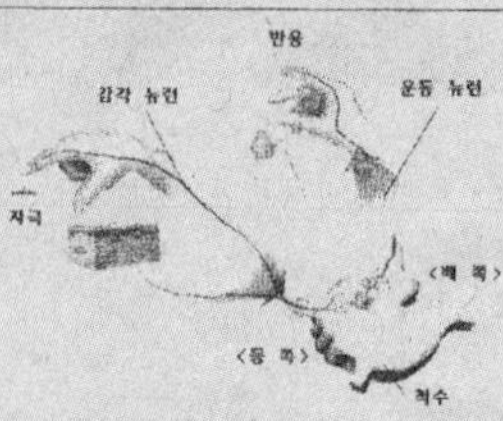

척수 반사

(3) 조건 반사
- 과거의 (경험) 한 것이 (기억)되어 일어나는 반사
- (대뇌)가 중추이다.
- 예: 신 김치를 보았을 때 침이 나옴

자극 →감각기 →감각 신경 →대뇌 →운동 신경 →운동기 →반응

학교에서 나눠준 프린트물은 삼공파일 노트에 오려붙이거나 풀로 붙여, 배운 내용과 관련된 곳에 한꺼번에 정리해두자.

NO. DATE.

초기 철기 시대
① 비파형 → 세형 → 독자적 청동기문화
↳ 고조선의 영역
② 거친무늬 → 잔무늬
③ 거푸집 발견

우리나라의 토기 발전
빗살무늬 토기, 이른민무늬토기, 덧무늬 토기
→ 미송리식 토기, 민무늬 토기, 붉은간토기 → 덧띠 토기, 검은 간토기

2. 국가의 형성

청동기의 보급 : ① 석기를 폭넓게 이용하여 생산력 증대 (잉여 생산물 발생)
② 경제적 차이에 따라 계급도 발생 (사유재산)
③ 비파형 동검: 비파라는 악기를 본떠 만든 동검
④ 반달 돌칼: 곡식을 재배하고 알곡을 거둘 때 사용
⑤ 미송리식 토기, 민무늬 토기, 붉은 간토기
계급사회를 나타내는 증거 ⑥ 고인돌, 돌널무덤, 돌무지 무덤

ㅇ 고조선의 세력범위를 알려주는 것들
⇒ 고인돌(북방식, 탁자식)
거친무늬거울, 비파형동검, 미송리식 토기

철기의 사용 : ① 철제 무기 생산
② 철제 농기구의 보급으로 생산력 증대
③ 비파형 동검이 한국스타일인 세형 동검으로, 거친무늬 거울은 잔무늬 거울로 정교화 되었다.
⑤ 덧띠 토기, 검은 간토기의 사용
④ 명도전, 반량전, 오수전등은 ⇒ 중국과 활발히 교역

청동기 · 철기 시대의 생활 : ① 재배 면적의 확대와 재배 작물도 다양해짐, 벼농사가 시작됨. (간석기의 다양화, 반달돌칼등의 농기구 사용)
② 집자리가 배산 임수 지형에서 발견
③ 직사각형 움집에서 지상가옥의 형태로 바뀜
④ 잉여 생산물을 누가 가지고 있느냐에 따라서
→ 개인 재산도 생기고 계급도 발생

청동기 · 철기 시대의 예술 : ① 풍요로운 생산을 기원하는 주술적인 요구 반영
② 울산광역시의 암각화에서는 200점의 그림이 발견됨
③ 선민사상

---

1. 전체적으로 노트필기 내용이 잘 정리되어 있다. 핵심어와 세부 내용의 들여쓰기 구분이 잘되어 있고, 추가 내용도 정리가 잘되어 있다.
2. 다만, 이분할 노트의 구분선을 활용하지 않았고, 추가 내용도 빨간색으로 모두 사용해 나중에 노트를 활용할 때 암기해야 할 부분이 모호하다. 추가해야 할 내용과 핵심 내용의 색 구분이 필요하다.

노트필기는 완성형이 아닌 ing형이다

"노트필기에 시작은 있으나 끝은 없다!"

이 말을 듣고 헐, 무슨 말인가 하는 학생들이 많을 것이다. 우리가 노트필기를 하는 것은 잘 정리된 노트를 만들려는 게 아니라 그 노트를 잘 활용하기 위해서이다. 즉 노트를 시험의 최종자료로 아주 요긴하게 활용하려는 것이다. 그러니까 내 인생의 마지막 시험을 보기 직전까지 내 공부상황에 맞게, 관련 내용을 추가하고 보완해야 한다. 나만의 언어로 알기 쉽게 적고, 그에 관한 문제들을 풀고, 틀리거나 어려운 문제를 오려붙여 최종 시험 자료를 만들어야 한다.

나는 본문에서 노트필기는 단순한 정리, 즉 써머리와는 다르다는 걸 거듭 강조했다. 노트는 공부한 내용을 나만의 방식으로 만드는 설계도란 말을 머릿속에 새겨두자. 설계도가 정교할수록 집은 튼튼하고 멋지게 지어진다.

어릴 때 읽은 《아기돼지 3형제》란 동화를 기억할지 모르겠다. 첫째와 둘째 아기돼지는 각각 짚과 나무로 엉성하게 집을 지었다가 거센 바람에 지붕이 몽땅 날아가 금세 집을 잃어버렸지만, 막내 아기돼지는 달랐다. 벽돌을 한 장 한 장 쌓고, 비바람이 들이치지 않도록 튼튼히 지어 형 돼지들과 오래오래 행복하게 살았다. 집을 짓는 데 가장 오래 걸리고 가장 많은 구슬땀을 흘렸지만 가장 튼튼한 집을 지은 것이다.

노트필기도 이와 같다. 완벽한 공부 설계도를 그리기 위해선 끊임없이 공을 들여야 한다. 그래서 처음 노트필기를 할 때는 여백을 충분히 두고 적으라는 것이다. 계속 내용을 보완하고 추가하면서 설계도를 더 정교하게 그려야 하기 때문이다.

상위권으로 진입할수록 공부할 내용이 많아지고 심화된다. 하위권 학생들이 교과서만 정독하고 정리한다면, 상위권 학생들은 난이도 있는 참고서나 문제집 내용들도 모두 꼼꼼히 봐야 한다. 그리고 새로운 개념과 몰랐던 문제들이 등장하면, 오답노트에 적고 오려 붙이는 등, 자신의 빈틈을 끊임없이 보완해나가야 한다. 그러니 성적이 올라갈수록 과목별 삼공파일은 더 두꺼워지기 마련이다.

하지만 잊지 말자. 공부를 잘하는 학생일수록 끈기가 많고 우직하고 꼼꼼하다는 사실을. 이는 노트필기를 끊임없이 완성해가기 위해 꼭 필요한 근성들이다. 공부는 노력을 배신하지 않는다. 우리는 이제 공부를 내 것으로 만드는 비밀병기를 손에 쥐지 않았는가. 그러니 손에 볼펜을 쥐고 손가락에 굳은살이 박일 각오로 노트필기를 시작하자. 그리고 이것을 습관으로 만들자.

시험을 통해 원하는 목표를 얻는 그날까지, 나 귀길샘이 여러분을 응원하고 도울 것이다. 모두의 건투를 빌며.

내 공부의 비밀병기
공부생 노트필기

초판 발행 2012년 12월 5일
초판 4쇄 2016년 2월 17일

지은이 | 최귀길
발행인 | 정은영
편집 | 양승순
디자인 | 디자인 붐

펴낸곳 | 마리북스
출판등록 | 제2010-000032호
주소 | 121-904 서울시 마포구 월드컵북로 400 문화콘텐츠센터 5층 21호

전화 | 02)324-0529, 0530
팩스 | 02)324-0531
홈페이지 | www.maribooks.com
찍은 곳 | 공간

ISBN 978-89-94011-32-5 (43370)
978-89-94011-54-7 (set)